Stefan Wagner

Das Ende der Blender

Stefan Wagner

# Das **Ende** der **Blender**

## Die medialen Muster der Ehrlichkeit

GOLDEGG
VERLAG

Der Goldegg Verlag achtet bei seinen Büchern und Magazinen auf nachhaltiges
Produzieren. Goldegg Bücher sind umweltfreundlich produziert und orientieren
sich in Materialien, Herstellungsorten, Arbeitsbedingungen und Produktions-
formen an den Bedürfnissen von Gesellschaft und Umwelt.

ISBN Print: 978-3-902903-82-2
ISBN E-Book: 978-3-902903-96-9

© 2014 Goldegg Verlag GmbH
Friedrichstraße 191 • D-10117 Berlin
Telefon: +49 800 505 43 76-0

Goldegg Verlag GmbH, Österreich
Mommsengasse 4/2 • A-1040 Wien
Telefon: +43 1 505 43 76-0

E-Mail: office@goldegg-verlag.com
www.goldegg-verlag.com

Layout, Satz und Herstellung: Goldegg Verlag GmbH, Wien
Druck und Bindung: CPI books GmbH, Leck

# „Tension by nurture" und ein neues Bewusstsein

Neuigkeiten und Nachrichten, die nicht von Natur aus spannend und bannend sind, brauchen, um ihren Weg zu einem breiten Publikum zu finden, Unterstützung durch gestalterische Mittel, wie eine gekonnte Bildgestaltung, einen aufregenden Soundtrack, das außergewöhnliche Foto oder die fette, reißerische Schlagzeile. Auch abseits der Medien brauchen Erzählungen und Präsentationen unterhaltende und spannungserzeugende Elemente. Nicht selten sind Sie gut beraten, eine sehr sachbezogene, datenreiche Präsentation mit der einen oder anderen Anekdote oder einem skurrilen Beispiel zur Sache aufzulockern und für „gute Stimmung" zu sorgen, die das Publikum entlastet und für neue Informationen öffnet.

Storys, die ausschließlich unter Zuhilfenahme journalistischer „Effekte" funktionieren, da sie von sich aus zu wenig natürliche Spannung bieten oder sie durch ständige Wiederholungen verloren haben, werden im amerikanischen Journalismus unter dem Begriff „Tension by Nurture" zusammengefasst. Wobei „nurture" sinngemäß so viel bedeutet wie „nähren". Damit ist gemeint, dass Journalisten und Journalistinnen ihre Nachrichten immer ein wenig „aufpeppen", um sie für ihr Publikum interessant und spannend zu machen. Werden im Zuge einer Story jedoch zu viele künstliche Effekte eingesetzt, um die notwendige Dramatik für eine hohe Auflage zu erzeugen, empfinden wir diese Inkongruenz gegenüber dem eigentlichen Ereignis oder den zugrunde liegenden Fakten als aufdringlich, boulevardhaft und unangemessen aufgeregt. Im angelsächsischen Raum werden Printprodukte, in denen starke, heftig emotionalisierende Effekte eingesetzt werden, als „Yellow-Press"-Produkte bezeichnet. Shakespeare würde ihnen das Prädikat „Viel Lärm um nichts" verleihen.

Wobei gegen guten „Tratsch und Klatsch" in Boulevard-medien nichts einzuwenden ist. Berichte über Königshäuser, Prominente und bemerkenswerte Schicksale sind wichtig und helfen uns, unser Leben mit dem anderer zu vergleichen. Sie zeigen Ähnlichkeiten und Unterschiede auf und erlauben uns dadurch einen besseren Blick auf uns selbst. Und mitunter ist über „Dritte" zu reden ein angenehmer, gelebter Teil unseres Miteinanders. Doch im oben genannten Sinne der Unangemessenheit wird der berechtigte, launige Tratsch zur bösartigen Nachrede hinter dem Rücken bekannter und unbekannter Personen.

Diese Mechanismen lassen sich in der Berichterstattung um den deutschen Ex-Bundespräsidenten Wulff gut nachvollziehen. Sogar die Presse selbst war sich uneinig, ob es sich hier noch um berechtigte, den Umständen angemessene Zweifel handelte, oder ob die Qualität der Berichte im Sinne der Ausgewogenheit und der journalistischen Sorgfaltspflicht dem „Nurture"-Effekt zum Opfer gefallen war. Die Menschen argwöhnten, dass immer neue, mitunter zu wenig gut recherchierte Vorwürfe auf Grund geringfügiger Delikte aufgebauscht und aufgeblasen wurden, um die Story namens „Hochmut kommt vor dem Fall" künstlich am Leben zu erhalten.

Auch das Publikum war in seiner Meinung über den Verlauf der medialen Berichterstattung gespalten. Während ein Teil auch nach vielen Wochen noch darauf pochte, dass allen Verdachtsmomenten gegen Wulff restlos auf den Grund gegangen werden musste, war ein anderer Teil durch die ständige Zufuhr neuer Nahrung (nurture) längst übersättigt und zeigte sich mitunter gelangweilt und den Medien gegenüber genervt. Zitate wie: „Jetzt sollten wir mal die Gerichte arbeiten lassen", oder „Jetzt wird's unappetitlich" waren keine Seltenheit. Dem Publikum wurde mehr und mehr bewusst, dass der Fall für das große Ganze wichtig sei – „zu wichtig", um in Tratsch und Klatsch zu versiegen. Die meisten Menschen bekamen das Gefühl, dass die unangemessen künstliche Aufregung den Blick auf das wahrhaft Wesentliche verstellen würde: die berechtigte und angemessene Reaktion auf die Verfehlungen einer Vertrauensperson und auf die Blendung, die von dieser Person ausgegangen war.

Dabei empfanden Journalistinnen und Journalisten und das Publikum diese Entwicklungen ähnlich. Beide Gruppen hatten instinktiv bemerkt, dass hier eine überzogene Reaktion nicht mehr den ursprünglichen Zielen diente, sondern zum Selbstzweck wurde. Dass ein existenziell wichtiges und für alle relevantes Thema mehrheitlich der Unterhaltung diente und somit Gefahr lief, verfehlt zu werden. Das ist, als würden wir Sommertage über 33 Grad Celsius aufgeregt diskutieren, Stürme und Böen auf Grund ihrer Windstärke miteinander vergleichen, und uns bei Jahrhundert-Schneefällen und Überschwemmungen über mangelnden Lawinenschutz und fehlende Hochwasservorkehrungen beschweren, ohne dabei den Klimawandel und unser Verhalten gegenüber der Natur zu berücksichtigen.

Damit wir den Blick auf das Große und Ganze nicht verlieren, brauchen wir einen klaren, möglichst objektiven Blick auf das eigentliche Problem. Wir brauchen den nötigen Abstand. Zumindest so viel Übersicht, um uns selbst als Teil der Ereignisse zu erkennen. Wenn wir also über Jahrhundert-Temperaturen, Jahrhundert-Hochwasser und Jahrhundert-Schneefälle reden, sollen wir nicht nur die Auswirkungen, sondern auch den eigenen Anteil an der Misere erkennen. Den Teil, in dem wir ohne Zutun und Unterstützung von außen sofort tätig werden können. Ob wir das nun wirklich tun und unser Auto in der Garage stehen lassen oder nicht, steht auf einem anderen Blatt. Erkennen und Einsicht bleiben dennoch wichtig, da wir erst so eine bewusste Entscheidung treffen können – selbst wenn sie so ausfällt, dass wir nichts unternehmen.

Wenn Sie dieses Buch aus der Sicht eines Medienkonsumenten lesen, wird Ihnen der Blick auf diese mediale Schräglage, sowie auf die Situation der Medienmacher und Journalistinnen insgesamt, bei Urteilen helfen, die Sie sich im Zuge der Berichterstattung über Personen, Institutionen und Ereignisse bilden möchten. Das Verständnis für die psychologischen Mechanismen, die augenblicklich mit der Wirkung von Medien in Zusammenhang stehen (zum Beispiel der große Wunsch des Publikums nach Ehrlichkeit und Vertrauen oder sein erhöhter Anspruch an die Visionskraft eines Politikers), erlaubt eine der Realität angemessene Haltung und damit verbundene vernünftige Handlungen.

Einfach gesagt: Sie erkennen Ihre persönliche, psychologische Vor-Programmierung. Und Sie können dadurch dieses Muster, diese Vor-Programmierung ausschalten bzw. durchbrechen. Sie können sich zum Beispiel sagen: „Ja, ich habe gerade Sehnsucht nach uneitlen Menschen ohne Attitüden, die ein einfaches, nachvollziehbares Leben führen." „Ja, Frau Merkel löst diesbezüglich bei mir Vertrauen aus und stillt dadurch im Moment mein erhöhtes Bedürfnis nach Vertrauenswürdigkeit eine Spur besser als ihr Kollege Steinbrück." „Umso mehr möchte ich darauf achten, was sie mir verspricht und was sie davon einhält. Ich möchte sie bewusst an dem messen, was für mich und meine Familie entscheidend ist: an ihren Inhalten."

Wenn Sie Journalist oder Journalistin sind, können der Blick auf die Gesetzmäßigkeiten der jeweiligen Story, die Kenntnis der schwierigen Situation der Speakerinnen und Speaker, die augenblicklich in den Medien unter Generalverdacht stehen, und der Einblick in die Bedürfnisse der Leser, Hörerinnen und Zuschauer die eine oder andere Entscheidung bezüglich der Vorgehensweise im Gespräch mit Interviewpartnern beeinflussen. Natürlich werden auch weiterhin Sachzwänge, Produktionsbedingungen und die Linie der Redaktion eine erhebliche Rolle spielen. Und natürlich werden Journalisten weiterhin die Quote im Auge haben müssen, doch letztendlich weiß ich als Medienmacher oder Medienmacherin, dass jedes Arbeiten innerhalb einer Story für nachhaltiges Interesse sorgt, und dass andererseits selbst ein guter Effekt nur kurzfristig Wirkung zeigt. In diesem Wissen kann es gelingen, das eine oder andere Mal auf den Effekt zu verzichten, indem der Zugang zur Geschichte näher an die Bedürfnisse und Ansprüche der Menschen heranreicht und ein zusätzliches Nähren nicht mehr notwendig macht.

Die Auseinandersetzung mit der Getriebenheit, Interviewpartnerinnen und Interviewpartner zu desavouieren und bloßzustellen, könnte zur Folge haben, vor wichtigen Interviews mit Entscheidungsträgern eine innere „Reset"-Taste zu drücken, um der persönlichen, journalistischen Vor-Programmierung in der Tendenz zum Skandalisieren entgegenzuwirken und die damit einhergehenden Emotionen kurzfristig auf null zu stellen. Natürlich ist die Einsicht in die Hintergründe und das Erkennen von Verhaltensmustern allein noch kein Heilmittel. Doch es sind dies ganz bestimmt die ersten, unverzichtbaren Schritte, um ein besseres, vertrauensvolleres Verhältnis zwischen Journalisten, dem Publikum und den Entscheidungsträgern herzustellen.

Die Speakerinnen und Speaker als Personen des öffentlichen Interesses sind in diesem Verhältnis in einer besonders exponierten Position. Und sie müssen beim Wiederherstellen einer besseren Beziehung zu Journalistinnen und Journalisten mit besonderen Widerständen und Unwegsamkeiten rechnen. Schon geringfügige Verfehlungen werden gnadenlos geahndet, sowohl in den Medien als auch von der Öffentlichkeit. Vorurteile müssen überwunden werden und die Ansprüche des Publikums an die moralischen Qualitäten der Speaker und Speakerinnen sind hoch. Es herrscht der Generalverdacht.

Um neues Vertrauen aufzubauen, braucht es transparente Persönlichkeiten. Es braucht nachvollziehbare, uneigennützige Motive und darüber hinaus geeignete, strategische Mittel, wie sie in diesem Buch beschrieben sind, um das Publikum in einer Form zu erreichen, die für Medien geeignet ist. Durch den bewussten und professionellen Umgang mit den Hindernissen und Erschwernissen, also den Handicaps dieser medialen Periode ergeben sich die möglichen Auswege und gesuchten Lösungen. Die Chance, auch wenn das an dieser Stelle paradox klingen mag, ist besser denn je: Denn gerade diese Handicaps erzeugen im Publikum sinnbildlich den Hunger nach ganz bestimmten Verhaltensweisen und Eigenschaften der Speaker, den Hunger nach Offenheit und wünschenswerten Absichten, nach Nähe und Zuwendung. Und Hunger will gestillt werden. So bietet gerade dieser Hunger den Speakern und Speakerinnen dieser Zeit eine hervorragende Möglichkeit, neues Vertrauen aufzubauen.

Denn wie heißt es so trefflich: „Hunger ist der beste Koch!"

Und ganz ehrlich, was spricht dagegen, wenn es schmeckt und alle satt macht?

# Inhaltsverzeichnis

# KAPITEL 1

# Die Ausgangssituation

„Wir sagen den Sparerinnen und Sparern, dass ihre Einlagen sicher sind. Dafür steht die Bundesregierung ein." Vielleicht erinnern Sie sich an den 5. Oktober 2008, einen Sonntag, als die deutsche Bundeskanzlerin Angela Merkel, sekundiert von ihrem damaligen Finanzminister Peer Steinbrück, bei einer dringlich einberufenen Pressekonferenz diesen Satz von sich gab. Die Finanzkrise hatte gerade Europa erreicht, und die anwesenden Journalisten der größten deutschen Sender konnten bereits ahnen, dass sie einem gewaltigen Bluff beiwohnten. Die Bundesregierung wäre im Ernstfall niemals imstande gewesen, die Riesensummen für diese Garantie aufzubringen. Und wahrscheinlich finden sich in der Geschichte selten zwei Politiker, die in vollem Bewusstsein ein vergleichbares finanzielles und politisches Risiko eingegangen sind wie Merkel und Steinbrück an diesem Tag.

Doch die Zusicherung der deutschen Kanzlerin war eine Rettungsaktion in höchster Not. Ende September hatte die Regierung in einer Nachtsitzung beschlossen, die Hypo Real Estate mit 35 Milliarden Euro vor der Pleite zu bewahren: die größte Bankenrettung in der gesamten Geschichte der Bundesrepublik Deutschland. Infolgedessen begannen die Sparerinnen und Sparer unruhig zu werden, und die akute Gefahr eines „Bank Runs" stand im Raum. Die verkniffenen Mienen Angela Merkels und Peer Steinbrücks haben Symbolkraft bis heute – für den Tag, an dem die Finanzkrise in ihrer ganzen Dimension vollends im Bewusstsein der deutschen Bevölkerung angekommen war.

Nun war die Zeit der Experten gekommen, die auf den Plan traten und ihre Erklärungsmuster anboten. Finanzspezialisten wie der Bestsellerautor Max Otte oder der „Mister Dax" genannte Börsenmakler Dirk Müller analysierten für die Fernsehzuschauer die Ursachen der Krise. Diese erfuhren, dass amerikanische Banken Kredite für den Hausbau an Kunden verkauft hatten, die sich eine Rückzahlung schwer leisten konnten. Außerdem, dass diese Kunden in die Verträge gelockt und kaum darüber aufgeklärt worden waren, dass die Zinsen nur in den ersten Jahren spottbillig seien, danach jedoch exorbitant steigen würden.

Als sich herausgestellt hatte, dass eine beträchtliche Anzahl der Raten nicht mehr bedient werden konnte, hatten die Banken begonnen, die Kredite zu bündeln und weltweit an Investoren unter dem Namen von Zertifikaten zu verkaufen, die so kompliziert waren, dass die Käufer und Käuferinnen einfach nicht mehr verstanden hatten, *was* sie da erstanden: nicht mehr als blendend verpackten Ramsch. Die Menschen erfuhren nachträglich, dass die Banken sich für viele dieser Zertifikate bei Rating-Agenturen die Bestnote „Triple A" geholt hatten. In den Gerichtsprozessen, die seit 2008 gegen besonders dreiste Investment-Banker angestrengt wurden, ging es darum, dass einige wenige an der Gutgläubigkeit von vielen Milliarden verdient hatten – indem sie faule Finanzpapiere auf Hochglanz brachten und damit ihre Kundinnen und Kunden blendeten.

„Sie lügen, sie betrügen und sie stehlen", titelte damals der FOCUS und beschrieb damit eine Empörung, die sich in weiten Teilen der Bevölkerung breitzumachen begann. In sozialen Netzwerken im Internet ließen die Menschen der Wut über Broker, Banken und die US-Regierung freien Lauf. Sogar Aufrufe zur Selbstjustiz waren zu lesen. Ich bin sicher, dass diese Vorgänge in Ihrer Erinnerung sehr lebendig werden, während Sie lesen. Weit über die Erinnerungen hinaus rückt jedoch eine sehr wichtige Tatsache in unser Bewusstsein: Heute, Jahre nach dem medialen Auftakt zur Krise, wissen wir, dass damals in der Bevölkerung Deutschlands und ganz Europas starke Zukunftsängste und Pessimismus ausgelöst wurden. Abertausende Existenzen wurden seitdem tatsächlich vernichtet. Was weniger Beachtung findet, aber mindestens genauso bedeutsam ist: In der Zeit der Finanzkrise wurde den „Menschen auf der Straße" mit einem Mal klar, dass ihr Leben durch Lügen, Täuschung und Vorspiegelung falscher Tatsachen in ganz großem Stil an den Rand des Abgrunds gedrängt worden war. Das Vertrauen in die Politik, in die Finanzwirtschaft, in Management und Leitfiguren wurde tief erschüttert.

Und heute? – Die Scherben der Krise sind noch lange nicht zusammengekehrt. Das Gefühl, vor dem Abgrund zu stehen, wird sich aus dem Bewusstsein vieler Menschen noch lange nicht verabschieden. Nach der „Finanzkrise" hieß das neue Schlagwort „europäische Schuldenkrise". Wer in den letzten Jahren Medien konsumierte, konnte hautnah miterleben, wie sich in Athen demonstrierende Menschen mit der Polizei Straßenschlachten lieferten, während ein paar Meter weiter die griechischen Abgeordneten im Parlament darüber abstimmten, ob sie in den nächsten Monaten 150.000 Beamte entlassen und Pensionen und Löhne weiter kürzen sollten. Wer in den letzten Jahren Medien konsumierte, konnte die Menschenschlangen beobachten, die sich vor den spanischen Arbeitsämtern bildeten, wo die Arbeitslosenquote unter den jungen Menschen über 50 Prozent angewachsen war. Er konnte die „Denkmäler" des spanischen Immobilienbooms sehen: die riesigen Beton-Skelette der Eigenheime, die nicht zu Ende gebaut worden waren oder leer standen, während die Wohnungspreise dermaßen gestiegen waren, dass viele Menschen sich die Kreditraten für ihre Wohnungen kaum noch leisten konnten. Unterdessen gingen die Aktivitäten der Spekulanten weiter, nur mit dem Unterschied, dass sie jetzt auf den Zusammenbruch nicht mehr nur einer Branche, sondern ganzer Staatshaushalte wetteten.

Im Jahr 2012 entschieden die europäischen Parlamente, eines nach dem anderen, über den „Euro-Rettungsschirm ESM" mit einem Stammkapital in der Höhe von 700 Milliarden Euro. Die Summen, mit denen Politiker und Politikerinnen jonglierten, waren und sind auch heute für die einfachen Medienkonsumenten nicht mehr vorstellbar. Aber nicht nur das: Tag für Tag konnten sie die Mahnungen der Wirtschaftsexperten hören, dass diese Riesensummen ein unkalkulierbares Risiko darstellen und ein vernünftiges Wirtschaften über Jahre, wenn nicht Jahrzehnte hinweg unmöglich machen würden. Sie können nach wie vor hören, wie Fachleute davor warnen, dass der oben genannte Rettungsschirm zwar Griechenland, doch niemals Spanien, Italien, Portugal und in Folge vielleicht sogar Frankreich würde auffangen können.

Und auch wenn jeder Einzelne gar nicht anders kann als das Beste für die Rettungsmaßnahmen zu hoffen, lässt sich der Zweifel bezüglich des guten Endes der Krise nicht ausräumen. Die Gesellschaft für Konsumforschung (GfK), die jährlich eine Studie über „die größten Ängste der Deutschen" durchführt, sah im Jahr 2012 die Angst vor steigenden Lebenshaltungskosten, die Angst vor einer Überforderung der Politiker und die Angst vor einer schlechteren Wirtschaftslage auf den ersten drei Plätzen – stärker noch als persönliche Ängste wie etwa vor einer schweren Erkrankung oder vor einem Leben als Pflegefall. Heute, Jahre nach Beginn der Krise, ist die Blendung in ihren Auswirkungen also immer noch präsent und bedroht die Menschen in ihrer Existenz.

## Karl-Theodor zu Guttenberg und der
## „mediale Klimawandel"

Während die Entscheidungsträgerinnen und maßgeblich Verantwortlichen in Politik, Wirtschaft und Industrie in den letzten Jahren alle Hände voll zu tun hatten, ein Finanzloch nach dem anderen zu stopfen, scheint der Aufmerksamkeit mancher Interessensvertreterinnen und Interessensvertreter eine wichtige Entwicklung entgangen zu sein. Die Finanzkrise hat ihre Spuren nicht nur in den Geldbörsen und der psychischen Befindlichkeit der Menschen hinterlassen – sondern auch an der Art und Weise, wie in den Medien die Berichterstattung funktioniert. Das Dreiecks-Verhältnis zwischen denjenigen, die Nachrichten gestalten (den Journalistinnen und Journalisten), denjenigen, die darin zu Wort kommen (den Interviewpartnerinnen und Interviewpartnern), und denjenigen, die Medien konsumieren, hat sich in den Jahren seit 2008 grundlegend gewandelt. Diese Veränderung lässt sich in einem Satz zusammenfassen: Es herrscht der Generalverdacht der Lüge. Die kommunikativen Auswirkungen dieses Generalverdachts haben seither dutzende Politiker, Managerinnen und Leitfiguren zu spüren bekommen. Skandale sind an der Tagesordnung. Untersuchungsausschüsse ebenso. Täglich fallen Masken.

Von dieser Veränderung des Klimas wurde unter anderem ein Mann ganz besonders überrascht, der lange Zeit ein ausgewiesenes „Liebkind" der Medien gewesen war: Der ehemalige deutsche Verteidigungsminister Karl-Theodor zu Guttenberg galt noch Anfang des Jahres 2011 als große Zukunftshoffnung der deutschen Politik und als Musterbeispiel für Anständigkeit und Glaubwürdigkeit. Doch am 16. Februar äußerte die SÜDDEUTSCHE ZEITUNG den Verdacht, er habe seine Doktorarbeit an der juridischen Fakultät der Universität Bayreuth aus Bruchstücken fremder Texte collagiert. Er, der sich so anders gab als das, was Deutschland von einem Politiker gewohnt war, er, der sein Image auf dieses „Anderssein" aufgebaut hatte und damit seine glänzenden Erfolge feiern konnte, hatte sich offenbar das Gleiche zuschulden kommen lassen wie die anderen, die „normalen Politiker" auch: Er hatte hinters Licht geführt, geblendet, gelogen.

Und während er von seinen politischen Freunden zunächst gestützt wurde und das Leitmedium, die BILD-Zeitung, in den ersten Tagen für ihren Schützling in die Bresche sprang und das Plagiat als lässlichen, verzeihlichen Fehltritt darstellte, formierte sich in den Weiten des Internets der Widerstand. Kaum zwei Wochen nach der ersten Anschuldigung musste der Minister den Hut nehmen. Mit einer derartigen Geschwindigkeit ist bis zu diesem Zeitpunkt kaum jemals ein Rücktritt erfolgt – nicht bei solch massiver Rückendeckung durch das Leitmedium und bei voller Unterstützung der politischen Führung des Landes, insbesondere durch die deutsche Regierungschefin Angela Merkel.

Aber diese Heftigkeit der Entrüstung, der sich der Minister ausgesetzt sah, lag nicht nur an den Vorwürfen selbst, nicht nur an der Tatsache, dass er einer Grenzüberschreitung überführt war. Sie lag vor allem auch an der Art und Weise, wie Guttenberg auf die Vorwürfe reagierte: Er stellte sich vor die Kameras der Journalistinnen und Journalisten und behauptete steif und fest, er habe sich niemals etwas zuschulden kommen lassen. Und er inszenierte mithilfe der BILD auch noch einen Krieg gegen Deutschlands Akademikerinnen und Akademiker, die sich postwendend an ihm rächten, indem sie genüsslich jedes einzelne abgeschriebene Wort seiner Dissertation aufdeckten und veröffentlichten. Dies taten sie mit einer solchen Akribie, dass binnen zwei Wochen die Glaubwürdigkeit des Ministers vollkommen ruiniert war und nicht einmal die Kanzlerin ihn in seinem Amt halten konnte. Karl-Theodor zu Guttenberg gilt seither als

Musterbeispiel eines politischen Sprechers, der die Zeichen der Zeit verkannte, weil er nicht begreifen konnte, dass niemand mehr auf den Vorwurf einer Lüge in derselben Art und Weise reagieren kann wie in den Zeiten vor der Krise.

### Jón Gnarr und der Umsturz in Island

Szenenwechsel. Island, Mai 2010: In der nördlichsten Hauptstadt der Welt, in Reykjavík, werden Kommunalwahlen abgehalten. Dort treffen wir auf einen Mann, der ganz anders kommunizierte, als alle anderen Politiker es vor ihm getan hatten. Weil Island sich in den Jahren zuvor zu einem umtriebigen Finanzplatz entwickelt hatte, wo Spekulationen großgeschrieben wurden, war es jenes europäische Land, das als erstes – und besonders hart – von der Krise getroffen wurde. Der Vertrauensverlust war hier besonders deutlich zu spüren und trieb mitunter kuriose Blüten. Und so gilt das kleine Land mit seinen etwas mehr als 300.000 Einwohnerinnen und Einwohnern seit diesen Tagen als Modellfall für Kommunikations-Fachleute.

In Island wurde das politische Leben durch diese Krise und dem damit verbundenen Vertrauensverlust regelrecht auf den Kopf gestellt. Als die Stimmzettel der Reykjavíker Wahl ausgezählt waren, war Bürgermeisterin Hanna Kristjánsdóttir nicht länger Bürgermeisterin. Ihre konservative „Unabhängigkeits-Partei", die seit 1944 in der Stadt fast durchgehend den Bürgermeister gestellt hatte, war diesmal vernichtend geschlagen worden: Nicht etwa vom natürlichen politischen Gegner, den Sozialdemokraten, sondern von einem politischen Neuling und absoluten Quereinsteiger, der noch dazu anarchistisch angetriebener Kabarettist war. Der Mann heißt Jón Gnarr und lenkte von da an die Geschicke der Stadt.

Gnarr war mit einer fiktiven Partei zur Wahl angetreten, der er den Namen „Besti flokkurinn" gab, was zu Deutsch „Beste Partei" heißt. Er bestritt seinen Wahlkampf ohne festes Programm, dafür aber verkündete er bei seinen Auftritten, begleitet von Tina Turners „Simply the Best", satirische Wahlversprechen wie „kostenlose Badetücher für jedes Schwimmbad", „Disneyland auf dem Flughafengelände" oder „ein drogenfreies Parlament bis 2020". Mit diesem Wahlergebnis hatte die Reykjavíker Bevölkerung ihren Regierenden einen saftigen Denkzettel verpasst. Politologen nannten Gnarr den „Stinkefinger für die Etablierten"; er war die Speerspitze der einfachen Leute gegen eine politische Elite, die das Land an den Rand des Staatsbankrotts getrieben hatte: Städtische Behörden hatten Steuergeld an der Börse verspielt und damit in Reykjavík ein Defizit von 16.000 Euro pro Kopf verursacht.

Das Bedürfnis der isländischen Bevölkerung nach all den Lügen und der Korruption war die radikale Umkehrung der Verhältnisse. Jón Gnarr nahm den Wahlkampf um das Amt des Bürgermeisters mit beißendem Humor auf, versprach „offene Korruption" und verkündete, „nur sich und seine Partei zu bereichern", wenn er gewählt würde. Natürlich war das blanke Ironie, aber die Menschen schenkten den Worten der bisherigen Amtsträger keinen Glauben mehr, und Gnarr erlangte das Vertrauen der Mehrheit der Wählerschaft. Und viele, die Gnarr gewählt hatten, nahmen es ihm später auch nicht übel, dass er sich im Amt aufgrund seiner politischen Unerfahrenheit manchmal schwertat, dass er in Interviews dann und wann bloß stammelte, weil er die Antwort gerade nicht wusste, und dass er kein Übermensch war und daher auch keine Patentlösungen für die finanziellen Probleme der Isländer besaß. Umfragen im Herbst 2013 ergaben mit 37 Prozent sogar eine noch höhere Zustimmung zu Jón Gnarr als bei der Wahl drei Jahre zuvor. Seine Glaubwürdigkeit und sein radikal-humoristischer Kurswechsel sind den Isländern wichtiger als politische und fachliche Kompetenz.

## Die Blender am Ende?

Was wir bis hierher beobachten konnten, sind drei Menschen und ihre drei unterschiedlichen Versuche, bei ihrem Publikum Vertrauen zu gewinnen: Angela Merkel, die einen Bluff zu Hilfe nahm, um ihr Publikum dazu zu bewegen, Ruhe zu bewahren. Jón Gnarr, der korruptes und lügnerisches Verhalten auf die Spitze trieb und genau damit den Nerv der Zeit und seines Publikums traf. Und Karl-Theodor zu Guttenberg, der eine Grenzüberschreitung leugnete und sich damit gegen den Verlust an Glaubwürdigkeit zur Wehr setzte.

Wie wir wissen, hatten nur die ersten beiden mit ihren Versuchen Erfolg. Und das ist interessant, denn: Angela Merkel log. Jón Gnarr aber brachte auf seine persönliche Art und Weise die Wahrheit zur Sprache. Am Beispiel dieser beiden Menschen, Angela Merkel und Jón Gnarr, zeigt sich jedenfalls auf dramatische Art und Weise, dass das gegenteilige Verhalten, nämlich Wahrheit und Lüge, zu ein und demselben Ergebnis führte, nämlich zum Erhalt beziehungsweise zur Wiederherstellung des sozialen Friedens. Während es in Deutschland viel zu verlieren gab, konnte Gnarr in Island, überspitzt gesagt, nur noch gewinnen. Während es in Deutschland die Situation erforderte, die Stabilität zu erhalten, war es in Island erforderlich, die Zustände zu verändern. So hatte auf der einen Seite die Lüge und auf der anderen Seite die Wahrheit Erfolg.

Was ist es also, das die beiden miteinander verbindet? – Ganz im Gegensatz zum Fall ihres gescheiterten Kollegen Guttenberg dienten ihre diametral unterschiedlichen Strategien beide sichtbar derselben guten Absicht, nämlich: im Dienst des Publikums die Krise zu bewältigen. Die Gleichungen „Wahrheit ist gleich Vertrauen" und „Lüge ist gleich Vertrauensverlust" funktionieren also nicht immer und wären zu kurz gegriffen.

Also müssen wir uns die Frage stellen: Was ist es dann?

Wie sollen wir medial in der Zeit nach der Blendung kommunizieren?

Was braucht das Publikum in den Zeiten der Krise?

Wie müssen sich Sprecher und Sprecherinnen aus Politik und Wirtschaft verhalten, um in diesen Wochen, Monaten und Jahren das Vertrauen der Öffentlichkeit zu erlangen?

# KAPITEL 2
# Der Generalverdacht

Auf der Suche nach der Antwort nehmen wir die Spur auf, indem wir zunächst einen Blick in die Köpfe des Publikums werfen: Was geht in Medienkonsumenten und Konsumentinnen der Gegenwart vor? Welche Bedürfnisse haben sie? Inwiefern hat die Krise ihre Beziehung zu Entscheidungsträgerinnen und Entscheidungsträgern aus Politik und Wirtschaft verändert?

Um diese Fragen zu klären, beschäftigen wir uns zunächst mit einem deutschen Politiker, der neben Karl-Theodor zu Guttenberg zu denjenigen zählt, die in diesen Jahren besonders „auffällig" geworden sind. Erinnern Sie sich bitte mit mir gemeinsam an folgende Szene zurück: Als der deutsche Bundespräsident Christian Wulff Anfang März 2012 im Berliner Schloss Bellevue mit einem „Großen Zapfenstreich" aus seinem Amt verabschiedet wurde, war auf den ersten Blick alles feierlich wie immer. Uniformierte Fackelträger beleuchteten den Vorplatz des Schlosses, dessen Fassade nach den Farben der deutschen Fahne in gelbes und rotes Licht getaucht war. Eine junge Soldatin überreichte dem scheidenden Präsidenten eine Urkunde. Das Stabsmusikkorps der Bundeswehr intonierte Beethovens „Ode an die Freude".

An diesem Tag wurde die Blasmusik jedoch von anderen Klängen begleitet: Rund um den Schlossgarten hatten sich Demonstranten mit Vuvuzelas postiert, um den

Präsidenten auf ihre Weise zu „verabschieden". Dabei war die Wahl des Instrumentes kein Zufall, denn die Vuvuzela kann an die 110 Dezibel Lautstärke erreichen, was einem vorbeidonnernden Kampfflugzeug gleichkommt. Und Sie können sich bestimmt erinnern, dass sie bei der Fußball-Weltmeisterschaft 2010 in Südafrika Berühmtheit erlangte, weil sie, in Massen an die Stadionbesucher verkauft, sogar den lautesten Torjubel in einem Meer von infernalischem Lärm untergehen ließ. Dasselbe passierte an diesem Tag den Musikern der Bundeswehr: Endspiel-Stimmung im Bundespräsidenten-Palast.

Vertreter der SPD, der Grünen, der evangelischen und der katholischen Kirche, aber auch Wulffs Amtsvorgänger fehlten bei der Feier oder waren erst gar nicht eingeladen worden. Christian Wulff überspielte in seiner Rede launig die Enttäuschung über das vorzeitige Datum seines Abschieds und zitierte dabei Wilhelm Busch: „Denn erstens kommt alles anders, und zweitens als man denkt." Unterdessen waren draußen im Park deutlich die Rufe „Schande! Schande!" zu hören. Dabei hielten sich Freund und Feind in etwa die Waage: Während im Schlossgarten 200 Gäste zugegen waren, schätzte die Polizei am nächsten Tag 250 Demonstranten, die sich im gesamten Areal des Berliner Tiergartens verstreut hatten, um ihrem Unmut außer mit den Vuvuzelas noch mit Trillerpfeifen, Knallern und Hupen Luft zu machen.

Die Feiernden gaben sich alle erdenkliche Mühe, sich diese Bedingungen nicht anmerken zu lassen. Am Ende, nachdem alle Reden gehalten und die Musikstücke verklungen waren, winkten Christian Wulff und seine Frau Bettina den anwesenden Gästen und den Soldaten ein letztes Mal zu, wandten sich um und spazierten über die große, grüne Wiese hinüber zum hell erleuchteten Schloss. Das Bild entsprach exakt der Situation, in der sie sich befanden: Sie gingen allein.

Das müssen Sie sich vorstellen: Der „Große Zapfenstreich" ist eigentlich als Dankeschön der Bundeswehr gedacht. Er geht auf den preußischen König Friedrich Wilhelm III. zurück, der damit hohen Persönlichkeiten des Staates eine Ehre zukommen ließ, die ihrem Rang und ihren Leistungen entsprach. Es ist ein Zeichen der Würde, mit dem bis heute die deutschen Bundespräsidenten nach dem Ende ihrer Amtszeit verabschiedet werden. An diesem Abend hatte sich jedoch der Gegensatz zwischen drinnen und draußen, zwischen dem Selbstbild und dem tatsächlichen Image des Präsidenten, zwischen Form und Inhalt der Feier zu einem grotesken Höhepunkt zugespitzt. Die Zeremonie war zu einer leeren Hülle geworden, denn eine Mehrzahl der Deutschen vertrat zu diesem Zeitpunkt die Ansicht, dass da einer auf eine Ehrerbietung bestand, der in ihren Augen seine Ehre längst verspielt hatte.

Christian Wulff war als Bundespräsident am 17. Februar 2012 zurückgetreten, einen Tag nachdem die Staatsanwaltschaft Hannover die Aufhebung seiner Immunität beantragt hatte, um ihre Ermittlungen wegen des Verdachts der Vorteilsannahme aufzunehmen. Die Geschichte des Christian Wulff handelt von bedenklichen Beziehungen, und sie ist die Geschichte eines verunglückten Umgangs mit den Medien. Aber Wulff ist, und das macht ihn hier interessant, darüber hinaus zu einem Paradefall geworden, der mit all seinen Verfehlungen und Unzulänglichkeiten das Pech hatte, in dieser veränderten Zeit zu leben. Der Fall Wulff zeigt deutlich, dass die Bedürfnisse des Publikums mit den Bedürfnissen und Arbeitsmethoden der Medienmacher Verbindungen eingehen können, die für Interviewpartner und -partnerinnen zu einem gefährlichen Cocktail werden.

# Die mediale Krise des Christian Wulff

Um dieses Wechselspiel zwischen Publikum und Medienmachern deutlich zu machen, lassen Sie mich also an dieser Stelle die mediale Geschichte des Christian Wulff noch einmal kurz rekapitulieren. Sie beginnt damit, dass die BILD-Zeitung Ermittlungen zu Gerüchten anstellte, wonach Wulff noch in seiner Amtszeit als niedersächsischer Ministerpräsident von einer befreundeten Unternehmerin einen Privatkredit zu vergünstigten Konditionen bezogen und dem Parlament nicht gemeldet hatte. Wulff äußerte in einer schriftlichen Stellungnahme sein Bedauern und versprach, alle relevanten Dokumente offenzulegen. Doch Anfang Januar 2012 wurde bekannt, dass Wulff kurz vor Weihnachten ein Telefongespräch mit dem Chefredakteur der BILD-Zeitung, Kai Diekmann, geführt hatte, um die Veröffentlichung von brisantem Material zu verhindern. Wulff war zu der Zeit auf Staatsbesuch in Kuwait, und da er Diekmann nicht persönlich erreichte, sprach er auf dessen Mobilbox. Dies war natürlich mehr als unklug, denn damit gab er dem Journalisten konkretes Beweismaterial in die Hand, dass der Präsident versucht hatte, das Grundrecht der Pressefreiheit zu verletzen.

Die Nachricht auf dem Anrufbeantworter von Kai Diekmann ist etwa vier Minuten lang und wurde von der BILD-Zeitung erst vier Wochen nach dem Bekanntwerden komplett veröffentlicht. Dies bot in der Zwischenzeit großzügigen Raum für Spekulationen und wirkte wie ein Weckruf für die menschliche Schwarmintelligenz: Unter dem Namen „WulffPlag" wurde eine Website eingerichtet, die das Ziel verfolgte, aus den durchgesickerten Einzelzitaten den originalen Wortlaut der Nachricht zu rekonstruieren. An die vier Millionen User beteiligten sich an dieser Schnitzeljagd, die tatsächlich einige abenteuerliche Ergebnisse zutage brachte: „Wenn ich zurückkomme, können wir entscheiden, wie wir die Dinge sehen, und dann können wir entscheiden, wie wir Krieg führen", heißt es da. Und weiter: „Ich werde auch Strafantrag gegen Journalisten stellen (...). Sollte diese unglaubliche Geschichte tatsächlich erscheinen, bedeutet das den endgültigen Bruch zwischen dem Bundespräsidenten und dem Springer-Verlag."

In einem Interview, das Christian Wulff wenige Tage später der ARD und dem ZDF gab, bezeichnete er diesen Anruf als „schweren Fehler, der mir leid tut, und für den ich mich entschuldige". Er ist ein Mensch und macht Fehler – so lautete seine Verantwortung. Aber allein der Verdacht, Christian Wulff könnte ein Grundrecht verletzt haben, wog so schwer, dass die Diskussion um seine Person in den Wochen darauf nicht abriss. Wulff ging in die Offensive und versprach die vollständige Veröffentlichung des relevanten Materials zu den Vorwürfen der Vorteilsannahme. Er nannte es „Weitertreiben der Transparenz in Deutschland": „Ich gebe Ihnen auf 400 gestellte Fragen 400 Antworten", versprach er, „Morgen früh werden meine Anwälte alles ins Internet stellen. Dann kann jede Bürgerin und jeder Bürger jedes Detail zu den Abläufen sehen."

Doch das Versprechen hielt nicht. „Christian Wulff verweigert die Herausgabe der detaillierten Fragen und Antworten", hieß es am nächsten Tag in der ARD. Stattdessen fanden Besucher auf der Website seiner Anwaltskanzlei nur eine sechsseitige „zusammenfassende Stellungnahme". Diese Vorgehensweise hatte gute juristische und persönliche Gründe, aber der mediale Verdacht, Wulff habe „Leichen im Keller", ließ sich dadurch natürlich nicht ausräumen. Christian Wulff traf hier genauso einen wunden Punkt seines Publikums wie Karl-Theodor zu Guttenberg: Er war in den Verdacht geraten, gelogen zu haben.

Mitte Jänner war die Zustimmung zu Christian Wulff unter der deutschen Bevölkerung von 60 auf 46 Prozent gesunken.

Die Redakteurinnen und Redakteure setzten ihre Recherchen fort und fanden prompt weitere Ungereimtheiten: Wulff sei – unter anderem – vom befreundeten Filmproduzenten David Groenewold zum Urlaub eingeladen worden und habe ihm dafür eine Kreditbürgschaft besorgt. Die Verdachtsmomente nahmen andere Dimensionen an, denn jetzt ging es auch um Korruption. Was den Staatsanwalt schließlich dazu veranlasste, gegen Wulff Ermittlungen einzuleiten.

## Die Skandalisierung eines Fehltritts

Am 17. Februar 2012 trat Christian Wulff zurück. Die Gründe, die er in einer kurzen Presseerklärung dafür angab, erregten neuerlich den Unwillen des Publikums: Über die Vorwürfe, die gegen ihn erhoben wurden, über die Verflechtungen zwischen seinem öffentlichen und privaten Leben, über die Probleme der Transparenz und deren moralische Dimension verlor der Präsident kein Wort. Stattdessen verlieh er seiner Überzeugung Ausdruck, dass „eine rechtliche Klärung zu meiner vollständigen Entlastung führen" würde. Er wies darauf hin, dass die mediale Berichterstattung seine Frau und ihn selbst verletzt habe. In den Augen des Publikums hatte er damit jeden Bezug zur Realität verloren und besaß kein Gefühl dafür, warum er das Vertrauen so vieler Menschen verloren hatte. Offenbar *verstand* er gar nicht, was er falsch gemacht hatte. Und betonte stattdessen standhaft seine Rolle als Opfer, und nicht als Verursacher der Situation.

Zu diesem Verhalten des Bundespräsidenten kann jeder stehen, wie er will. Für unser Thema interessant ist dessen *Auswirkung*, denn: Selbstverständlich war es das gute Recht des Präsidenten, auf die Unschuldsvermutung zu verweisen.

Juristisch gesehen war Christian Wulff unschuldig, solange kein Richterspruch ergangen war. Es war sein gutes Recht, gegen die öffentliche Vorverurteilung anzukämpfen. Und doch hatte dieser Hinweis in den Augen des Publikums keinen Wert und verstärkte die bereits schwelende Antipathie. Auch bei Gericht waren sich alle Beteiligten des Problems der öffentlichen Meinung bewusst: Als der Korruptionsverdacht aufkam, zögerte der Staatsanwalt in Hannover tagelang, überhaupt Ermittlungen aufzunehmen. Die Bedenken entstanden, weil Ermittlungsverfahren dieser Art gegen Politiker und Politikerinnen oft wegen Mangel an Beweisen eingestellt werden. Denken Sie nur an den Fall des in die CDU-Spendenaffäre verwickelten Wolfgang Schäuble, der im Jahr 2000 öffentlich einräumte, vom Waffenhändler Karlheinz Schreiber eine beträchtliche Barspende entgegengenommen zu haben. Die Staatsanwaltschaft konnte jedoch nie den Vorwurf beweisen, dass dieses Geld nicht als Parteispende, sondern als Bestechungsgeld für ein Rüstungsprojekt gemeint war – und Schäuble wurde vor Gericht freigesprochen. Heute wissen wir: Seine politische Karriere hat damals, in der Zeit *vor* der Weltwirtschaftskrise, dadurch auf lange Sicht keinen Schaden erlitten.

Das Gegenteil gilt für den Bundespräsidenten des Jahres 2012: Nachdem Christian Wulff zurückgetreten war, nachdem er sein Amt, sein Haus und seine Ehe verloren hatte, nachdem 24 Staatsanwälte und ermittelnde Beamte ein Jahr lang an dem Fall recherchiert und alle Indizien geprüft, sämtliche Beweismittel umgedreht und durchleuchtet hatten, blieb unter den dutzenden Verdachtsmomenten und Vorwürfen, die gegen ihn erhoben worden waren, ein einziges strafrechtlich relevantes Geldgeschenk von 753,90 Euro übrig. Das Landgericht Hannover konnte bis Sommer 2013 keine Auskunft geben, ob es wegen dieses Deliktes überhaupt Anklage erheben würde. 2014, zwei Jahre nach seinem Rücktritt wurde Christian Wulff vom selben Landesgericht nach dem gegen ihn geführten Prozess „uneingeschränkt freigesprochen".

„Viel Lärm um nichts", würde Shakespeare sagen. „Sehr viel Lärm um sehr wenig": Das war das Urteil des deutschen Feuilletons. Im April 2013 schrieb Heribert Prantl, Leiter des innenpolitischen Ressorts der SÜDDEUTSCHEN ZEITUNG, einen Kommentar mit dem Titel: „Von der Lawine zum Schneebällchen", in dem er die Frage aufwarf, ob Christian Wulff nicht doch zu Unrecht in den Rücktritt getrieben worden sei. Ob nicht die Medien einen wesentlichen Anteil daran gehabt hätten. Ob nicht der „Ermittlungsexzess der Staatsanwaltschaft" auf einen „Skandalisierungsexzess durch die Medien" zurückzuführen sei. Bei aller Berechtigung der Vorwürfe gegen Christian Wulff, vor allem wegen des ungeschickten Umgangs mit den Medien: Diese hätten mit ihrer Kampagnisierung und Skandalisierung des Falls weit über ihr Ziel hinausgeschossen.

### Lügen sind nicht länger Kavaliersdelikte

Viel Lärm um nichts? – Natürlich hat Wulff Fehler gemacht. Und er hat sich grottenschlecht verteidigt. Christian Wulff hat den Medien gleichsam selbst die Möglichkeit geliefert, ebenso viel Lärm zu erzeugen wie die Vuvuzelas, die den Zapfenstreich im Garten des Schlosses Bellevue begleiteten. Aber uns interessiert hier vor allem die Tatsache, dass in diesem Fall die Öffentlichkeit mit einer bisher nicht gekannten Empfindlichkeit reagierte und einen Mann mit einer unverhältnismäßigen Strafandrohung aus seinem Amt mobbte.

Bedenken Sie bitte: Für gelernte Staatsbürger und Konsumentinnen ist es nichts Neues, dass die Macht ein unsauberes Geschäft sein kann, und dass Entscheidungsträgerinnen und Entscheidungsträger in der Öffentlichkeit ihr Publikum dann und wann belügen, um ihre eigenen oder die Interessen ihrer Partei, ihres Unternehmens, ihrer Organisation, ihres Landes zu schützen. Die Menschen wissen das schon seit der Antike. Philosophen wie Platon haben die Lüge im öffentlichen Leben als erlaubt, ja in bestimmten Fällen sogar als geboten dargestellt – und sind dabei bis auf den heutigen Tag moralisch unbedenklich geblieben.

Vergleichen Sie die Fälle Wulff oder Guttenberg mit anderen „berühmten" Lügen, die in der Vergangenheit ans Licht kamen. Zum Beispiel mit der sogenannten „Irak-Lüge": Im Februar 2004 gab der damalige CIA-Chef George Tenet zu, dass die amerikanischen Geheimdienste vor dem Irak-Krieg keinerlei Beweise dafür gefunden hatten, dass Saddam Hussein jemals über Massenvernichtungswaffen verfügt hatte. Peinlich für den Präsidenten George Bush und seinen Außenminister Colin Powell, denn ein Jahr zuvor war dies für die beiden der entscheidende Kriegsgrund gewesen. Damals hatte George Bush den Journalisten zu Protokoll gegeben: „Wir haben Massenvernichtungswaffen gefunden. Wir haben biologische Laboratorien gefunden. Und wir werden im Lauf der Zeit noch mehr Waffen finden." Bis zum Auffliegen der Lüge zählten Statistiker über 200 irreführende Aussagen in mehr als 120 öffentlichen Auftritten von George Bush, Colin Powell und Condoleezza Rice. Aber keiner dieser Politiker musste dafür jemals die Konsequenzen ziehen, obwohl die Bush-Administration nach dem Ende der Amtszeit von Bill Clinton „Anstand und Ehrlichkeit" auf ihre Fahnen geschrieben hatte.

Bill Clinton. Das ist jener amerikanische Präsident, der am 26. Jänner 1998 in die Fernsehkameras folgende bis heute berühmten Sätze sprach: „Ich hatte keine sexuelle Beziehung mit dieser Frau, Miss Lewinsky. Ich habe niemandem gesagt, dass er deswegen lügen soll, nicht ein einziges Mal, niemals. Diese Anschuldigungen sind falsch."

Heute wissen wir: Clinton log, und er log im Gegensatz zu seinem Nachfolger Bush nicht aus Staatsraison, sondern aus Selbstschutz, also aus einem egoistischen Grund. Und obwohl die amerikanischen Medien ihn in der Folge massiv angriffen, konnte er mehrere Monate lang leugnen, bevor er erst ein halbes Jahr später, am 17. August, in einer Fernseherklärung die Verantwortung übernehmen musste. Und auch diese Lüge hatte, obwohl Clinton sich mit einem Amtsenthebungsverfahren auseinandersetzen musste, am Ende nicht den Rücktritt des Präsidenten zur Folge. Heute gilt Bill Clinton als einer der bestbezahlten Redner der Welt – und war im November 2012 der wichtigste Wahlhelfer Barack Obamas für dessen Wiederwahl.

In der Vergangenheit mussten Politiker und Politikerinnen also nicht unter allen Umständen den Preis für ihre Lügen zahlen. Seit dem Beginn der Finanzkrise hat sich diese Haltung massiv geändert. Täuschungen gelten nicht länger als Kavaliersdelikte. Sie werden als bedrohlich wahrgenommen. Und was früher als systemimmanent galt, gilt heute als feindlich, als eine Bedrohung, die ein System an den Rand des Abgrunds drängen und es mitunter auch zerstören kann.

## Wer ist überhaupt noch ehrlich?

Natürlich springt nicht jeder Sprecher so flott über die mediale Klinge wie Karl-Theodor zu Guttenberg. Christian Wulff hielt ein bisschen länger durch, wie wir gesehen haben. Aber selbst in Österreich, wo Skandale und Grenzüberschreitungen traditionell gerne unter den Teppich gekehrt wurden, herrschen seit den Folgejahren des Finanz-Crashs von 2008 in den Medien vordringlich Verdacht und Misstrauen. Als Anfang Dezember 2012 bekannt wurde, dass das Salzburger Finanzressort mehrere

Hundert Millionen Euro am Geldmarkt verspekuliert und die Verluste offenbar an den Kontrollen des Rechnungshofs vorbei geschmuggelt hatte, berichteten die Medien ausführlich, die Salzburger Landeshauptfrau Gabi Burgstaller habe über den Skandal viel länger Bescheid gewusst, als sie öffentlich zugegeben hatte. Diese bestritt die Anschuldigungen vehement. Daraufhin bezichtigte ein Anwalt die Politikerin öffentlich der Lüge und drohte ihr mit rechtlichen Schritten.

Damit war der Verdacht präsent und verschwand auch nicht wieder, als der Anwalt wenige Tage später bekanntgab, die Landeshauptfrau nun „doch nicht klagen" zu wollen. Darüber hinaus stellten die Medien in der Folge die Frage, wie es um die Finanzen der anderen acht österreichischen Bundesländer bestellt sei, obwohl diese mit dem Skandal vordergründig nichts zu tun hatten und ihrerseits laufend durch die Landesrechnungshöfe sowie den Bundesrechnungshof geprüft wurden. Eigentlich musste also alles in Ordnung sein. Oder etwa doch nicht? – Das Misstrauen wuchs über die Autorität aller Kontrollinstanzen hinaus und brachte Unruhe vor allem in jene Bundesländer, in denen im Jahr darauf gewählt werden sollte: Kärnten, Tirol, Niederösterreich und Salzburg sowieso.

Sagte Gabi Burgstaller die Wahrheit, wenn sie behauptete, sie habe von den Spekulationsverlusten ihrer Beamten nichts gewusst? Sagte der Präsident des Österreichischen Gemeindebundes, Helmut Mödlhammer, die Wahrheit, wenn er behauptete, zwei Drittel aller österreichischen Gemeinden hätten ordentliche Kassen und eine saubere Buchführung? Sagte der niederösterreichische Finanz-Landesrat Wolfgang Sobotka die Wahrheit, wenn er behauptete, die strittigen Spekulationspapiere seines Ressorts seien vorschnell verkauft worden, weil die Verluste in Zukunft wieder ausgeglichen werden hätten können? Die generelle Frage war erneut: Wem können die Menschen trauen? Andere wichtige Themen wirtschaftlicher, sozialer oder bildungspolitischer Natur spielten in den folgenden Wahlkämpfen in den Ländern nur eine untergeordnete Rolle in der medialen Berichterstattung.

Wer lügt? Wer ist ehrlich?

Diese zwei sehr einfachen Fragen beherrschen seit Beginn der Finanzkrise über weite Strecken die Berichterstattung, nicht nur in Deutschland und Österreich, sondern in ganz Europa. Und mit jedem neuen Bericht gräbt das Misstrauen einen immer tieferen Graben zwischen Medien und Mächtige. Und zwischen Mächtige und die Öffentlichkeit.


### „Bad News are good News" – Lang lebe die Krise!

Medienkonsumenten bekommen Skandale, Katastrophen und Krisen aller Art gleichsam jeden Tag frei Haus geliefert. Dinge, die aus dem Ruder laufen, sind für Medienmacherinnen und Journalisten *willkommene* Nachrichten. Schlechte Nachrichten sind die Goldadern einer jeden Fernsehstation, die Cashcows jedes Radio-Studios oder Zeitungsverlags. Schlechte Nachrichten sind gute Nachrichten. Sie sind: „Tension by Nature".

Spannung wird über schlechte Nachrichten erzeugt, weil das menschliche Gehirn seit Urzeiten darauf trainiert ist, die Wahrnehmung vor allem auf Probleme und Gefahren zu fokussieren – damit im Notfall lebenserhaltenden Gehirn-Systeme rechtzeitig und rasch hochgefahren werden können. So lässt sich erklären, warum das Publikum von seiner „biologischen Bauweise" her eine schlechte Nachricht, wie den Fehltritt eines Menschen, der in der Öffentlichkeit steht und eine verantwortungsvolle Funktion innehat, stärker registriert als andere, zum Teil gute Nachrichten. Vor allem dann, wenn die schlechte Nachricht einen direkten Bezug zum Empfänger, sprich: *persönliche* Relevanz hat.

Seit ihrem Bestehen – von den antiken Geschichtenerzählern bis ins Internet-Zeitalter – arbeiten Medien sowohl intuitiv, als auch bewusst mit diesem Phänomen. Und wenn sich eine Quelle der schlechten Nachrichten erst einmal erschlossen hat, lässt man sie für gewöhnlich nicht so schnell wieder versiegen.

Das ist, bemerken Sie vermutlich, eigentlich nichts Neues. Und doch scheint sich in den Jahren seit Beginn der Finanzkrise das Selbstempfinden des Publikums und damit seine Einschätzung *persönlicher* Gefährdung durch das Fehlverhalten von Personen aus Politik und Wirtschaft massiv verstärkt zu haben. Rezipientinnen und Rezipienten empfinden sich nicht mehr als außenstehende Beobachter einer Krise, einer Person, einer Partei, eines Unternehmens oder einer Organisation. Das Publikum sieht sich viel mehr selbst im Auge des Sturms, es ist selbst von der Krise betroffen. Die Menschen fühlen sich von jeder Blendung, jeder Lüge, jeder Täuschung *persönlich* betroffen. Und bedroht. Damit bekommt die Lüge beziehungsweise die Blendung sowohl in der Wahrnehmung der Menschen als auch in der Berichterstattung der Medien ein anderes Gewicht.

Dieser phänomenologische Tatbestand war am Ergebnis der angeführten Salzburger Landtagswahlen deutlich abzulesen: Sozialdemokraten und Christlich-Soziale, denen die Verantwortung für den Finanzskandal zugeschrieben worden war, verloren gemeinsam mehr als ein Drittel ihrer Stimmen. Die Grünen hingegen, die sich in anderen Fällen bereits als Aufklärer positioniert und „saubere Politik" zu ihrem Wahlslogan gemacht hatten, konnten ihr Wahlergebnis im Vergleich zur Wahl des Jahres 2009 mehr als *verdreifachen*. Dass für dieses Wahlergebnis ein dreifach gestiegenes ökologisches Bewusstsein der Salzburger Wählerschaft die Ursache war, darf bezweifelt werden.

## Nicht nur Schuldige kann es treffen

In dieser Landtagswahlgeschichte wurden die Bösen bestraft und die Braven belohnt. Das ist jedoch nicht immer so. Die erhöhte Wachsamkeit gegenüber Politikerinnen und Wirtschaftskapitänen und die speziell auf Fehlverhalten ausgerichtete Wahrnehmung der Öffentlichkeit unterscheiden nicht selbstverständlich und zwangsläufig zwischen wahr und unwahr. Der bloße Verdacht „Hier spielt jemand mit gezinkten Karten", „Hier wird jemand seinem Ruf nicht gerecht" oder „Hier versucht uns jemand zu täuschen", reicht aus, um Medien und Öffentlichkeit in Aufruhr zu versetzen. Bis sich der Sturm der Entrüstung wieder gelegt hat und alle wieder klare Sicht auf die tatsächlichen Zu- und Umstände bekommen, kann es lange dauern und für die Betroffenen sehr schmerzlich sein.

Schuld an dieser Misere, dass wir schon heftig reagieren, *bevor* überhaupt klar ist, ob ein Fehlverhalten vorliegt, hat übrigens auch hier unser Kopf. Denn der lernt, wie der deutsche Psychiater und Gehirnforscher Manfred Spitzer weiß, am schnellsten und nachhaltigsten durch schlechte Erfahrungen. Und solche haben wir mit Personal auf höchster Ebene seit der Krise 2008 zur Genüge gemacht. Nun sind wir sehr sensibel. Hypersensibel, wenn Sie so wollen. Wir lernen durch schlechte Erfahrungen und speichern die Erinnerung an diese tief in unserem Unterbewusstsein ab.

Denken Sie bitte ganz kurz an die berühmte heiße Herdplatte. Wie oft, denken Sie, muss ein Mensch auf eine glühend rote Herdplatte greifen, um sich ein für alle Mal zu merken, dass der menschliche Kontakt mit der Kochplatte verdammt wehtut? Richtig! – Spätestens nach zwei bis drei Mal müsste es jeder und jede im wahrsten Sinne des Wortes begriffen haben. Manche schaffen es beim ersten Mal. Gespeichert bleiben uns in jedem Fall zwei deutliche Erinnerungen:

1. die Herdplatte ist gefährlich und
2. der Schmerz ist infernalisch.

Wie oft, denken Sie, muss jemand von einem Fondsmanager um seine gesamten Ersparnisse gebracht werden, um zu lernen, dass man seinesgleichen nicht grenzenlos trauen kann? Wie oft, denken Sie, muss eine Fernsehzuschauerin sehen, wie auf Zypern Schlangen vor Bankomaten stehen, weil die Menschen versuchen, an ihr eigenes Geld zu kommen, bevor sie das Vertrauen in Banken verliert? – Die selektive Wahrnehmung, die die Konzentration auf das Notwendige in einer Situation verantwortet, erlaubt uns sowohl angesichts von Herdplatten als auch von Finanzkrisen ein effektives und angemessenes Reagieren in Stresssituationen.

Und dabei ist es, wie schon oben kurz erwähnt, egal, ob an der medialen Situation etwas Wahres dran ist, oder ob es um eine sprichwörtliche „Ente" geht. Als Joachim Gauck im Februar 2012 zum deutschen Bundespräsidenten nominiert wurde, berichtete der SPIEGEL, dass sich viele seiner ehemaligen Fans und Anhängerinnen von ihrem einstigen Idol abgewandt hätten. Man warf Gauck vor, die Occupy-Bewegung für albern zu halten. Die Vorratsdatenspeicherung zu befürworten. Thilo Sarrazin, Hartz IV und den Afghanistan-Krieg zu loben. „Das ist nicht mein Präsident", so der allgemeine Tenor. Nachdem Gauck noch ein Jahr zuvor als Kontrahent von Christian Wulff in höchsten Tönen gefeiert worden war, wurde er jetzt, da er tatsächlich Präsident werden sollte, plötzlich massiv in Frage gestellt. Wie war das zu erklären?

Diese Frage beschäftigte den SPIEGEL und in Folge die deutsche Öffentlichkeit, bis sich der Blogger Patrick Breitenbach die Mühe machte, alle Joachim Gauck zugeschriebenen Zitate über Occupy, Sarrazin oder die Vorratsdatenspeicherung bis zu ihren Ursprüngen zurückzuverfolgen. Und Breitenbach fand nichts, was die Vorwürfe gerechtfertigt hätte. Wenn wir die beanstandeten Aussagen Gaucks in ihrem Kontext betrachten, klingen sie ganz anders, als seine Gegner behaupteten. Zum Beispiel: Im Jahr 2011 war Joachim Gauck im Wiener Burgtheater Gast bei einer Podiumsdiskussion mit dem Titel „Bedrohte Freiheit: Terrorangst und Überwachung in einem Rechtsstaat" gewesen. Dort hatte er gesagt, dass es ohne Belege der konkreten (Terror-)Gefahr keine Beschneidung der Grundrechte geben dürfe. *Sollte aber eine Gefahr belegt sein, müsse ein Instrument wie die Vorratsdatenspeicherung nicht automatisch zur Etablierung eines Spitzelstaates führen.* Er könne die Angst vor diesem Szenario absolut nachvollziehen, mahne jedoch gleichzeitig vor angstgetriebenen Entscheidungen, egal, in welche Richtung sie erfolgen.

Das klingt durch und durch reflektiert und mit Respekt vor der Freiheit und den Menschenrechten argumentiert. Dasselbe gilt für alle anderen Vorwürfe, denen sich Joachim Gauck in Hinblick auf die Occupy-Bewegung, Thilo Sarrazin oder den Afghanistan-Krieg ausgesetzt sah: Die Vorwürfe waren Verkürzungen von Statements, die inhaltlich nicht mit dem übereinstimmten, was in den medialen Berichten veröffentlicht wurde. Und doch schrieb die Bloggerin Julia Probst wenige Minuten, nachdem Gauck als zukünftiger Bundespräsident bekanntgegeben worden war, auf Twitter: „Gauck ist für Vorratsdatenspeicherung, findet die Überwachung der Linken gut, äußerte sich abfällig über Occupy. Und lobte Sarrazin. Darum unwählbar!" So wird an Gaucks Fall ein besonders gefährlicher Aspekt des medialen Wandels der letzten Jahre sichtbar: die vorschnelle Skandalisierung ohne ausreichende Recherche und faktischen Grund. Der Verdacht fällt nicht mehr bloß auf Menschen, die sich tatsächlich etwas zuschulden haben kommen lassen.

Nicht nur Bösewichte sind betroffen, sondern auch die „Guten": Bereits 2010, als der ehemalige DDR-Bürgerrechtler von der SPD als Kandidat für die Bundespräsidentenwahl nominiert wurde, ergaben die Meinungsumfragen, dass die deutsche Bevölkerung mehrheitlich *ihn* zum Präsidenten gewählt hätte, und nicht Christian Wulff. Da aber eben der Bundestag und nicht das Volk den Präsidenten wählt, kam es bekanntlich anders. Aber auch als Wulff schließlich zurücktrat und Joachim Gauck bei einer Matinee in Wien den überraschenden Anruf von Angela Merkel bekam, er sei nun der parteiübergreifend nominierte Kandidat für das Amt des Bundespräsidenten, wurde diese Entscheidung von einer überwältigenden Mehrheit der Deutschen begrüßt.

Gauck selbst bezeichnete damals diese Unterstützung als einen „Vorhof des Himmels". Als er im März 2012 im Bundestag mit den Worten „Was für ein schöner Sonntag!" sein Amt annahm, konnte er sich darüber freuen, dass 80 Prozent der Deutschen ihn grundsätzlich für glaubwürdig hielten. „Und Gauck wandelt über Wasser", schrieb damals der STANDARD. Selbst das Wort „Popstar" fiel in manchen Medienberichten in diesem Zusammenhang. Nur sehr wenige Präsidenten der deutschen Nachkriegsgeschichte wurden in diesem Ausmaß von den guten Wünschen der Bevölkerung begleitet, und die BILD-Zeitung fragte sich gar, ob der Mann in Hinkunft so beliebt sein würde wie der präsidiale Allzeit-Liebling der Deutschen, Richard von Weizsäcker.

Und doch sah sich Gauck in den Februartagen des Jahres 2012, nach seiner Nominierung zum Bundespräsidenten, plötzlich mit einem Widerstand und mit Vorwürfen konfrontiert, die einige Zeit lang seinem Image einen schweren Schaden zufügten. Allein sein hohes Ansehen und seine ursprüngliche Glaubwürdigkeit räumten ihm die Zeit ein, die es brauchte, um die Vorwürfe zu entkräften und für die restlose Richtigstellung der Fakten zu sorgen. Gauck hatte sozusagen eine „Image-Knautschzone", die Schlimmeres verhinderte und aus gutem, widerstandsfä-

higem Material bestand, das eine Reparatur erlaubte. Doch
die Gefahr eines Ansehensverlusts für die eigene Person und
den Verlust einer Funktion ist stets gegenwärtig und kann
grundsätzlich jeden und jede treffen. Ob nun erhobene
Vorwürfe berechtigt sind oder nicht.

Das Publikum hat seit 2008 einige Lektionen erhalten.
Und die Lektionen wurden gelernt: Misstrauen schützt vor
Ent-Täuschung.

KAPITEL 3

# Das „Mimikry"-Zeitalter

Vor einigen Jahren veröffentlichte das NEW YORK TIMES MAGAZINE eine Coverstory über das Spiel. Die Headline lautete: „Why do we play?" Warum spielt der Mensch? – Die Story erinnerte an das berühmte Gemälde namens „Kinderspiele" von Pieter Brueghel dem Älteren, wo auf einem typischen Dorfplatz des 16. Jahrhunderts spielende Kinder zu sehen sind. Sie haben ihren Spaß beim Tauziehen, bei der „Blinden Kuh" oder bei Rollenspielen wie „Braut und Bräutigam". Sie spielen allein, zu zweit oder in Gruppen, sie verwenden für ihre Spiele Kreisel, Puppen oder kleine Knochen, die damals als Würfel verwendet wurden. Das Bild zeigt insgesamt 168 Buben und 78 Mädchen, die nicht weniger als 80 verschiedene Spiele spielen.

Das Spiel, so die NEW YORK TIMES weiter, ist zwar auf den ersten Blick eine nutzlose Tätigkeit, denn es wird dabei weder etwas hergestellt noch verdient noch aufgebaut. Aber trotzdem ist es fixer Bestandteil des Lebens – und zwar nicht nur der Kinder, sondern auch der Erwachsenen. Zwischen dem ersten bekannten Gesellschaftsspiel für Erwachsene, dem „Senet" der alten Ägypter, und dem „Spiel des Jahres 2013" (namens „Die Legenden von Andor") liegen mehr als 4000 Jahre Weltgeschichte. Spiele, so die NEW YORK TIMES, werden in der modernen Psychologie nicht zuletzt deshalb ernst genommen und erforscht, weil sie eine psychohygienische Funktion erfüllen. Aber auch die

Geschicklichkeit fördern, die Kreativität anregen und die Möglichkeit bieten, soziale Bindungen und Kontakte zu pflegen.

Und: Spiele sind Katalysatoren und Ventile für Spannung und Unterhaltung. Sie können sowohl Spielerinnen als auch Zuschauer zu maximaler emotionaler Beteiligung anregen. Besonders deutlich zeigt sich diese intensive Anteilnahme im sportlichen Spiel. In der Saison 2012/2013 besuchten insgesamt 13 Millionen Menschen die Spiele der deutschen Fußball-Bundesliga. In großen Stadien wie der Münchner Allianz-Arena sind bei jedem Heimspiel durchschnittlich 70.000 Menschen live dabei und brüllen, stöhnen, jammern und jubeln. Selbst Tränen, sowohl bei Zusehern, als auch bei den Spielern, sind keine Seltenheit. Schlachtenbummler und Anhängerinnen intonieren gemeinsam einstudierte Schlacht-Gesänge, sie übertreffen sich gegenseitig, wenn es darum geht, neue Transparente zu gestalten und Instrumente zu kreieren, die weniger Musik, doch umso mehr Lärm erzeugen. Damit geben sie lautstark und deutlich zu verstehen: Wir sind hier. Wir sind Teil des Spiels. Und wir sind in Hochstimmung. Gespannt von der ersten bis zur letzten Minute. Dabei folgt das Spiel „Fußball" einfachen Regeln. „Das Runde muss ins Eckige" – so brachte es der legendäre deutsche Fußballtrainer Sepp Herberger, Weltmeister von 1954 und damit Vater des „Wunders von Bern", auf den Punkt. Und doch begeistert dieses Spiel Tag für Tag Millionen von Menschen auf der ganzen Welt und löst unabhängig von Alter und Herkunft höchste innere Beteiligung aus.

Medienmacherinnen und Medienmacher träumen von einer zumindest ähnlichen emotionalen Beteiligung ihres Publikums. Doch ganz ehrlich: Würden Sie ins Fußballstadion gehen, wenn dort nicht Ihr Team spielen, sondern stattdessen ein Redakteur der SÜDDEUTSCHEN oder der KRONEN ZEITUNG live einen Artikel der Sonntagsausgabe verlesen würde? Stellen Sie sich diese Situation kurz vor: Ein Journalist steht in der Mitte des Fußballfeldes, ruft die Headline seines gerade geschriebenen Zeitungs-Artikels ins Mikrophon, und 70.000 Menschen brechen in begeisterten Jubel aus. Und ebenso raunen, pfeifen, singen und applaudieren 70.000 Menschen bei jeder in Folge gelesenen Zeile. – Natürlich ist dieser Gedanke absurd. Und doch trifft er die Wahrheit insofern, als auch Journalistinnen und Redakteure beim Publikum ein Maximum an Spannung und innerer Beteiligung zu erwirken versuchen. Genauer gesagt ist es ein wichtiger Teil der journalistischen Tätigkeit, so viel Leserinnen, Hörer oder Zuseherinnen wie möglich an das jeweilige Medium zu binden.

Insofern sind Spiele und deren Spannungselemente für Sendungsverantwortliche und Medienmacherinnen von großem Interesse. Und das Wissen über deren Gesetzmäßigkeiten und Strukturen ist immer dann von Bedeutung, wenn es darum geht, eine hohe Quote zu erreichen und zu sichern. Wissenschaftler wie der französische Soziologe Roger Caillois, Mitglied der Académie Française, haben sich mit diesen Phänomenen wissenschaftlich auseinandergesetzt. Caillois entwickelte in den 1960er-Jahren eine bemerkenswerte Klassifizierung und Einteilung von Spielen, die bis auf den heutigen Tag Gültigkeit besitzt. Caillois benannte als stets wiederkehrende Grundlagen des Spiels vier dominante, spannungserzeugende „Drehbücher": *Agon – den Wettkampf, Alea – den Zufall, Ilinx – den Rausch und Mimikry – die Maskierung.* Ich werde im Laufe dieses Buchs näher auf diese vier Prinzipien des Spannungsaufbaus eingehen, da sie einen tiefen Einblick in das „Spiel moderner Medien" ermöglichen und als kulturelle „Drehbücher" von hoher gesellschaftlicher Relevanz sind. Sie beeinflussen unsere Sicht auf die Welt und unsere Einstellung gegenüber anderen. Insbesondere unsere Haltung gegenüber Speakern und Speakerinnen.

# Die Spielregeln der Medien

Bei einem Spiel, so Roger Caillois, wird die Spannung durch die Regel erzeugt. Die Regel bestimmt das Verhalten und das Denken der Spieler und auch die Planung möglicher Vorgehensweisen. Durch neue Regeln entstehen neue Welten, die die Spielerinnen und Spieler sowohl kognitiv, als auch emotional fordern. Sie wenden hohe Konzentration und Beherrschung auf, um dem Spiel gerecht zu werden und ordnen sich den Regeln unter. Wer sich nicht an sie hält, scheidet aus.

Auch in der medialen Kommunikation gibt es „Spielregeln", vielleicht noch besser ausgedrückt: „Spielarten", um das Publikum emotional und kognitiv einzubinden, ohne es dabei zu überfordern oder gar anzustrengen. Es vielmehr anzuregen und in Stimmung zu versetzen. Es gibt also ein Zusammenspiel zwischen Medienkonsumenten und Medienmachern. Zeigt das Publikum die gewünschte Reaktion, bleibt die Regel (die Spielart) aufrecht und wird beibehalten.

Wenn nun das Publikum in den letzten Jahren auf Blendungen, auf Täuschungen und Unwahrheiten sensibler reagiert, sprich: wenn neue Regeln gelten und in der Folge Vergehen dieser Art vermehrt als Skandale klassifiziert werden, liefert das Publikum den Journalistinnen und Medienmachern gleichsam einen Anreiz, mehr Skandale anzubieten. Das Zusammen-Spiel zwischen Fans und Spielern, Medienmacherinnen und Medienkonsumentinnen ist eröffnet. Bei erprobten „Spielarten", die mit Garantie die gewünschten Reaktionen und die gewünschte Anbindung hervorrufen, sprechen Kommunikationsexperten und -expertinnen von „Skripts".

Skripts sind ein wichtiger Baustoff für die Arbeit von Buchautorinnen, Drehbuchschreibern, Werbetexterinnen, von Journalisten, aber auch von Lyrikern: Sie sind das psychologische Bindemittel zwischen Story und Publikum und erhöhen die Erfolgsaussicht jeder Geschichte. Kommunikationsprofis erzeugen sie, indem sie bereits im Menschen *vorhandene*, anerzogene Programme gezielt „anstoßen". Sie machen sich damit eine Funktion des menschlichen Gehirns zunutze, die im psychologischen Fachjargon „triggern" genannt wird.

Was ist nun so ein Skript genau? – Wir lernen im Zuge unseres Lebens weit mehr, als uns die Hände nicht an heißen Herdplatten zu verbrennen. Wir trainieren unseren Körper, unser Gehirn und auch unsere Psyche. Was uns anfangs sehr schwerfällt, können wir von Mal zu Mal besser, und am Ende funktionieren die meisten Dinge wie von selbst. Gehen, Schuhe binden, Briefe schreiben – kein Problem (mehr). Während es zu Anfang recht mühsam war, ein O zu zeichnen oder ein H zu malen. Stundenlang mussten wir zu Volksschulzeiten daheim zur Übung Kreise zeichnen, hatten Bildvorlagen eines Schwimmreifens für das O, eine Leiter für das H.

Heute brauchen wir nur an das „Ho, Ho, Ho!" und den tiefen, satten Lacher des Weihnachtsmanns zu denken, und schon steht es auf der Weihnachtsgrußkarte. Wir müssen nicht mehr überlegen, wie es sich schreibt. Alles ist auf seinem Platz. Jederzeit abrufbar. Und auch unsere erlernten Bewertungen und Emotionen stehen ständig und gut aufgewärmt in ihren Startboxen zur Verfügung. Alles bewertet sich wie von selbst: Betrunken Auto fahren ist verantwortungslos. Mit vollem Bauch ins Bett gehen ist ungesund. Kindern eine gesunde Ohrfeige zu geben ist falsch – selbst, wenn sie nicht üben wollen, wie sie „Ho, Ho, Ho!" malen können.

Diese tief in uns verankerten Muster sind uns nicht bewusst, wir reagieren lediglich danach, vollautomatisch. Wie nach einem installierten Computerprogramm. Solche inneren, psychologischen Programme heißen „Skripts". Sie machen es uns möglich, nicht jedes Mal bei null anfangen zu müssen, wenn es darum geht, eine Haltung gegenüber anderen Kulturen, herrschenden Zu- und Umständen oder gegenüber bestimmten Verhaltensweisen von Menschen einzunehmen.

Ein Versuch:

Ich sage: Hotelzimmer, Kerzenlicht, Champagner. Woran denken Sie?

Ich sage: schwarze Limousine, roter Teppich, Stars, Blitzlichtgewitter. Woran denken Sie?

Ich sage: Zweiter Weltkrieg, Stacheldraht, Baracken. Woran denken Sie?

Ich nehme an, dass Sie bei Hotelzimmer, Kerzenlicht, Champagner an einen sich anbahnenden, erotischen Abend dachten. Bei schwarzer Limousine, roter Teppich, Stars, Blitzlichtgewitter an Cannes oder Hollywood. Und ich gehe ebenso davon aus, dass Sie bei Zweiter Weltkrieg, Stacheldraht, Baracken an Vernichtungslager wie Auschwitz oder Dachau dachten.

Wenn Sie nun bitte noch einmal für ein paar Sekunden an den erotischen Abend denken und im Anschluss ein paar Sekunden an die Vernichtungslager – dann werden Sie spüren, dass sich in Ihnen unterschiedliche Gefühle breitmachen. Und um eben diese Gefühle, die sich durch Bilder, Beschreibungen, Reportagen, Botschaften vollautomatisch in uns ausbreiten, geht es in der professionellen Arbeit mit Skripts. Je besser diese Programme in uns verankert sind, desto leichter lassen sie sich anstoßen, also auf Knopfdruck hervorrufen.

Skripts existieren für jeden möglichen menschlichen Bereich. Wir tragen moralische Skripts, archaische Skripts, soziale Skripts und viele mehr in uns. Besonders wirksam sind dabei verknüpfte Skripts, wie etwa eine Kombination aus „archaisch" und „moralisch". Solche archaisch-moralischen Skripts stehen zum Beispiel in der Bibel. Wir sollen nicht lügen, nicht stehlen, die verheiratete Frau oder den verheirateten Mann aus der Nachbarschaft in Ruhe lassen und darüber hinaus niemandem nach dem Leben trachten. Wird zum Beispiel im Fernsehkrimi ein Mord begangen, wird dieses Skript angestoßen (oder „getriggert"), und wir empfinden eindeutig und sofort, dass es sich bei der Tötung eines Menschen um ein moralisches Vergehen handelt, das gesühnt werden muss. Würden es die Kommissare am Ende eines „Tatorts" nicht schaffen, den Verbrecher zu überführen, und würde dieser straflos bleiben, wäre dies für uns ein höchst frustrierendes Erlebnis.

In aller Regel machen wir uns die eigenen inneren Skripts, sprich: unsere persönlichen inneren Programme zur Bewertung von Personen, Dingen und Handlungen, nicht bewusst. Das kommt der medialen Berichterstattung entgegen. Denn diese ist darauf ausgerichtet, ein gezieltes Gefühl, das sich bereits in der emotionalen Startbox der Zuseher, Hörerinnen, oder Leser befindet, abzurufen und über eine gewisse Zeitspanne aufrecht zu halten. Das Skript selbst soll für Medien-Konsumenten und -Konsumentinnen anonym bleiben. Sie können das mit Musik vergleichen, die häufig ähnlich wirkt: Sie versetzt uns in Stimmungen, ohne dass wir etwas über die Komposition selbst wissen. Wir verstehen nichts von Dominantseptakkorden, Belcanto-Technik und E-Drum-Tompads. Wir hören einfach eine Band, und mit jedem Song gibt sie uns ein neues, ein anderes Gefühl, dem wir ausgeliefert sind, dem wir gerne folgen. Wir werden traurig gemacht, aufgeputscht oder euphorisiert. Wir wissen nicht, wie es funktioniert. Aber das tut es.

Bleiben wir noch kurz bei der Musik, um uns der „Bewertung" zuzuwenden. Auch sie ist als Folge-Bestandteil im Skript mit angelegt. Wir nehmen automatisch an, dass klassische Musik ernste Musik ist und dass Pop der Unterhaltung dient. Das eine empfinden wir „höherwertiger" als das andere. Das haben wir so erlernt und hat nichts mit dem persönlichen Gefallen zu tun, sondern lediglich mit unseren allgemeinen Bewertungssystemen, die, ohne dass wir sie beeinflussen können, blitzschnell urteilen. Und wir *fühlen*, dass diese Bewertung richtig ist.

Die Ursache dafür liegt im emotionalen Gedächtnis. Populär ausgedrückt, könnte man das limbische System unseres Gehirns als einen „Speicher für Gefühle" bezeichnen. Jede wahrgenommene Person, jedes Ding, jedes Etwas, das uns Menschen im Leben begegnet, ist mit unseren Gefühlen dazu und darüber aufgeladen. Unsere Erfahrungen und unsere gelernten Werte – auch „Fremdbewertungen" genannt – beeinflussen unser Feedback und somit unsere Reaktion auf diese Objekte. Wobei hier mit dem Begriff „Objekt" nicht nur Dinge, sondern auch Menschen und andere Lebewesen gemeint sind. Egal ob ich „Wurstsalat", „Minirock", „Eurofighter", „Schmetterling", „Ernst Strasser", „Micky Maus" oder „Angela Merkel" sage: Zu jedem genannten Objekt haben wir eine dem Bewusstsein vorgelagerte Beurteilung parat. Und *empfinden* diese Beurteilung.

Wir empfinden gegenüber einer ausgewachsenen Ratte anders als gegenüber einem drei Wochen alten Kätzchen. Wobei wir mit ausgewachsenen Ratten wahrscheinlich wenig persönliche Erfahrung haben. Da schon mehr mit dem entzückenden Katzenbaby aus unserer Kindheit. Eine starke Erfahrung. Darum erwähnen Pharmaunternehmen, auf Tierversuche angesprochen, eher Ratten als „Versuchskaninchen", denn Kaninchen selbst. Als gefürchteter Überträger von Krankheiten und Schädling von Nahrungsmitteln fungiert „die Ratte" in Europa als mit Ekel und Abscheu besetztes Symboltier und ist auch als Schimpfwort gebräuchlich für jemand, der besonders gemein und hinterhältig ist. Durch diese emotionale Vorverurteilung der Ratte wird die eigentliche Grausamkeit gegen das Tier im pharmazeutischen Versuch abgeschwächt und damit für uns erträglich. Sehen wir entzückende Häschen oder Kätzchen, denen

Krebszellen injiziert werden, ergreifen wir impulsiv eher die Partei von Tierschützerinnen und Tierschützern und zeigen uns als entschiedene Gegner von Tierversuchen. Die automatisierte emotionale Bewertung funktioniert also aufgrund von Erfahrungen und erlernten Werten. Sie ist der Vernunft vorgeschaltet und nimmt uns die Entscheidung ab, wie wir über Objekte und Prozesse, also Menschen, Dinge, Orte und Handlungsweisen denken.

### Fressen und gefressen werden: das Skript „Mimikry"

Innere Skripts – und deren „Angestoßen-Werden" durch die mediale Berichterstattung während „der Krise" – sind für unser Thema deshalb so wichtig, weil sie in uns heftige Proteste hervorrufen, wenn wir belogen und betrogen werden. Das Skript in uns fordert sofortige Sühne und Gerechtigkeit. Es fordert *„das Ende der Blender!"* – um vieles stärker als im Fernsehkrimi, sind wir doch nun selbst betroffen. Wenn darüber hinaus die Gerechtigkeit darin bestehen soll, dass *wir* mit unserem Steuergeld für die wirtschaftlichen „Sünden" *der anderen* büßen müssen, ist unser inneres System umso schwerer angegriffen. Unser Programm rebelliert. Im Skript läuft etwas in die falsche Richtung. Wir sind entrüstet. Wir empören uns, frei nach Stéphane Hessel. Wir versuchen, den ursprünglichen, gesunden Zustand wieder herzustellen. Wir greifen zur Vuvuzela und stürzen Amtsträger für Verfehlungen, die vor ein paar Jahren noch großzügig pardoniert worden wären.

So wird jede Demaskierung einer Politikerin, jede Überführung eines Bankers, jede Verurteilung eines Wirtschaftsbosses zu einer Genugtuung und bringt uns für kurze Zeit dem angestrebten Ideal näher. Umgekehrt wird jede Unschuldsvermutung zur Provokation, und jeder neue Bericht über zockende Institutionen bedeutet Salz in den Wunden. Seit 2008, seit dem Ausbruch der Wirtschaftskrise, wurden unzählige Storys in unterschiedlichsten Formen mit ähnlichem Skript wieder und wieder geschrieben. Hier ein Skandal, dort der nächste. Hier der Niedergang eines Staates durch fahrlässige Transaktionen, dort Untersuchungsausschüsse gegen verdächtige Politiker und Managerinnen. Die Menschen haben diese Berichte so oft und so lange konsumiert, dass das Skript von der Mehrheit der Rezipienten und Rezipientinnen mittlerweile klar gelesen werden kann: „Wir sind von Blendern umgeben." „Wir werden von den Mächtigen belogen und betrogen und zahlen darüber hinaus die Rechnung!"

Dieses mediale Skript der Täuschung und der Tarnung trägt den Namen „Mimikry". Das Programm geht auf eine wichtige, lebenserhaltende Fähigkeit der Tierwelt zurück. Wenn Sie in der freien Natur ein schwarz-gelb gestreiftes Insekt auf sich zufliegen sehen, müssen Sie sich nicht unbedingt in Acht nehmen – es muss keine Wespe oder Hornisse sein. Es könnte sich auch um eine Schwebfliege handeln, eine vollkommen harmlose und unbewaffnete Insektenart, die im Verlauf ihrer Stammesgeschichte eine bedeutende genetische Leistung vollbracht hat: Um sich vor ihren Feinden zu schützen, hat sie das Aussehen von Wespen oder Hornissen angenommen. Mit Erfolg, denn: Ihren Feinden vergeht beim Anblick des gelb-schwarzen Kostüms der Appetit. Die Schwebfliege tarnt sich also zu ihrem Schutz. Andere Arten nehmen eine Tarnung aber auch an, um auf der Jagd für ihre Beute möglichst lange unerkannt zu bleiben und sie besser überraschen zu können. So ist eine „Teufelsblume" zum Beispiel keine Blume, sondern eine Fangschrecke, deren Vorderbeine einer Blüte ähneln, auf denen sich Insekten kurz ausruhen – bevor die Schrecke sie frisst. Bei „Mimikry" geht es also um einen durch und durch existenziellen Vorgang: um fressen und gefressen werden.

Wir Menschen haben unser tierisches Verhalten in gewissen Punkten nicht abgelegt. Auch Menschen tarnen sich, zum Beispiel indem sie in Gesellschaft ein sozial angesehenes Verhalten annehmen. Dort zeigen wir uns für gewöhnlich von unserer besten Seite. Wir plaudern und verhalten uns charmant und freundlich, selbst wenn uns innerlich gar nicht danach zumute ist. Dies ist im Grunde ein durch und durch normaler, meist unbewusster Vorgang, der in Gang gesetzt wird, um Beziehungen aufzubauen und Sympathien zu schaffen. Psychologinnen und Psychologen sprechen in diesem Zusammenhang von „Mimikry" als „sozialem Klebstoff". Aber nicht in jedem Fall wird ein solches Verhalten von außen positiv wahrgenommen. Besonders dann nicht, wenn eine Tarnung als solche erkannt wird.

Der tiefere psychologische Grund, warum Karl-Theodor zu Guttenberg zurücktreten musste, ist nicht einfach darin zu finden, dass er geschummelt hatte, sondern eben darin, dass seine Tarnung aufflog. Er hatte sich volksnah, rechtschaffen und seinem Wort durch und durch treu und verpflichtet dargestellt. Nicht der Umstand, dass seine Doktorarbeit ein Plagiat war, brach ihm sein politisches Rückgrat, sondern sein Umgang mit der Wahrheit im Zuge der Aufklärung. Guttenberg stand plötzlich als einer da, der nichts anderes wollte als sich egoistisch über Regeln hinwegzusetzen und Karriere zu machen. Oder, um kurz ins Tierreich zurückzukehren: sich zu tarnen, um leicht an fette Beute zu kommen.

Auch bei Christian Wulff reagierte das Publikum deshalb mit so wenig Verständnis, weil seine Tarnung aufgeflogen war. Diese bestand darin, dass er während seiner Karriere als Politiker extreme Ansprüche an die Moral an den Tag gelegt und nicht gezögert hatte, mit dem Finger auf Kollegen zu zeigen, die „gestrauchelt" waren. Seinen Anspruch formulierte er in einem Buch mit dem Titel „Besser die Wahrheit", das er 2007 bei Hoffmann und Campe herausgebracht hatte. Das deutsche Publikum erinnerte sich auch, dass Wulff mit seinem Vorgänger im Amt des niedersächsischen Ministerpräsidenten, Gerhard Glogowski, mit aller Härte ins Gericht ging, weil dieser von Wirtschaftstreibenden zu einer Aufführung der Oper „Aida" in Kairo eingeladen worden war. Glogowski war damals unter dem Druck der Vorwürfe zurückgetreten. Den Bundespräsidenten Johannes Rau hatte Wulff hart kritisiert, weil dieser von der West-LB Tickets für Privatflüge bezogen hatte. Wulff gehörte zu den ersten, die Joschka Fischer wegen seiner „Visa-Affäre" zum Rücktritt aufforderten. Peter Hartz griff er wegen der „VW-Affäre" an. Und auch sonst ließ er keine Gelegenheit aus, auf Wahrheit, Transparenz und Verantwortungsbewusstsein von Politikerinnen und Politikern zu pochen. Der Skandal bestand für das Publikum darin, dass all dies jetzt offenbar keinen Wert mehr besaß. DIE ZEIT gab einem Portrait über Christian Wulff, das Mitte Februar 2012 erschien, den Titel „Der Anscheinmann".

Medien lieben Geschichten wie die des Ministers Guttenberg oder die des Bundespräsidenten Wulff, bei denen „Mimikry" eine wichtige Rolle spielt. Sie lieben sie deshalb, weil Menschen überhaupt und seit jeher solche Geschichten spannend finden – Geschichten, in denen es darum geht, dass eine oder mehrere Figuren vorgeben, jemand anderer zu sein. Denken Sie zum Beispiel an Jason Bourne, den Helden des Films „The Bourne Identity", der zu Beginn der Geschichte sein Gedächtnis verloren hat und erst im Laufe der Zeit realisiert, wer er eigentlich ist – nämlich der Agent eines hochgeheimen CIA-Projekts namens „Treadstone" mit außergewöhnlichen Nahkampf- und Monitoring-Fähigkeiten, eine veritable Tötungsmaschine. Seine wahre Identität ist anfangs nicht nur dem Publikum, sondern sogar ihm selbst verborgen. Was natürlich nach Aufklärung schreit. Hollywood hat aus der Reihe von neun

Romanen des Bestseller-Autors Robert Ludlum mittlerweile vier Agententhriller gemacht, wobei der letzte, „Das Bourne-Vermächtnis", bereits am Eröffnungswochenende in den USA an die 40 Millionen Dollar einbrachte und mit seinem gesamten Einspielergebnis weltweit unter den 25 erfolgreichsten Filmen aller Zeiten liegt.

Die Spannung ergibt sich bei „Mimikry"-Geschichten aus einer emotionalen Irritation. Denn die Enttarnung löst bei uns Entsetzen und Schrecken, aber auch Wut und die Lust auf Rache aus. Gerade dann, wenn wir realisieren, dass uns ein ehemals vertrauter Mensch großen Schaden zufügen will – oder dies bereits getan hat. Dieser Mix aus Angst und Aggression sorgt verbindlich für eine hohe Quote, und daher decken Medien mit großer Freude und Energie ebensolche Tatbestände im öffentlichen Leben auf. Was steckt dahinter? Wer verbirgt sich wirklich hinter dem äußeren Schein? „Mimikry" ist seit 2008 zum Thema Nummer 1 geworden, ob wir das nun gut finden oder nicht. Dieses Skript wurde durch dutzende, aufsehenerregende Skandale hervorragend gelernt. Wie Gehen, Schuhe binden, Briefe schreiben. Es wird uns jeden Tag selbstverständlicher.

## Die Explosion der Skandale

Wir könnten sogar sagen: Das Jahr 2008 markiert mit dem Beginn des öffentlichen Bekanntwerdens der Finanzkrise gleichsam den Beginn eines großen europäischen „Mimikry"-Zeitalters. Dieses Zeitalter zeichnet sich dadurch aus, dass das Problem der Täuschung und Tarnung von Entscheidungsträgerinnen und Entscheidungsträgern zum Schaden der breiten Öffentlichkeit zu *dem* zentralen Thema der Berichterstattung geworden ist.

Um Ihrer Erinnerung ein wenig behilflich zu sein, gebe ich Ihnen in beliebiger Reihenfolge eine Auswahl an Skandalen, die seither die Öffentlichkeit beschäftigten. Dabei handelt es sich, wohlgemerkt, nur um Fälle, die überregional und insbesondere im deutschsprachigen Raum wahrgenommen wurden, ganz unabhängig davon, ob tatsächlich behördlich oder gerichtlich verfolgbare Vergehen dahinterstanden:

Nicht nur Christian Wulff war über einen Fehltritt gestolpert, sondern auch sein Vorgänger im Amt, Horst Köhler, weil er auf der Rückreise von einem Besuch der deutschen Armee in Afghanistan sinngemäß gesagt hatte, die Bundeswehr solle zum Einsatz kommen, um deutsche Wirtschaftsinteressen im Ausland zu schützen.

Ernst Strasser: Der österreichische EU-Parlamentarier ging auf ein Angebot von verdeckt arbeitenden Journalisten der britischen Zeitung THE SUNDAY TIMES ein, die ihm Geld für die Intervention  zur Änderung von EU-Gesetzen boten. Das Gespräch wurde mit versteckter Kamera aufgenommen und öffentlich gemacht. Der Vorfall führte zum sofortigen Rücktritt Strassers von all seinen politischen Funktionen. Anfang 2013 wurde er dafür zu einer vierjährigen, unbedingten Haftstrafe verurteilt.

Dietrich Birnbacher: Der Steuerberater hatte für die „Begleitung" des Verkaufs der Landesanteile der Kärntner Hypo-Alpe-Adria-Bank in Form einer sechsseitigen Verkaufsempfehlung an die Bayerische Landesbank sechs Millionen Euro kassiert. Im Gerichtsprozess 2012 gestand er, dass geplant gewesen war, das Geld zwischen ihm, dem BZÖ und der ÖVP zu dritteln. Auch Ex-ÖVP-Landeschef Josef Martinz gab die Abmachung zu. Wegen „Anstiftung zur illegalen Parteienfinanzierung" wurde er zu einer Gefängnisstrafe von 4 ½ Jahren verurteilt.

Lance Armstrong: Der siebenmalige Tour-de-France-Sieger gestand am 13. Januar 2013 in der US-amerikanischen

Talkshow „Oprah's Next Chapter", von 1998 bis 2011 mit Hilfe von Teambetreuern und Ärzten systematisch gedopt zu haben. Und nicht nur das: Missbrauch, Besitz, Handel und die Anstiftung seiner Mannschaftskollegen führten zu einer Aberkennung aller Titel und einer rückwirkenden Sperre als Radsportler ab dem Jahr 1998.

Und weitere Fälle der letzten drei Jahre, hier nur namentlich aufgezählt: „VatiLeaks". „WikiLeaks". „Cablegate". Der Fall Snowden und die Abhörmethoden der „NSA". Der Vorwurf, der österreichische Bundeskanzler Werner Faymann hätte sich in seiner Zeit als Infrastrukturminister mit teuren Inseratenkampagnen die Gunst des Zeitungsboulevards erkauft und die Rechnungen dafür von den ÖBB bezahlen lassen. Das AKW Fukushima und die Informationspolitik der Firma Tepco. Der ehemalige Finanzminister Karl-Heinz Grasser, dem unter anderem die nicht ordnungsgemäße Deklaration von Einkünften von rund zehn Millionen Euro vorgeworfen wird. Die Anklage gegen Silvio Berlusconi wegen Verkehrs mit einer minderjährigen Prostituierten. Die Dienstwagen-Affäre von Ulla Schmidt. Die Affäre der österreichischen Telekom, deren Zahlungen in Höhe von insgesamt 960.000 Euro den Nationalratswahlkampf des BZÖ mitfinanzierten. Ex-BZÖ-Verkehrsminister Hubert Gorbach, der verdächtigt wird, als Verkehrsminister gegen Bezahlung Verordnungen zugunsten der österreichischen Telekom erlassen zu haben. Alfons Mensdorff-Pouilly, der in Verdacht geriet, als Lobbyist bei Beschaffungsvorgängen für den englischen Rüstungskonzern BAE Systems in Bestechungen verwickelt gewesen zu sein. Die Manipulation von Marktzinsen durch die britische Großbank Barclays. Die „Offshore-Leaks-Affäre", die Geschäfte von Unternehmen aufdeckte, die Trusts und Scheinfirmen in internationalen Steueroasen betrieben. Die veröffentlichten Daten führten Ermittler auch zu Großbanken. Der Kärntner Ex-Landeshauptmann-Stellvertreter Uwe Scheuch und seine

„Part-of-the-Game"-Affäre. Die Blaulicht-Affäre „Tetron". Der „Zockerskandal" sowie die riskanten Zinswetten gegen Städte und Kommunen der Schweizer UBS-Bank. Der Steuerbetrug des Bayern-Präsidenten Uli Hoeneß. Peter Hochegger und die Causa BUWOG. Die „Anlegeraffäre" der Kärntner Finanzfirma AvW. Der Wiener Skylink und der Flughafen Berlin. Und, und, und.

Vielleicht haben Sie den letzten Absatz nur überflogen. Wenn er Ihnen aber auch nur einen leichten *Eindruck* der Menge der Skandale der letzten zwei, drei Jahre vermitteln konnte, hat er seinen Zweck erfüllt. In der öffentlichen Wahrnehmung wuchs das Ausmaß der Fälle von Täuschungen durch Respektspersonen, der Vorspiegelung falscher Tatsachen, der Betrügereien und des Amtsmissbrauchs erschreckend an und fand in den Medien ihren Widerhall: Der Journalist Stefan Ulrich verglich in einem Kommentar in der SÜDEUTSCHEN ZEITUNG die Korruption mit dem griechischen Monster „Hydra", das einst in den Sümpfen lebte und dem zwei Köpfe nachwuchsen, wenn ihm einer abgeschlagen wurde. „Das Ungeheuer", so ist in diesem Text zu lesen, „teilt sich noch rascher als die Hydra. Es bekommt auch ohne Enthauptungen neue Köpfe."

Wie überhaupt die Metapher „Sumpf" für die Korruption in den Headlines der letzten Jahre auffallend häufig zur Anwendung kam: „Siemens versinkt im Korruptionssumpf" – „Österreich versinkt im Korruptionssumpf" – „Der italienische Fußball versinkt im Korruptionssumpf" – „Ungarns Polizei versinkt im Korruptionssumpf" – „Versinkt VW im Korruptionssumpf?" Die Namen der „Delinquenten" scheinen beliebig austauschbar, aber die Metapher setzte sich hartnäckig auf den Titelseiten und in den Aufmachern der wichtigsten Medien fest und zeichnete ein düsteres Bild.

Wir könnten nun den naheliegenden Schluss ziehen, dass die verantwortlichen Entscheidungsträger und Entscheidungsträgerinnen in Politik und Wirtschaft in den letzten Jahren ihren Anstand und jeglichen moralischen Anspruch an sich selbst und die innehabende Funktion verloren hätten. Tatsache ist jedoch: Dieser Eindruck wird von der Statistik nicht bestätigt. Die Organisation „Transparency International", die seit Mitte der 1990er-Jahre weltweit das Ausmaß der Korruption untersucht, hat für den mittel- und westeuropäischen Raum in den letzten Jahren keine signifikanten Änderungen festgestellt. Einzelne Länder verbesserten oder verschlechterten sich zwar ein wenig im internationalen Vergleich, aber die Zahlen zeigen insgesamt keine Verschärfung in dem Ausmaß an, wie es die Berichte der Medien suggerieren. Die kriminelle Energie der Korruption und Manipulation hat sich in unseren Breiten in den letzten Jahren weder besonders verstärkt noch besonders verringert.

Angesichts der Medienberichte scheinen die Ergebnisse der Statistiken paradox, sind aber korrekt und geben einen anschaulichen Hinweis auf die Eigenschaften des „Mimikry"-Zeitalters: Der Skandal hat in der Stärke der öffentlichen Wahrnehmung zugenommen, aber nicht in seiner realen Quantität. Dies lässt sich darauf zurückführen, dass das Aufdecken und Skandalisieren zur wichtigsten Form der medialen Berichterstattung geworden ist. Die Desavouierung, die Enttarnung und die Verdächtigung sind für Journalistinnen und Journalisten im „Mimikry"-Zeitalter zur beherrschenden Pflichtübung geworden.

# KAPITEL 4

# Skandal. Aufdecken. Desavouierung.

In einer Begriffe-Wolke, sprich „Cloud", die das „Mimikry"-Zeitalter beschreibt, stünden die Worte „Skandal", „Aufdecken", „Desavouierung" groß und fett gedruckt in der Mitte. Wir haben bereits gesehen, dass sich Medien und Publikum durch ihr Agieren und Reagieren bezüglich eines Generalverdachts gegenseitig hochschaukeln. Dass die mögliche Lüge und der daraus resultierende wahrscheinliche Schaden in den Mittelpunkt unseres Interesses gerückt wurden und im Zentrum der Berichterstattung stehen.

Im medialen Dreiecksverhältnis Medium – Rezipient – Protagonist fehlt nun noch eine weitere Instanz: die Interviewpartner, die Interessensvertreterinnen, Experten, Diskussionsteilnehmerinnen, also all jene Personen, die die Inhalte liefern, um die sich in der Berichterstattung alles dreht. Als wichtige Teilnehmerinnen und Teilnehmer in diesem Spiel, als diejenigen, deren Glaubwürdigkeit und Image bei jedem öffentlichen Auftritt auf dem Prüfstand stehen, ist es natürlich für Sie immens wichtig, Ihren Teil der Spielregeln des „Mimikry"-Zeitalters zu kennen. Welchen neuen Herausforderungen müssen sich also Speaker und Speakerinnen in dieser Zeit stellen?

Stellen Sie sich dafür ein fiktives Land vor, in dem alle paar Jahre eine neue Regierung gewählt wird. So, wie wir es kennen: Am Sonntagmorgen öffnen die Wahllokale, nach und nach kommen Bürgerinnen und Bürger, um ihre Stimme abzugeben. Viele bringen ihre Familien mit und verbinden die Wahl mit einem Sonntagsausflug. Mancherorts gibt es Warteschlangen, doch im Grunde genommen läuft alles in routinierter Ruhe ab, bis am späten Nachmittag die Wahllokale schließen und die Menschen zu Hause die Fernsehgeräte einschalten, um die ersten Hochrechnungen in den Sondersendungen zu sehen. So, wie wir es in demokratischen Ländern des 21. Jahrhunderts gewohnt sind.

Doch in diesem fiktiven Land geschieht eines Wahlsonntags etwas Merkwürdiges: Lange Zeit kommt niemand zur Wahl. Die Regierung erklärt sich das Fernbleiben der Wähler mit dem unerbittlichen Dauerregen, der an diesem Tag herrscht. Doch kurz vor der Schließung der Wahllokale klart es auf, und die Wählerinnen und Wähler strömen doch noch zu den Urnen. Erleichterung macht sich breit – bis die Stimmzettel ausgezählt werden und die fassungslosen Wahlhelfer realisieren, dass 70 Prozent der Wahlberechtigten ungültig gewählt haben. Die Stimmzettel sind ordnungsgemäß abgegeben worden, doch niemand hat sein Kreuz neben einer der angeführten Parteien gemacht. Die Stimmen sind „weiß". Sie sagen: Eigentlich würden wir gerne wählen, aber es gibt niemanden, dem wir vertrauen.

Eine Woche später wird die Wahl wiederholt. Doch das Ergebnis ist noch eindeutiger: 83 Prozent der Wahlberechtigten haben ungültig gewählt. Die Regierung ist wie gelähmt. Sie hat manches kennengelernt: demonstrierende Menschenmengen, streikende Arbeiter, polemische Interviews von Regierungskritikern. Damit weiß sie umzugehen, diese Gegner haben ein Gesicht. Doch ein Volk, das zur Wahl erscheint, um *niemanden* zu wählen? Ohne eine wahrnehmbare, treibende Kraft, die für den Protest verantwortlich gemacht werden kann? – In unserer Geschichte befürchtet die Politik nun das Zerbrechen des Systems. Die

Regierung lässt Panzer auffahren und verhängt über die Hauptstadt den Ausnahmezustand.

Das Land, das hier beschrieben wird, ist wie gesagt fiktiv, die Geschichte erfunden. Doch die beschriebenen Vorgänge sind vorstellbar. Sie werfen die Frage auf: Was passiert in einem Land, wenn die maßgeblichen Grundregeln der Demokratie einseitig von der Bevölkerung aufgekündigt werden – weil diese das Vertrauen verloren hat? Fragesteller ist der portugiesische Literaturnobelpreisträger José Saramago, der mit der beschriebenen Fiktion seinen 2008 erschienenen Roman „Stadt der Sehenden" einleitet.

Nun wäre diese Sequenz nichts als die Einladung zu politischen Gedankenspielen, enthielte sie nicht Aspekte, die sich in der politischen Realität der letzten Jahre durchaus widerspiegeln: Aktuell glauben nur 15% der griechischen, 18% der italienischen und 11% der österreichischen Wähler, mit ihrer Stimme aktiv zur Verbesserung des politischen Systems beitragen zu können. 89% der Europäer sehen allgemein eine wachsende Meinungs- und Wertekluft zwischen Regierenden und Öffentlichkeit. Eine Wertestudie des Marktforschungsinstituts YouGov aus dem Jahr 2011 ergab, dass Bürgerinnen und Bürger von Politikern an erster Stelle „Ehrlichkeit" verlangten, noch vor anderen Werten wie „Solidarität" oder „Respekt". Zur gleichen Zeit stellte das Ipsos-Institut die Frage, welche Eigenschaften an Politikerinnen und Politikern von ihren potenziellen Wählern wahrgenommen würden. Das Ergebnis: Keine einzige Spitzenkraft der Politik wurde von der Bevölkerung mehrheitlich für „ehrlich" gehalten. Unter den „Spitzenreitern" befand sich der damalige SPD-Vorsitzende Frank-Walter Steinmeier, aber auch ihm wurde „Ehrlichkeit" nur zu 40% zugesprochen. Angela Merkel schenkten 36% ihr Vertrauen, der Grünen-Politikerin Renate Künast 30% und dem damaligen FDP-Chef und Außenminister Guido Westerwelle gar nur 12%. Österreich zeigt dasselbe Bild: Laut einer

„market"-Studie wünschen sich die Bürgerinnen und Bürger ihre Politiker vor allem „ehrlich" und „unbestechlich", doch sie finden diese beiden Eigenschaften kaum an ihnen. Werner Faymann gilt als „sozial", aber nicht als „ehrlich", Michael Spindelegger als „christlich", aber nicht als „unbestechlich". Die Spitzenkandidaten der Oppositionsparteien, Heinz-Christian Strache und Josef Bucher, gelten als „ehrgeizig", nicht aber als „ehrlich". „Ehrlichkeit" wird zurzeit ausschließlich der Parteichefin der Grünen Eva Glawischnig zugeordnet, die Korruptionsbekämpfung und politischen Anstand in den Mittelpunkt der Nationalratswahl 2013 gestellt hatte. Mit den Worten des Zukunftswissenschafters Horst Opaschowski: „Ehrlichkeit gilt aktuell unter den Bürgern als der wichtigste Wert. Aber dieses Wertefundament wird von den meisten Politikern nicht mehr gelebt."

Auch Institutionen sind von dem Vertrauensverlust betroffen. So haben in Deutschland aktuell lediglich 14% der Bevölkerung Vertrauen in die Arbeit des Bundestags, 15% in die des Verfassungsschutzes. Das ist alarmierend, denn hier geht es nicht mehr um einzelne Menschen, die das in sie gesetzte Vertrauen der Bürger verlieren. Es geht um Institutionen mit systemerhaltender Funktion, also den Fundamenten eines Staates. Eine erschreckende Dimension, denn: Wenn ein Konzertpianist schlecht spielt, wird ihm das Publikum zwar nicht applaudieren, aber es wird deshalb nicht den Glauben an das Instrument oder an die Kunst des Klavierspiels selbst verlieren. In Deutschland und Österreich ist jedoch anscheinend genau das passiert: Die Bevölkerung hat das Vertrauen in das Klavierspiel verloren.

Im politischen Bereich sind Interviews und ihre Wirkung am umfassendsten dokumentiert und deshalb am besten nachvollziehbar. Dies soll jedoch nicht darüber hinwegtäuschen, dass der Vertrauensverlust parallel ebenso die Wirtschaft trifft. Die deutsch-schweizerische Beratungsgesellschaft Wüest & Partner befragte im

Jahr 2010 mehr als 300 Journalistinnen und Journalisten zu ihrer Wahrnehmung der aktuellen Kommunikation von Unternehmen. Drei Faktoren wurden genannt, die der Wirkung von Vorstandsmitgliedern und Führungskräften bei medialen Auftritten den größten Schaden zufügten: 1. offenkundige Widersprüche zwischen den Worten und Taten des Speakers oder der Speakerin. 2. Herunterspielen gravierender Ereignisse und 3. arrogantes Auftreten (Ex-Minister Karl-Theodor zu Guttenberg lässt grüßen). 83 Prozent der befragten Journalisten und Journalistinnen hielten die *Glaubwürdigkeit* der Firmenspitze für die Reputation des Unternehmens in der Öffentlichkeit für „am wichtigsten".

Anfang 2012 wiederholte übrigens das Ipsos-Institut seine Befragung nach dem Image der Politiker und Politikerinnen in Deutschland. Das Bild hatte sich kaum geändert. Steinmeier war im Ergebnis gleich geblieben, Merkel hatte etwas zugelegt. Alle anderen stagnierten auf niedrigem Niveau. Lediglich ein Detailergebnis stach ins Auge: Mit 63 Prozent trug diesmal Altbundeskanzler Helmut Schmidt in der „Ehrlichkeits-Konkurrenz" den Sieg davon, und zwar bei Weitem. Nach dem Kriterium „Ehrlichkeit" hätten die Deutschen zu diesem Zeitpunkt also einen 93-jährigen Mann zum Bundeskanzler gewählt, der sich über die Jahre mit seinen scharfzüngigen Kommentaren den Ruf einer grauen Eminenz erworben hatte – der aber bereits seit mehreren Jahrzehnten aus dem politischen Tagesgeschäft ausgeschieden war!

## Rauch ohne Feuer

Das Bild, das José Saramago in seinem Roman entwirft, ist also weit weniger fiktiv, als wünschenswert wäre. Seine Zuspitzung der realen Situation lässt aber zum einen die

Frage zu, welche Folgen eine offene Meinungsäußerung der im Stillen gehegten Einschätzung der Bürger und Bürgerinnen hätte, und zeigt zum anderen deutlich die dramatische Dimension des Vertrauensverlusts, die Politikern, Unternehmenssprecherinnen, Konzernkommunikatoren und Führungspersönlichkeiten im Zuge öffentlicher Auftritte und Mediengesprächen begegnet.

Stimmungslagen verzerren die Wahrnehmung und führen mitunter auch zu ungerechtfertigten Urteilen. Dieser Mangel an Qualität der objektiven Betrachtung eines Falls führt im Zuge medialer Dynamiken nicht selten zu ungerechter und voreiliger Kampagnisierung gegen Personen und Unternehmen. Wahrheit und Faktenlage geraten ins Hintertreffen. Die Meinung wird zum Fakt. Die Position des Mediums zur Wahrheit erhoben.

Betrachten wir diesen Mechanismus an einem Beispiel, in dem der Protagonist nicht selbst Regie führte, um Nachteile und Stimmenverluste heraufzubeschwören: Peer Steinbrück. Am 1. Oktober 2012 wählte ihn der Vorstand der SPD zum Kanzlerkandidaten. Steinbrück sollte bei der Bundestagswahl 2013 gegen seine ehemalige Regierungskollegin Angela Merkel ins Rennen gehen. Im Grunde eine logische Wahl, denn Steinbrück, der nach seinem Rückzug als Finanzminister im Jahr 2009 einige Zeit auf der politischen Hinterbank des Bundestags verbracht hatte, hatte es nichtsdestotrotz verstanden, das Interesse an seiner Person aufrecht zu halten. SPIEGEL und BILD hielten Steinbrück für einen interessanten Kanzlerkandidaten, das HANDELSBLATT attestierte ihm sogar das „Kanzler-Gen". Zusätzlicher Zuspruch kam vom ehemaligen Bundeskanzler Helmut Schmidt: „Steinbrück kann Kanzler." Steinbrücks 2010 erschienenes Buch „Unterm Strich" hatte Martin Walser in seiner Rezension in der ZEIT „endlich wieder ein(en) Hauch von Utopie" genannt. Gegen Angela Merkel, die im Juli 2012 in einer Umfrage zur „beliebtesten

Politikerin Deutschlands" gekürt worden war und medial längst als „Europa-Chefin" galt, war Steinbrück ein ernstzunehmender Gegner, auch weil er dafür bekannt war, sich kein Blatt vor den Mund zu nehmen.

Ein für die SPD durch und durch hoffnungsvoller Kanzlerkandidat. Doch einige Monate zuvor, im April des gleichen Jahres, war im TAGESSPIEGEL ein Portrait erschienen, auf das die Akteure sich nun medial wieder besannen. Es ging um Vortragshonorare: „Peer Steinbrück ist der König der Nebeneinkünfte im Deutschen Bundestag", war im Lead-Text zu lesen gewesen. Nur vier Reden habe er seit seinem Rücktritt als Finanzminister im Bundestag gehalten, als „Mietredner", der von einschlägigen Agenturen an zahlungskräftige Großkunden wie die Deutsche Bank oder BNP Paribas angeboten wurde, hingegen 84.

Was war das Problem? – Im Deutschen Bundestag gibt es seit 2007 die Regel, dass Mandatare auf der Website des Bundestags alle Nebeneinkünfte deklarieren müssen, die über 1.000 Euro im Monat hinausgehen. Peer Steinbrück hielt sich daran und gab seine Rednergagen in der „Stufe 3" an, was einen monatlichen Verdienst von „über 7.000 Euro" ausweist. Die Angabe der konkreten Zahl war in der Deklaration nicht vorgesehen. Daran stießen sich nun die Medien, und die Spekulation, wie viel denn nun genau der ehemalige Finanzminister mit seinen Auftritten einnahm, war losgetreten. Bedeuteten „mehr als 7.000 Euro" nun 8.000 oder 80.000 Euro? Steinbrücks Gegner argwöhnten, dass er mit seiner Rednertätigkeit möglicherweise mehr als eine Million verdient hatte.

Der Verdacht war schon Monate vor Steinbrücks Kür zum Kanzlerkandidaten in den Medien lanciert worden und zwischendurch auch wieder eingeschlafen. Doch jetzt, als Kanzlerkandidat in eine exponierte mediale Position gelangt, kochten die Gerüchte neulich hoch. Die BILD-Zeitung forderte Steinbrück auf, seine Steuererklärung zu veröffentlichen. Die FDP warf ihm „Unehrlichkeit", die Grünen „Mangel an Anstand" vor. Die CDU forderte „volle Transparenz". Die CSU sprach gar davon, Steinbrück sei „ein Produkt der Finanzindustrie". Ihm wurde vorgehalten, als Vortragender unter anderem für eine Anwaltskanzlei tätig gewesen zu sein, die unter seiner Ägide als Finanzminister am Bankenrettungsgesetz mitgearbeitet habe. Dies ließ den Verdacht der Unvereinbarkeit zwischen politischer und privater Tätigkeit aufkommen. „Transparency International" formulierte in Folge einen Tadel, weil Steinbrück bei der Deklaration seiner Nebeneinkünfte die Auftraggeber seiner Vortragstätigkeit nicht angegeben hatte – wozu er laut den Regelungen des Bundestags allerdings gar nicht verpflichtet war. Trotzdem hatte Steinbrück plötzlich ein ernsthaftes Imageproblem: Passt das zusammen? Ein Sozialist, per Definition der Anwalt der „kleinen Leute", scheffelt „nebenberuflich Millionen"?

Falls Sie sich selbst über Steinbrücks „Fall" ereifert haben sollten: Atmen Sie ein paarmal tief durch. Holen Sie sich Ihre Lieblingssnacks, trinken Sie eine Tasse Tee. Lassen Sie Ihre Emotionen beiseite und überprüfen Sie mit mir gemeinsam die Substanz, die hinter den Vorwürfen gegen Peer Steinbrück steckt. Die nüchternen Fakten: Jedem Mandatar des Deutschen Bundestags ist eine Vortragstätigkeit neben den Aufgaben im Parlament erlaubt. Steinbrück hatte der Bundestagsverwaltung alle relevanten Honorare gemeldet. Er war von Banken, Versicherungen und anderen Unternehmen eingeladen worden und hatte dafür eine Leistung als Redner erbracht. Für diese war er honoriert worden. Auch das ist nicht verboten. Im Rahmen des Gesetzes hatte Steinbrück alles richtig gemacht.

Anscheinend wurden von den jeweiligen Auftraggebern hohe Honorarsummen bezahlt – ein Ergebnis von Angebot und Nachfrage. Und was den Verdacht angeht, Steinbrück habe sich mit Geschäftspartnern gemeingemacht: Wenige

Tage vor seiner Kür hatte er in Berlin ein Konzept zur Regulierung der Finanzmärkte vorgelegt, das laut Forsa-Umfrage auf eine breite Zustimmung der Spitzenmanager Deutschlands stieß. An diesem Konzept war, so der allgemeine Tenor, nicht zu erkennen, dass Steinbrück sich von irgendjemandem in irgendeiner Weise hatte kaufen lassen.

Der Innenpolitik-Redakteur Markus Horeld hat in einem Kommentar in der ZEIT mit dem Titel „Der falsche Skandal" darauf hingewiesen, dass im Fall Steinbrück ein Mann für *nichts* an den großen Pranger gestellt worden war. Peer Steinbrück war ein Opfer der allgemeinen Grundstimmung geworden, die hinter jedem Zweifel, jeder Unklarheit sofort einen gigantischen Betrug, eine himmelschreiende Grenzüberschreitung vermutet. „Vertrauensverlust" im Sinne von „Rauch ohne Feuer" bedeutet, dass Sie als medialer Sprecher oder mediale Sprecherin mit Vorwürfen und Kampagnen schon dann rechnen müssen, wenn Ihr Verhalten bloß in den *Geruch* einer Verletzung von Moral und Anstand gerät. Die Justiz muss sich da noch lange nicht zu Wort gemeldet haben.

## Im „Mimikry"-Zeitalter wird die Gruppe wichtig

Auch in diesem Punkt ist wiederum die Funktionsweise unseres Gehirns federführend: Unser emotionales Gedächtnis fügt jedem Objekt – jeder Person, jedem Ding, jedem Verhalten, das es im Gehirn archiviert –, Bewertungen bei und verwaltet diese Erinnerung. Wird das Objekt Teil einer *Gruppe*, verallgemeinert das Gedächtnis das Objekt. Es schleift sozusagen die individuellen Eigenschaften ab, damit mehrere Individuen zu derselben Beschreibung passen. Das Gedächtnis gibt der Gruppe dieselben Bewertungen wie dem Einzelnen in der Gruppe und weist dieser stereotype

Verhaltensweisen und Eigenschaften zu. Also: Mann A ist gleich Mann B ist gleich Mann C wird zu „die Männer können/können nicht/sind alle …". Frau 1 ist gleich Frau 2 ist gleich Frau 3 wird zu „die Frauen können/können nicht/ sind alle …"

Darüber hinaus geht unser Gehirn beim Ordnen taxonomisch vor. Es macht nicht nur alle gleich, es sucht auch noch größere Zusammenhänge und schließt rückwirkend, also beim Erinnern, vom Größeren auf das Detail, auf die oder den Einzelnen. Also: Reh ist gleich Rotwild. Rotwild ist gleich Säugetier. Säugetier ist gleich Lebewesen. Bei dieser taxonomischen Kette fällt nichts Besonderes auf. Bei der folgenden gibt es jedoch einen Bonuseffekt bei der Verallgemeinerung: Ratte ist gleich Nagetier. Nagetier ist gleich Säugetier. Säugetier ist gleich Lebewesen. Das Reh hat ein bisschen Pech, denn es ist in der Regel ein größerer Sympathieträger als das Säugetier schlechthin. Die Ratte hat hingegen das große Los gezogen. Gerade noch im Forschungslabor, hat sie in der Gruppe als Säugetier die gleichen Imagewerte wie das Reh.

Sie merken, die Ratte profitiert in unserem Ansehen ein bisschen von dieser Überordnung. Das Reh hingegen tut dies eher nicht. Speakerinnen und Speaker sind in jedem Fall gut beraten, wenn sie sich der taxonomischen Ordnung bewusst sind. Denn der Politiker wird dieser Ordnung zufolge zum *Teil der Politik*. Die Bankerin wird zum *Teil des Bankensystems*. Der Pharmareferent gehört zu *denen, die Tierversuche an Kätzchen durchführen*. Das Individuum verschwindet in der Gruppe und damit in der Beurteilungswolke, die zu der jeweiligen Gruppe gehört.

„Mimikry" ist das Zeitalter der Verallgemeinerung und der Generalisierung: In der Emotion wird ohne viel Recherche von einer Person auf die ganze Gruppe geschlossen – was es der einzelnen Person schwer macht, sich vom Biotop der Gruppe abzuheben. Sicher gibt es Finanzberater, die ehrenhaft und anständig sind und sich redlich bemühen, das Vermögen ihrer Kunden zu vermehren – aber was hilft ihnen das, wenn ihr Berufsstand in der öffentlichen Meinung zum Synonym für verantwortungsloses Zockertum und seelenlose Raffgier geworden ist?

Das „Mimikry"-Zeitalter zwingt die Sprecherin oder den Sprecher dazu, vor einem medialen Auftritt immer zu überlegen, wie „die Gruppe" im Ansehen des Publikums verankert ist. Ist diese Gruppe mehrheitlich mit positiven Begriffen verbunden, tun Sie gut daran, dies zu nutzen. Das heißt: Wenn Sie zur Gruppe „Ärzte ohne Grenzen" gehören, wird es der Einschätzung des Publikums Ihrer Person nützen, dies zu erwähnen und die Gruppe *vor* sich, also vor das Individuum zu stellen. Wenn Sie jedoch zu einer aktuell „verpönten" Gruppe gehören, sollten Sie versuchen, so schnell wie möglich auf individuelle Eigenschaften und Vorzüge zu sprechen zu kommen. Erzählen Sie über Ihre Familie, erwähnen Sie in einem Nebensatz Ihre schlichten Hobbys, tun Sie alles, um so schnell wie möglich aus der „Cloud", der Generalisierung zu verschwinden. Zeigen Sie individuelle Eigenschaften, die Sie aus der negativen Bewertungswolke Ihrer übergeordneten Gruppe retten – sonst müssen Sie durch die Generalisierung im „Mimikry"-Zeitalter permanent gegen Verdacht und Misstrauen ankämpfen.

## Die Pervertierung der „Vierten Gewalt"

Medien werden seit den Zeiten der Aufklärung neben der gesetzgebenden, der vollziehenden und der rechtsprechenden als die „vierte Gewalt" im Staat bezeichnet: eine Instanz der Kontrolle. Es ist ihr verfassungsrechtlicher Auftrag, Kritik an Entscheidungsträgern zu üben und Missstände aufzuzeigen. Die Kontrolle, die Medien dadurch ausüben, funktioniert durch die Veröffentlichung von bisher unbekannten Daten und Fakten, in deren Folge Änderungen von Gesetzen oder Verhaltensweisen möglich werden.

Ein großer, romantischer Anspruch, den der Philosoph Jean-Jacques Rousseau im 18. Jahrhundert formulierte, doch es gibt Beispiele, die zeigen, dass Medien diese Kontrollfunktion tatsächlich effektiv ausüben können. Denken Sie an „Florida-Rolf": Ein Mann namens Rolf John hatte in Deutschland Sozialhilfe bezogen und von dem Geld in Florida gelebt. Die BILD-Zeitung deckte den Fall auf und veröffentlichte ihn im Herbst 2003 unter der Headline „Abkassieren in Deutschland". Nur wenige Monate später wurde die Gesetzeslücke, die diese absurde Situation ermöglicht hatte, vom Gesetzgeber geschlossen.

Unter der Voraussetzung, dass Missstände korrekt recherchiert und berechtigt publik gemacht werden, erfüllen Medien tatsächlich eine reinigende Funktion. Denken Sie an Hans Leyendecker, der als politischer Redakteur der SÜDDEUTSCHEN ZEITUNG die „CDU-Spendenaffäre" recherchierte. Die Veröffentlichung führte dazu, dass Helmut Kohl den Ehrenvorsitz seiner Partei verlor. Denken Sie an Günter Wallraff, der die verdeckte Recherche zu seinem Markenzeichen machte und mit Reportagen über die Arbeitsbedingungen in Callcentern, Großbäckereien oder Logistikunternehmen breite gesellschaftliche Diskussionen anstieß. Denken Sie in Österreich an Hans Pretterebner, der die Lucona-Affäre aufdeckte, die nach wie vor als der größte politische Skandal der Zweiten Republik gilt, oder an Alfred Worm, der in den 1980er-Jahren den Schmiergeldskandal um das Wiener Allgemeine Krankenhaus offenlegte. Was den damaligen Bundespräsidenten Rudolf Kirchschläger zu einer Aufforderung zur „Trockenlegung der Sümpfe und der sauren Wiesen" veranlasste.

In all diesen Fällen haben Medien ihre Rolle als „vierte Gewalt im Staat" so wahrgenommen, wie sie seit den Zeiten der Aufklärung gedacht ist. Die Problemorientierung und die Konzentration auf den Missstand sind der Medienarbeit immanent. Durch sie wird ihre Arbeit zu einem großen Teil definiert. Die Finanzkrise und ihre Folgen stellte nun mit einem Mal ein gigantisches ökonomisches, soziales und politisches Problemfeld dar – und somit ein Fließband für Bad News-Storys. Und wenn Medien in den Jahren nach 2008 verstärkt auf Grenzüberschreitungen aufmerksam machten und dahin gehenden Missständen immer häufiger Sendezeit einräumten, haben sie zunächst ausschließlich ihre Kontrollfunktion ausgeübt. Sie haben der Stimme jener Menschen Gehör verschafft, die in Sorge um ihre Jobs und Lebensträume geraten waren. Deren Steuergeld veruntreut wurde.

Dieser Mechanismus hat sich allerdings verselbständigt. Ein Skandal löste so lange den nächsten ab, bis der *Skandal an sich* das Ziel jeder Story wurde. Überspitzt lässt sich formulieren: Mittlerweile ist der Skandal die Geschichte – und nicht mehr die Geschichte der Skandal. Der mediale Hype auf höchster Ebene ist ein mediales „Need" geworden und hat sich gleichsam verselbstständigt. Der „Fall Steinbrück" zeigt das sehr deutlich. Kein Tag vergeht ohne neue Anschuldigungen, ohne Verdächtigung. Der beinahe gebetsmühlenartig mitgelieferte Hinweis auf die Unschuldsvermutung, deren erste Formulierung sich bis ins 13. Jahrhundert zum französischen Kardinal Jean Lemoine zurückverfolgen lässt (und die übrigens nicht nur ein basales Menschenrecht, sondern auch eines der ersten Prinzipien jedes Rechtsstaats darstellt), ist in kurzer Zeit zum abschließenden Bonmot jeder vermeintlichen „Aufdeckung" verkommen. Vage Gerüchte und bloße Vermutungen genügen jetzt, um große mediale Aufmerksamkeit auszulösen. Wir könnten den Vergleich „eine Mücke zu einem Elefanten machen" heranziehen. Noch treffender erscheint das krasse Bild von ins Feuer gegossenem Öl. Als stünden wir (Medienmacher und Publikum) nachts im Wald. Und aus der Finsternis zuckte das Geräusch eines knackenden Astes. Alle Sinne würden darauf gerichtet. Und auch wenn sich nichts erkennen ließe, bliebe ein Rest von Furcht.

Das „Mimikry"-Zeitalter hat bedrohliche Rahmenbedingungen geschaffen. Interessensvertreter, Expertinnen und Prominente müssen anerkennen, dass sie unter Generalverdacht stehen. Dass sie sich auch dort rechtfertigen müssen, wo es im Grunde keiner Rechtfertigung bedarf. Dass Ehrlichkeit und Rechtschaffenheit bewiesen werden müssen und sich eine Führungsposition nicht als Schild, sondern vielmehr als Grat erweist, der bei starkem Sturm überquert werden will.

# KAPITEL 5

# Die Medien schreien

Die Finanzkrise hat, wie wir bis hierher gesehen haben, die Wahrnehmung und damit die Einstellungen der Menschen nachhaltig beeinflusst. Aber die schier endlos lange Liste von Skandalen in den letzten Jahren erklärt sich nicht nur aus dem gesteigerten Wahrheitsbedürfnis des Publikums, sondern auch aus einem anderen Grund: dem Überlebenskampf der Medien. Das Publikum hat sich verändert, doch die Medienlandschaft ist ebenfalls eine andere geworden.

Und obwohl die Finanzkrise für viele Veränderungen auf wirtschaftlichem und gesellschaftlichem Gebiet verantwortlich gemacht werden kann – dafür, dass im Journalismus in den letzten Jahren kaum ein Stein auf dem anderen geblieben ist, kann sie nur wenig. Zumindest ist sie nicht die Hauptverantwortliche. Diese Rolle nehmen die „Neuen Medien" ein, die seit zirka eineinhalb Jahrzehnten einen ständig massiver werdenden Druck auf herkömmliche Geschäftsmodelle klassischer Medien wie Print, Radio und TV ausüben und auch die Qualität und die Natur der Berichterstattung selbst maßgeblich beeinflussen.

Das erste deutschsprachige Weblog erschien Anfang 1996. 2003 wurde Myspace gegründet, ein Jahr später Facebook. Das erste YouTube-Video wurde im Februar 2005 hochgeladen. Twitter-Gründer Jack Dorsey verschickte seinen ersten Tweet im März 2006. Seither haben die Printmedien einen beispiellosen Niedergang erlebt. Und all jene Medienorgane, die sich in diesem Konkurrenzkampf tapfer behaupten, werden zu drastischen Maßnahmen gezwungen: Die Nachrichten müssen schneller und attraktiver sein als je zuvor. Sie müssen mehr Lärm erzeugen als die der Konkurrenz.

## Der Todeskampf der NEW YORK TIMES

Ende Januar 2007. Beim Weltwirtschaftsforum in Davos, das in diesem Jahr unter dem Motto „Verschiebung des Machtgleichgewichts" stand, ließ ein Gastredner aus der Medienbranche mit einem besonderen Statement aufhorchen. Arthur Sulzberger, Vorsitzender und Herausgeber der NEW YORK TIMES, platzte ins Plenum mit folgenden Worten: „Ich weiß wirklich nicht, ob wir die TIMES in fünf Jahren noch drucken werden, aber wissen Sie was? Das ist mir eigentlich auch egal."

Wie bitte? – Da stellt sich der Chef einer der angesehensten und mächtigsten Zeitungen der Welt vor die versammelte globale politische und wirtschaftliche Elite und verkündet scheinbar emotionslos ihr Ende? Und wenn sich ein so potentes Produkt wie die NEW YORK TIMES ernsthaft in Gefahr befand: Wie musste es dann um die Branche insgesamt bestellt sein? Sollte die Zeitung, *das* Medium schlechthin, nach einer mehr als 400-jährigen Erfolgsgeschichte sang- und klanglos untergehen?

Heute, Jahre danach, wissen wir mehr. Die gedruckte Ausgabe der NEW YORK TIMES gibt es nach wie vor – Montag bis Sonntag, in einer täglichen Auflage von mehr als einer Million. Arthur Sulzberger ist nach wie vor ihr Chef. Auch wenn seit Beginn der Finanzkrise in der Zeitungsbranche kein Stein auf dem anderen geblieben ist: Die Printmedien sind – noch – nicht tot. Und doch: Das Leben der Zeitungsherausgeber war in den letzten Jahren in der Tat kein leichtes. Anfang 2009 hatte die NEW YORK TIMES Schulden in der Höhe von 1,1 Milliarden Dollar, bei liquiden Mitteln von nur 46 Millionen. Der Aktienkurs war binnen eines Jahres um 70 Prozent gefallen. Die Vorstände beschlossen in Folge nicht nur Jobkürzungen (100 Redakteure mussten gehen), sondern dachten auch an den Verkauf des 52-stöckigen Verlagsgebäudes in der Nähe des Times Square – ein Gebäude, das erst kurz zuvor fertiggestellt worden war. Der BOSTON GLOBE, die zweite bedeutende Zeitung im Portfolio der NYT-Gruppe, stand überhaupt vor dem Aus. Janet Robinson, Vorstandsmitglied der TIMES, sprach damals von „einem der herausforderndsten Jahre, vor dem die Gruppe jemals gestanden hat."

Dabei hatte die TIMES Glück, denn es erschien ein neuer Investor: Der mexikanische Milliardär Carlos Slim beteiligte sich mit 250 Millionen Dollar an dem Unternehmen. Nach und nach zeigte sich: Arthur Sulzberger hatte seine Worte in Davos mit Voraussicht gewählt. Sie machten die Welt auf den Todeskampf einer Branche aufmerksam, der auch vor der Krise schon voll im Gange war. Und natürlich war es Sulzberger nicht gleichgültig, ob seine Zeitung vor die Hunde ging. Doch die gedruckte Ausgabe der NEW YORK TIMES, so Sulzberger damals, werde es auf kurz oder lang nicht mehr geben. Er sehe es als seine Aufgabe als CEO, den Übergang vom Print- auf das Online-Produkt zu managen: „Die TIMES befindet sich auf einer Reise, die an dem Tag endet, an dem das Unternehmen beschließt, nicht mehr auf Papier zu erscheinen. Dieser Tag wird das Ende der Umstrukturierung markieren."

Einen ersten Schritt in diese Richtung setzte die NEW YORK TIMES, als sie als eine der ersten Zeitungen weltweit ihre Print- und Online-Redaktion zusammenlegte. Diese Strategie, die heute in Printmedien gang und gäbe ist, kennen Fachleute unter dem Begriff „Medienkonvergenz": Verschiedene Einzelmedien nähern sich einander wirtschaftlich und technisch an, damit Inhalte nach Bedarf hin- und hergeschoben werden können – zum Beispiel eben zwischen der Print- und der Online-Ausgabe einer Zeitung. Dadurch wird es möglich, dass eine Nachricht jeweils den besten und kostengünstigsten Weg zum Publikum findet. Der Prozess des Übergangs von Print- auf Online-Nachrichten ist übrigens bei einem anderen amerikanischen Leitmedium bereits abgeschlossen: Ende 2012 stellte das Wochenmagazin NEWSWEEK seine gedruckte Ausgabe ein und erscheint nunmehr nur noch in digitaler Form.

Zeitungen wie die NEW YORK TIMES oder NEWS-WEEK sind Flaggschiffe der amerikanischen Zeitungsbranche. Ihr Zustand und ihre Entwicklung spiegeln den Verlauf der gesamten Branche wider, nicht bloß in den USA, sondern weltweit. An ihrem Beispiel wird deutlich: Die Printmedien hatten sich in den letzten Jahren mit einem massiven strukturellen Wandel auseinanderzusetzen, der zur Folge hatte, dass die Zeitung als Nachrichtenprodukt in den Jahren 2009 und 2010 tatsächlich vor dem Abgrund stand.


### Den Zeitungen geht das Geld aus – und die „Neuen" machen das Rennen

Zeitungen finanzieren ihren Betrieb nicht durch den Verkauf am Kiosk oder in der Trafik, sondern durch die Einnahmen, die sie mit dem Anzeigengeschäft lukrieren. Weniger Leserinnen und Leser bedeuten weniger Auflage. Und weniger Auflage bedeutet weniger Anzeigen. Mehr und mehr Leser, Anzeigen und damit Geld wanderten im letzten Jahrzehnt von den Printmedien ins Internet ab. Der Herbst 2008 wirkte als ein Verstärker, ein Katalysator für ein Problem, das die „Klassischen Medien" und allen voran die Zeitungen auch vorher schon in ihrer Existenz bedroht hatte. Die Kunden wanderten ab und es war weniger Geld am Markt.

Im November 2008 lieferte Karl Ulrich, Geschäftsführer des Süddeutschen Verlags, eine pointierte Zustandsbeschreibung des deutschen Anzeigenmarktes: „Ein Anzeigenverkäufer hat im April vielleicht noch mit jedem fünften Anruf einen Abschluss erzielt. Danach kam eine Phase, in der er nur noch mit jedem zwanzigsten Anruf einen Abschluss machen konnte. Jetzt ist es vereinfacht gesagt so, dass der Anzeigenverkäufer dreißig-, vierzig-, fünfzigmal telefoniert und keinen Abschluss macht – und wenn er den Hörer auflegt und in seine Buchungen schaut, hat er fünf Stornos."

Das Problem der Printmedien ist: Die „Neuen Medien" erreichen das Publikum schneller und auf attraktivere Art und Weise als die „Klassischen Medien". Sie treffen die „Klassischen Medien" mitten ins Herz, weil sie sie in jener Disziplin schlagen, die für Einschaltquoten und Auflagenstärke überlebenswichtig ist: in der emotionalen Attraktivität einer Nachricht. Dies wurde bereits im Dezember 2004 deutlich, als ein Tsunami die südasiatische Küste verwüstete. Zu diesem Zeitpunkt zeigte sich erstmals, dass das Internet als Nachrichtenkanal mindestens ebenso ernst zu nehmen war wie jede TV-Station oder Printredaktion. Die aktuellsten Nachrichten der Naturkatastrophe gelangten nach Europa in Form von Blogeinträgen, die von Augenzeugen verfasst und mit Amateurvideos versehen worden waren. Dies geschah lange bevor die ersten Fernsehjournalisten und Journalistinnen mit ihrer professionellen Übertragungstechnik am Schauplatz eintrafen. Der südasiatische Tsunami war das erste Ereignis, bei dem die Medienkonsumenten mithilfe von Blognachrichten eine Tragödie *beinahe in Echtzeit* und *durch die Augen von Betroffenen* miterleben konnten. Einen derartigen Kick erlebt das Publikum sonst nur in Kriegszeiten, wenn

Kriegsberichterstatter mit ihren Kameras von der Front berichten – möglichst hautnah und live wie etwa jene „embedded journalists", die 2003 den Irakkrieg als Teilnehmer der amerikanischen Truppenoffensive filmten. Aber die Reporterinnen und Berichterstatter dieses Krieges waren Profis, während hier Amateure die Realität abbildeten und medial gestalteten. Rezipientinnen und Rezipienten wurden so zu unmittelbaren Teilnehmern der erschreckenden Erlebnisse betroffener Menschen.

Wenn Sie die Stichworte „Fukushima" und „Tsunami" in die Suchmaske von YouTube eingeben, finden Sie dort eine ganze Reihe von Amateurvideos, auf denen ungeschnitten, verwackelt und minutenlang zu sehen ist, wie die Riesenwelle über die Uferdämme schwappt und Autos, Schiffe und Häuser hunderte Meter weit ins Landesinnere spült. 2004 war es neu, dass die Menschheit in dieser Form von einer Katastrophe informiert wurde, heute ist das eine Selbstverständlichkeit. Keine andere Art der Berichterstattung kann dieses Maß an Authentizität und Glaubwürdigkeit erreichen. Keine andere Nachricht ist imstande, die Basis des Alarmismus im Zuschauer, nämlich die Lust am Schauer und an der Angst, dermaßen perfekt zu stimulieren. Eine derartige Wirkung ist für ein herkömmliches Massenmedium kaum herstellbar, schon gar nicht für eine Zeitung, die mit den Mitteln der Sprache und des Textes einen solchen Grad an Emotionalisierung nicht erreichen kann – auch dann nicht, wenn sie BILD oder KRONEN ZEITUNG heißt.

Manche Journalistinnen und Journalisten erkannten diese Tatsache schon sehr früh: an vorderster Front der Publizist Matt Drudge, der dafür bekannt geworden war, dass er den Lewinsky-Skandal losgetreten hatte, indem er auf seiner Website, dem „Drudge-Report", Indizien veröffentlichte – lange bevor amerikanische Leitmedien wie die WASHINGTON POST oder NEWSWEEK mit Berichten und Kommentaren an die Öffentlichkeit gingen. Mitte 1998, bei einem Auftritt im amerikanischen National Press Club in Washington, eröffnete Drudge Gedanken, die zu diesem Zeitpunkt noch prophetisch klangen: „Mit einem Modem kann jeder Mensch das Weltgeschehen verfolgen und über die ganze Welt berichten. Es gibt keine Mittelsperson, keinen großen Bruder. Und ich meine, dass sich damit alles ändert."

Matt Drudge hatte einen wichtigen taktischen Vorteil der „Neuen Medien" erkannt: Sie sind Schnellboote, die den trägen Supertankern „Zeitung" oder „TV-Station" durch ihre Reaktionsgeschwindigkeit und Wendigkeit haushoch überlegen sind. Dass sie dabei nicht immer nach journalistischen Kriterien arbeiten, löst das Problem der „Klassischen Medien" nicht. Blogger können ihre Informationen ja deshalb so schnell veröffentlichen, weil sie sich nicht der journalistischen Objektivität verpflichtet fühlen. Ein Blog ist per Definition eine subjektive Nachricht, die mit persönlichen Emotionen der Autorin, des Autors aufgeladen sein soll. Blogger müssen eine Quelle nicht lange überprüfen. Sie können ein Verdachtsmoment, wie die Affäre des Präsidenten mit einer Praktikantin, ohne langes Fackeln aufgreifen und in derselben Sekunde veröffentlichen. Ein Qualitätsmedium kann das nicht, denn das journalistische Handwerk schreibt vor, dass eine Information auf ihren Wahrheitsgehalt geprüft werden muss, bevor sie in einen Bericht Eingang findet. Und weil diese Sorgfalt Zeit braucht, war auch der „Drudge-Report" mit seinen Veröffentlichungen schneller als alle anderen Medien.

So war es naheliegend, dass klassische Medienunternehmen versuchten, sich die „Neuen Medien" einzuverleiben oder sich deren Arbeitsweise zu Eigen zu machen. Nach und nach erhielten Online-Redaktionen in Medienunternehmen mehr Gewicht. Das Magazin DER SPIEGEL, das seinen Internet-Auftritt Spiegel Online bereits im Jahr 1994 (!)

gestartet hatte, gilt heute als eine der reichweitenstärksten Nachrichtenplattformen in den deutschsprachigen Ländern. Die Online-Redaktion des SPIEGEL in Hamburg umfasst nicht weniger als 80 Redakteure, und die Zahl der jährlichen Seitenaufrufe klopft seit 2012 an der Milliarde an. FAZ.NET wurde 2001 online gestellt und verzeichnete 2008 zwei Millionen Besucher pro Monat. Die Seite Süddeutsche.de gibt es in der aktuellen Form seit 2006. Sie wird von 25 angestellten Journalistinnen und Journalisten betreut. In Österreich sind die Seiten ORF Online und derstandard.digital.at, also die Internet-Angebote des ORF und des STANDARD, die erfolgreichsten medialen Online-Plattformen am Markt. Es gibt heute kein Printmedium mehr ohne eigenes Internet-Portal. Und praktisch jede Printredaktion betreibt zusätzlich auch mehr oder weniger unabhängige Blogs. Allein im Portfolio der FAZ befinden sich mehr als zwei Dutzend solcher Nachrichtenplattformen, die von hauseigenen Journalisten, Journalistinnen oder von Gästen abseits der Blattlinie bedient werden.

Doch zum Leidwesen der Printmedien hat sich deren wirtschaftliche Situation dadurch nicht verbessert. Ein großer Teil der Anzeigen war zwar ins Netz abgewandert, aber den Herausgebern und Verlagsleiterinnen war nicht damit geholfen, dass sie Online-Redaktionen aufgebaut hatten. Was war das Problem? – Am deutlichsten sehen Sie dies wiederum am Beispiel der NEW YORK TIMES: Deren Website zählte im Oktober 2008 über 20 Millionen Besucher. Zur gleichen Zeit belief sich die Auflage der verkauften Printversion auf etwas mehr als eine Million, also bloß einen winzigen Bruchteil davon. Doch obwohl die Online-Ausgabe ihre gedruckte Schwester nach der Anzahl der Leserinnen und Leser bei Weitem abgehängt hatte, brachte die Printausgabe immer noch mehr Werbeeinnahmen! Schätzungen zufolge konnte die Online-Ausgabe der TIMES zu diesem Zeitpunkt nicht mehr als 20 Prozent der Belegschaft bezahlen.

Der australische Medienunternehmer Rupert Murdoch brachte das Problem auf den Punkt: „Können Zeitungen online Geld verdienen? Klar. Können sie online so viel Geld verdienen wie sie in Print verlieren? Im Moment, bei einem so neuen, wettbewerbsintensiven Internet, lautet die Antwort: nein." Die Online-Zuwächse einer Zeitung sind – mit wenigen Ausnahmen – auch heute noch zu gering, um die Verluste des Printbereichs aufzufangen. Ein Problem, das sich den Printmedien rund um den Globus in derselben Art und Weise stellt wie der NEW YORK TIMES. Und so starben und sterben die Printmedien in großer Zahl: In den USA etwa stellten seit 2008 mehr als 200 Zeitungen – davon elf Großstadtzeitungen – ihr Erscheinen ein.

## Auch in Deutschland steigt der Druck

In Deutschland bietet sich dasselbe Bild: Die Netto-Werbeeinnahmen der deutschen Zeitungen sanken von 20,8 Milliarden Euro im Jahr 2007 auf 19 Milliarden Euro im Jahr 2009. Dies ist auf den ersten Blick nicht viel, bedeutet aber de facto einen der kräftigsten Einbrüche in der deutschen Werbegeschichte. Andererseits sind seither die meisten Versuche, für die Online-Ausgaben Geld einzuheben („Paid-News-Modelle"), gescheitert. Im November 2012 meldete die FRANKFURTER RUNDSCHAU Insolvenz an. Einen Monat später wurde die FINANCIAL TIMES DEUTSCHLAND eingestellt. Und wenn einzelne Medienunternehmen wie die SÜDDEUTSCHE ZEITUNG aktuell wieder Gewinne schreiben, dann können sie das ausschließlich durch rigide Rationalisierungsmaßnahmen der letzten Jahre.

In Österreich musste bis dato noch keine der hier namhaften Zeitungen ihren Dienst einstellen, trotzdem stieg auch hier der finanzielle Druck in den letzten Jahren kontinuierlich an. Ende 2012 versammelte Parlamentspräsidentin Barbara Prammer unter dem unverfänglichen Titel „Medienvielfalt und Pressefreiheit" wichtige Medienmacherinnen und Pressesprecher der Parlamentsparteien zu einer Diskussionsveranstaltung, bei der nichtsdestotrotz das Damoklesschwert des Zeitungssterbens zentrales Thema war. Wer sich speziell für die österreichische Medienlandschaft interessiert, weiß, dass sich dieser Markt durch die höchste Verlagskonzentration in ganz Europa auszeichnet: Die wichtigsten Anteilseigner der Tageszeitungen und Wochenmagazine sind nur wenige große Verlage wie Gruner & Jahr, die WAZ-Gruppe, die Raiffeisen-Gruppe oder die Styria Media Group. Das bedeutet: Nur wenige Menschen haben sehr viel Macht über die Art und Weise, wie über Verhältnisse und Geschehnisse berichtet wird. Wenn viele verschiedene Zeitungen in einer Hand sind, erhöht sich die Gefahr der gesteuerten Berichterstattung. Mehr Konkurrenz, also mehr unabhängige Zeitungen, führen zu mehr unabhängigen journalistischen Meinungen, die ihrerseits zu einer ausgewogenen Berichterstattung führen und den Menschen erlauben, sich perspektivenreich zu informieren.

Wer in Österreich vom finanziellen Druck auf die Zeitungen spricht, meint damit deshalb immer auch die Gefahr einer Verstärkung dieser Konzentration – und damit einer Verringerung der Informationsvielfalt. Neue Ideen der effektiveren Gestaltung und Verbreitung von Nachrichten gehen tatsächlich in diese Richtung. Horst Pirker, bis 2010 Chef der Styria Media Group, ließ seine Dissertation mit dem Titel „Zur Zukunft der Zeitung" vorsorglich unter Verschluss stellen, weil er die wichtigste darin enthaltene Idee wirtschaftlich verwerten wollte: die sogenannte „Content Engine", ein journalistisches Produktionsbüro, das Nachrichten sammelt, auf schnellstem Weg und in allen verfügbaren technischen Formen zu Beiträgen verwandelt und diese dann landesweit an die diversen Medien weiterleitet – eine stärkere Konzentration und gleichzeitige Gefährdung der Qualität journalistischer Arbeit scheint kaum denkbar. Horst Pirkers Idee geistert nach wie vor als Lösungsansatz zur kostengünstigeren Gestaltung von Nachrichten durch die Chefetagen der österreichischen Medien.

Und wie sieht es bei den elektronischen Medien aus, also bei Radio und Fernsehen? – Diese müssten zwar die Konkurrenz der „Neuen Medien" weniger fürchten, denn ein Blog ist ja ein schriftliches Dokument. Video-Portale wie YouTube sind für Konsumentinnen und Konsumenten von News-Sendungen in elektronischen Medien keine echte Alternative und auch die Anzahl der Radiohörer ist in Deutschland in den letzten Jahren nicht wesentlich gesunken. Darüber hinaus gibt es im Bereich der elektronischen Medien die Einrichtung öffentlich-rechtlicher Sender, die für ihren Auftrag durch Rundfunkgebühren subventioniert werden. Aus diesem Titel erhält zum Beispiel die ARD etwas mehr als 5 Milliarden, der ORF 600 Millionen, das Deutschlandradio 200 Millionen Euro im Jahr.

Und doch: Auch bei Radio und Fernsehen ist der finanzielle Druck massiv gewachsen, weil sich heute mehr und vor allem private Sender um einen schwindenden Werbekuchen bewerben als noch vor einigen Jahren. In Deutschland gab es im Jahr 2012 über 350 Hörfunkprogramme, gegenüber 261 im Jahr 2001. Allein in Berlin konnten Radiohörer des Jahres 2012 sich von 30 verschiedenen Morgenprogrammen in den Tag begleiten lassen. In Bayern hatten Medienkonsumentinnen im selben Jahr die Wahl zwischen 70 lokalen TV-Programmen. Und in Österreich sind die Zeiten, als die Fernseh-Konsumenten und Zuschauerinnen bloß zwischen ORF 1 und ORF 2 wählen konnten, lange vorbei. Mittlerweile buhlen nicht nur nationale Privatsender, Regionalradios und lokale TV-Stationen, sondern auch deutsche Sender wie ARD, ZDF, PRO7, SAT1, RTL, kabel eins oder VOX um die Zuschauer. TV- und Radiounternehmen mussten sich also überlegen, wie sie ihr Angebot attraktiver, effizienter und preiswerter gestalten konnten. Auch hier mussten Redaktionen zusammengelegt, Mitarbeiter und Mitarbeiterinnen abgebaut, die Gestaltung der Produkte technisch vereinfacht und neue Vertriebswege erschlossen werden, um das Überleben der Sender zu sichern.

Angesichts dieser Situation hilft die Tatsache nicht weiter, dass das Interesse der Medienkonsumenten im Prinzip ungebrochen ist – der deutsche Bundesverband für Informationswirtschaft BITKOM veröffentlichte im März 2011 eine Studie, wonach Fernsehen, Radio, Internet und Telefon bei den Deutschen im Durchschnitt neun Stunden pro Tag in Betrieb sind, davon entfallen ungefähr vier Stunden auf den Fernsehapparat und etwa 100 Minuten auf das Internet. Für Österreich ergab eine Studie des Gallup Instituts im Jahr 2012, dass zwei Drittel der Bevölkerung ihre täglichen Informationen über eine Kaufzeitung beziehen, aber nur ein Viertel über Online-Plattformen; auch in der Nutzungsdauer liegen TV, Radio und Print (noch) vor den „Neuen Medien".

Nichtsdestotrotz gilt sowohl für Deutschland als auch für Österreich, dass die Online-Produkte im Vormarsch sind, und dass sich dadurch weniger Geld verdienen lässt; dass die Anzahl der Sender gewachsen und damit der Konkurrenzdruck größer geworden ist; und dass die „Neuen Medien" spontan und ohne Re-Check hoch emotionalisierende Sensations-Berichterstattung auf den Markt bringen, die klassische, etablierte Medien unter Druck setzt, ebenso schnell und dramatisch zu berichten.

## Die Geburtsstunde der „eierlegenden Wollmilchsau"

„Das Ende des Qualitätsjournalismus ist das Ende der Suche nach der Wahrheit", befand Emerson Walker, 2013.

Etwas mehr als 15 Jahre nach den ersten Aktivitäten des „Drudge-Reports" können wir also ein erstes Fazit ziehen: Die Prophezeiungen des Erfinders Matt Drudge haben sich auf Punkt und Komma bewahrheitet. Nichts ist im Journalismus mehr, wie es war. Und so erstaunt es wenig, dass der amerikanische Journalist Michael Hirschorn, Redakteur des Monatsmagazins THE ATLANTIC, in einem Kommentar mit dem Titel „End Times" überhaupt das „Ende des Journalismus" an die Wand malte. Damit bezog er sich auf die Tatsache, dass sich mit der wirtschaftlichen Not der Medien auch deren Arbeitsweise grundlegend ändert.

Die gesamte Tragweite des Problems erkennen Sie, wenn Sie die aktuelle Arbeitssituation von Journalisten und Journalistinnen berücksichtigen. Wenn der finanzielle Druck steigt, wird sauberes Arbeiten schwierig. Wenn der Kampf um die Aufmerksamkeit der Seherin oder des Lesers schärfer wird, dann sind „Bad News" und „Breaking News" im Vormarsch, also Neuigkeiten, um die Emotionen des Publikums anzuheizen und permanent am Kochen zu halten. Skandalisierung und Sensationsberichterstattung erleichtern den Verkauf. Diese atemlose Suche nach Attraktionen, dem maximalen Ärgernis, nach der Story „Alarmstufe Rot" nimmt Journalistinnen und Journalisten allerdings die Möglichkeit, mit der gleichen Sorgfalt über Entwicklungen und Hintergründe zu berichten wie zuvor. Ein beliebtes, etwas ironisch gemeintes Zitat aus Redaktionen lautet: „Lass uns die Story bringen, bevor die Recherche sie killt!"

Als die US-Streitkräfte im Dezember 1998 den Bombenangriff auf den Irak begannen, arbeitete Birgit Kaspar, damals Leiterin des Nahoststudios der ARD, nach eigenen

Angaben 45 Stunden am Stück und produzierte 80 Beiträge, bevor ein zweiter Kollege zur Verstärkung nachreiste. „Der Anspruch, im Rahmen von Reportage-Reisen zusätzlich Hintergründe über die Kriegsvorgänge beziehungsweise über Land und Leute zu liefern, gleicht der Quadratur des Kreises", sagte Kaspar damals. Das war, wie gesagt, 1998. Der Branche ging es zu diesem Zeitpunkt noch weit besser. Seither wurden die Redaktionen schrittweise ausgedünnt und immer weniger journalistisches Personal hat ein immer größeres Pensum an Berichterstattung zu bewältigen.

Es ist im Journalismus wie in anderen Bereichen: Wo Personal eingespart wird, aber der Arbeitsumfang derselbe bleibt, muss der oder die Einzelne in weniger Zeit dasselbe oder mehr leisten. Heute wird die Effizienz einer Zeitung darin gemessen, wie viele Zeilen Journalistinnen und Journalisten in einer bestimmten Zeit abliefern können – und nicht, wie gut ihre Geschichten recherchiert sind.

Journalisten sprechen allgemein davon, am Tag bis zu fünf Beiträge abliefern zu müssen. Vieles davon fällt in die Rubrik „Termin-Journalismus", der im Gegensatz zum „Initiativ-Journalismus" auf feste Termine wie Pressekonferenzen, aber auch Themenangebote von PR-Agenturen oder Unternehmen reagiert. Und während eine Pressefotografin früher von einem Ereignis ein Foto für die Zeitung lieferte, kommen heute von demselben Ereignis zwanzig Fotos für die Online-Redaktion dazu. Ein Redakteur schreibt über eine Veranstaltung nicht mehr nur einen Text, sondern liefert gleich das Bildmaterial dazu, bestenfalls auch noch ein Video, das in den Online-Bericht eingebettet werden kann. Die Tendenz geht dahin, dass Journalistinnen und Journalisten für die gleiche Bezahlung zu Allroundern werden müssen, die sämtliche Medienformen bedienen können. All dies läuft unter der Bezeichnung „Multi-" oder „Cross-Media-Angebote", bei denen die Grenzen zwischen Ton-, Text- und Bildmedien zusehends verschwimmen.

Alle Medien machen alles. Die beiden Parteitage von Republikanern und Demokraten im US-Wahlkampf 2012 gelten aktuell als Musterbeispiel für ein Ereignis, bei dem dies in zugespitzter Form sichtbar wurde: Laufbänder mit Twitter-Botschaften flimmerten hoch oben entlang der Galerie des Medienzentrums. Es gab keine Journalistin, keinen Journalisten der „Klassischen Medien", der nicht gleichzeitig auch bloggte, twitterte, facebookte und vielleicht dazu noch ein Video in YouTube hochlud. So verbreiteten sich die Nachrichten über den etwas schrägen Auftritt des eingefleischten Republikaners Clint Eastwood beinah in Echtzeit und wurden wenig später schon in den ersten TV-Diskussionen kommentiert. Der TV-Sender ABC produzierte Videos für seinen Ko-Eigentümer Yahoo. Die NEW YORK TIMES stellte einen Video-Livestream der Parteitagsreden ins Netz.

### Fakten werden weniger wichtig, Emotionen sind gefragt

Im Namen des Wettbewerbs und der Effizienz entfällt häufig der Arbeitsschritt „Kontrolle", der für die Qualität und Glaubwürdigkeit von Medien und deren Berichterstattung entscheidend ist. Journalisten werden zu Opfern wirtschaftlicher Umstände, weil sie sich um die „Arbeit in die Tiefe", um das Nachprüfen sowie um größere Zusammenhänge viel weniger kümmern können.

Nun sind aber Fakten die „Rohstoffe" des Qualitätsjournalismus. Sie sind für die Journalisten und Journalistinnen eine ebenso treibende Kraft wie Benzin oder Diesel für ein Auto. Doch gerade Zahlen, Daten und Fakten können nur durch sorgfältige Recherchen gesichert werden. Diese benötigen mitunter Reisen, oftmals tagelanges Durchforsten von Akten und zähes Suchen in Archiven, und immer ein Mindestmaß an klärenden Telefonaten und Hintergrundgesprächen. Fakten verlangen von Journalisten ein feines Fingerspitzengefühl im Umgang mit Informantinnen und Informanten, die oft aus nachvollziehbaren Gründen nur nach einem zeitraubenden Aufbau von Vertrauen bereit sind, ihr Wissen zur Verfügung zu stellen. Fakten sind teuer, und sie sind oftmals nicht sehr attraktiv. Und so werden Fakten in Zeitungsartikeln oder Fernsehberichten mehr und mehr von *Meinungen* abgelöst, die billiger zu haben und meistens in hohem Maße emotional aufgeladen sind. „Es ist allemal billiger und zudem noch lustiger, wenn ein Talkshowgast eine richtig erstaunliche Meinung über den Afghanistan-Krieg hat, als wenn man einen Reporter in den Hindukusch schickt, der eine ganze Woche braucht, um ein paar Fakten zu ermitteln, die lediglich ein paar Sendeminuten füllen", schrieb Andrian Kreye, Leiter des Feuilletons der SÜDDEUTSCHEN ZEITUNG, in einem Essay. So treten Storys, die auf die Emotionalisierung des Publikums abzielen, in Zeitungsartikeln, in Fernseh- oder Radio-Beiträgen zunehmend an die Stelle von faktenbezogenen Berichten.

Die BBC ging dieser offensichtlichen Tendenz sogar wissenschaftlich auf den Grund und beauftragte das britisch-amerikanische Medien-Analyseinstitut „Carma International" mit einer Studie zu dieser Entwicklung. „Carma" wertete 400 Artikel der britischen Zeitungen SUN, DAILY MAIL, DAILY MIRROR, TIMES, INDEPENDENT und THE OBSERVER aus, die um die Themenbereiche „Verbrechen" und „Gesundheit" kreisten und kam zu dem Ergebnis, dass Betroffenheit und Gefühl in den Medien zusehends den Platz des rationalen Diskurses einnehmen. Die Schlussfolgerung liest sich im Wortlaut etwa so: „Binnen zehn Jahren haben sich der Tonfall, die Wortwahl und die Art der Berichterstattung spürbar verändert. Die Inhalte sind deutlich ‚emotionalisierter' dargeboten worden und die Artikel enthalten mehr subjektive Einschätzungen. Das ‚Schicksal von Individuen' wird sehr viel stärker in den Vordergrund gerückt. Auch ist die Bereitschaft von Journalistinnen und Journalisten gewachsen, eigene Gefühle und subjektive Urteile in Berichte und Reportagen einfließen zu lassen."

Als Beispiel für diese Entwicklung nannte das Analyse-Institut die Berichterstattung über den Fall eines 16-jährigen Mädchens, das nach der Einnahme von Ecstasy gestorben war. Die Eltern des Mädchens lancierten daraufhin eine Antidrogenkampagne, die von den Medien sofort aufgegriffen wurde: Während vor dem Tod des Mädchens pro Jahr 16 Fälle zum Thema „Drogenmissbrauch" medial behandelt worden waren, stieg diese Zahl in den Monaten danach sprunghaft auf über 250 pro Jahr an. Das Besondere daran war, dass zu einem überwiegenden Teil die Eltern des Mädchens als „Experten des Schmerzes" herangezogen wurden, um über Wege aus der Drogensucht zu sprechen. Kaum zu Wort kamen hingegen Fachexperten, die durch Zahlen, Daten, Fakten sowie fundiertes empirisches Wissen Aussagen zum Sachverhalt hätten machen und tatsächliche gesellschaftspolitische Impulse hätten geben können.

Betroffenheit wird zum alleinigen Wirkprinzip und trägt den Sieg über sachliche Darstellung davon. Ein Planungspapier des SWR, das bereits vor 2010 ausgearbeitet worden war, verdeutlicht dies. Es legt den Redakteurinnen und Redakteuren den „Verzicht auf informative O-Töne von Amtsträgern" nahe und empfiehlt stattdessen ausdrücklich, sich bei der Auswahl von Inhalten und Interviewpartnern künftig „an Herzpunkten zu orientieren", das heißt: an Sex und Crime, Prominenz, Schicksal, Katastrophen, Kindern und Tieren. Dieses Planungspapier zeigt, dass die Emotionalisierung der Nachrichten nicht der zufälligen Laune von Journalisten und Journalistinnen entspringt, sondern tatsächlich als Verkaufsmaßnahme vorgegeben wird. Wir sehen: Je mehr ein Medium finanziellem

Druck ausgesetzt ist, desto anfälliger wird es dafür, verkaufbare Geschichten zu produzieren anstatt objektive, neutrale Berichte zu gestalten. Sensationen und Skandale helfen dem Verkauf und bilden damit das letzte Aufgebot der „Klassischen Medien" in ihrem Konkurrenzkampf gegen die „Neuen".

## Die Medien im Kampf um die Aufmerksamkeit

Für Medienkonsumenten war es noch nie so einfach wie heute, das mediale Angebot zu wählen. Ein Mausklick, ein beiläufiger Fingerdruck auf eine Taste am Smartphone, ein morgendlicher, verschlafener Griff in den Stapel der Gratiszeitungen an der nächsten U-Bahn-Station genügen, um das Bedürfnis nach Aktualität und Information zu befriedigen.

Und das Angebot an Nachrichten wächst kontinuierlich. Gegen Ende des 19. Jahrhunderts betrug die Zeitspanne, innerhalb der sich die Menge des menschlichen Wissens verdoppelte, etwa 50 Jahre. Heute ist diese Zeitspanne auf fünf Jahre gesunken, und sie sinkt weiter. Im Jahr 2015 werden Konsumentinnen also doppelt so viele Daten über die Welt zur Verfügung stehen wie im Jahr 2010. Das Wissen über alle Bereiche des Lebens steigt explosionsartig an, und damit auch die Informationen, die über unterschiedlichste Kanäle verbreitet und zugänglich gemacht werden. Gleichzeitig wächst aber auch der Medienkonsum. Rechnen wir die tägliche Fernsehzeit der Deutschen auf ihre durchschnittliche Lebenserwartung hoch, kommen wir zu dem Ergebnis, dass ein Mann ab seinem 15. Lebensjahr ungefähr zehn Jahre seines Lebens vor dem Fernseher verbringt, eine Frau, weil ihre statistische Lebenserwartung höher ist, etwas mehr als elf Jahre. Allein bei der Nachrichtenagentur Reuters werden pro Jahr 3,5 Millionen neue Nachrichten veröffentlicht. 8.000 Werbebotschaften empfängt ein durchschnittlicher Amerikaner pro Tag, schrieb der Marketingexperte James Twitchell – vor 15 Jahren! Heute teilen Facebook-Nutzer pro Tag im Schnitt nicht weniger als 300 Millionen Fotos und 2,5 Milliarden Inhalte.

Die Flut an verfügbaren Informationen übersteigt die Aufnahmekapazität eines Menschen bei Weitem. Und damit wird die Fähigkeit, sich gegen Information zu schützen, zu einer der wichtigsten Kompetenzen des Menschen im Kampf gegen das Bombardement an Slogans, Tipps, Hinweisen, Werbebotschaften und Angeboten aller Art. Genauso, wie wir unsere Computer mit Spamfiltern gegen unerwünschte Information schützen, gehen wir auch durchs tägliche Leben. Vielleicht kennen Sie die Situationen, in denen es Ihnen erfolgreich gelingt, alles um Sie herum abzuwehren, wenn Sie sich durch die Stadt bewegen, mit einem fixen Ziel und einem Gedanken im Kopf, der Sie nicht loslässt. Obwohl Sie auf Ihrem Weg dutzende Werbetafeln, zahllose Schaufenster, Produkte, Transparente, Aufschriften auf LKWs, PKWs und Hausfassaden passieren, ziehen diese Informationen spurlos an Ihnen vorbei. Am Ende gelangen Sie an Ihr Ziel, ohne eine einzige Botschaft bewusst registriert zu haben. Im Gegenteil, oft wissen Sie vermutlich nicht genau, wie Sie es, ohne nur einmal aufzusehen, schadlos zum Treffpunkt geschafft haben. Ein Gefühl zwischen Faszination und Schauer. Ungeübte, untrainierte Menschen, die für gewöhnlich nur wenige Informationen erhalten, könnten diesen Versuchungen an blinkenden, leuchtenden, beweglichen Botschaften nicht widerstehen. Sie wären ihnen ausgeliefert.

In der Regel haben wir uns eine dicke, informationsabweisende Haut zugelegt und konzentrieren unsere Aufmerksamkeit bei Arbeit, Einkauf oder in unserer Freizeit nur noch auf die Dinge, die über höchste Relevanz und

Attraktivität verfügen. Der Netzaktivist Clay Johnson hat dafür einen Vergleich geprägt: Medienkonsumenten verhalten sich mittlerweile wie Menschen, die „die Nachspeise zuerst essen". Was gut schmeckt, wird gegessen. Alles andere geht zurück in die Küche. Alles andere blenden wir aus, entsorgen es im persönlichen Spam-Ordner.

Je mehr Informationen gleichzeitig um die Zuwendung eines einzelnen Empfängers kämpfen, der seinerseits immer resistenter wird, desto eher droht die einzelne Nachricht ins Leere zu gehen. Das bedeutet, dass all jene Menschen und Unternehmen, die von Berufs wegen mit Informationen handeln und die Aufgabe haben, sie via Medien an den Mann und die Frau zu bringen – also auch Journalisten und Journalistinnen – gezwungen sind, zu immer radikaleren Mitteln zu greifen, da ihre Aufgabe darin besteht, diese dicke Haut, diesen Schutzschild zu durchdringen. Der amerikanische Zukunftsforscher John Naisbitt hat in seinem bekanntesten Buch „Megatrends" schon 1984 darüber geschrieben: „Die Informationsfülle liegt so fantastisch hoch, dass wir uns (bzw. die Medien sich) durch Schreien bemerkbar machen müssen, um überhaupt gehört zu werden." Medienleute sind aus allen genannten Gründen so unter Druck geraten, dass sie in ihren jeweiligen Formaten, mit allen technischen, gestalterischen und dramaturgischen Mitteln, die ihnen zur Verfügung stehen, genau das machen, was John Naisbitt vor beinahe 30 Jahren prophezeit hat: Sie schreien.

### Was bedeutet „schreien" in den Medien?

Der österreichische Politikwissenschafter Fritz Plasser präsentierte im August 2012 sein Buch „Erfolgreich wahlkämpfen" – ein Resümee der Wahltaktiken und der medialen

Kommunikation der österreichischen Politiker und Parteien in den letzten Jahren. Darin befand sich eine Befragung unter mehr als 2.000 Journalisten und Pressesprecherinnen in neun europäischen Ländern, die das Verhältnis von Boulevard- und Qualitätspresse in Europa zum Thema hatte. Die Ergebnisse der Befragung zeigten, dass vor allem Österreich in diesem Punkt eine eigentümliche Stellung einnimmt: Nur ein Fünftel der Befragten schätzt den Einfluss der Qualitätspresse in diesem Land als hoch ein. Zum Vergleich: In der Schweiz sind das 53 Prozent, in Deutschland immerhin beachtliche 69 Prozent.

Diese subjektiven Eindrücke werden von der Realität bestätigt: Die KRONEN ZEITUNG ist mit ihrer Reichweite von fast 42 Prozent eine der am meisten gelesenen Tageszeitungen der Welt – hier wiederum zum Vergleich: die deutsche BILD kommt auf 18, die britische SUN auf rund 20 Prozent Reichweite. Knapp drei Millionen der etwa acht Millionen Österreicherinnen und Österreicher lesen also jeden Tag die KRONE. Rechnen wir noch die Reichweite der Tageszeitung ÖSTERREICH dazu, kommen wir zum Ergebnis, dass die Hälfte der Bevölkerung dieses Landes ausgewiesene Boulevardblätter liest. Die eigentümliche Stellung Österreichs in Europa, von der Plasser spricht, ist dadurch gekennzeichnet, dass in keinem anderen europäischen Land der Einfluss des Boulevards größer ist als hier.

Nun sind diese Ergebnisse an und für sich nicht neu und für Kennerinnen und Kenner der österreichischen Medienszene auch nicht überraschend, und wären also für Fritz Plasser an sich noch kein Grund, ein Buch darüber zu schreiben. Doch der Boulevard ist jene mediale Gattung, die von Natur aus auf Emotionalisierung und Kampagnisierung setzt. Das Schreien, um John Naisbitt noch einmal zu zitieren, beherrschen Journalistinnen und Journalisten des Boulevards von jeher besonders gut. Den Politikwissenschafter interessierte in diesem Zusammenhang eine besondere Frage: Was passiert in einem vom Boulevard dominierten Land wie Österreich, wenn der wirtschaftliche Druck steigt? Wie verändert sich dann die mediale Kommunikation? Das Ergebnis ist eindeutig und bestätigt alle bis hierher genannten Thesen: Auch in der politischen Berichterstattung geht es vorrangig um die Emotionalisierung des Publikums. Und: Der Ton zwischen Journalisten und ihren Interviewpartnern, den Politikerinnen und Politikern, wird rauer, da Aggression zwischen Gesprächspartnern Aufsehen erregt. Auf diese Weise wird der Druck, permanent Aufmerksamkeit erzeugen zu müssen, von den Journalistinnen und Medienvertretern auf die Speaker und Speakerinnen weitergegeben. Diese suchen wiederum Schutz und Deckung hinter rhetorischen Maßnahmen und taktischen Mitteln. Ein zum Teil nachvollziehbarer Abwehrkampf, der jedoch Erkenntnisse und Einsichten in interessante Themen gegenüber spannungserzeugender, konfrontativer Manöver von journalistischer Seite ins Hintertreffen geraten lässt. Wenn wir zum Beispiel die Medienberichterstattung zum österreichischen Nationalratswahlkampf des Jahres 2008 genauer durchleuchten, sehen wir, dass schon damals nur in 21 Prozent der redaktionellen Beiträge die Sachthemen im Vordergrund standen. Fast 50 Prozent der Beiträge beschäftigten sich hingegen mit Wahl- und Koalitionsspekulationen, mit Stimmungsberichten über Wahlkampfveranstaltungen, mit Wahlprognosen und Wahltaktik. In keinem anderen Land aus dieser Untersuchung sind die Beziehungen zwischen Politikern und Journalisten so stark „umschattet". Und in keinem anderen der untersuchten Länder wird die steigende Negativität der Politikerdarstellung so stark angesprochen wie in Österreich. Fritz Plasser hat für dieses Biotop das Schlagwort von der „Boulevard-Demokratie Österreich" geprägt. Die Tendenz, die für dieses Biotop prägend wirkt, nennt Plasser „negativity bias", also einen „negativen Unterton": „Jeder Zweite der innenpolitischen Journalisten

sieht eine ‚sich verstärkende elitenkritische Tonalität' im österreichischen Journalismus."

Herzlich willkommen im „Mimikry Plus"-Format, könnte man, sehr überspitzt, sagen. Zu dem ohnehin belaste-
ten Vertrauensverhältnis zwischen der Öffentlichkeit, den
Interessensvertreterinnen und -vertretern aus Politik und
Wirtschaft und den Journalisten kommt zusätzlich der
wirtschaftliche Druck, der von Medienvertretern an die
Speakerinnen und Speaker weitergegeben wird. Jener Druck,
der sich nicht durch die Sachlage, sondern ausschließlich
über die Notwendigkeit der künstlichen Dramatisierung
ergibt, die für die notwendige Aufmerksamkeit sorgt – im
Kampf gegen die Konkurrenz, die „Neuen Medien" und
die Resistenz der Rezipientinnen und Rezipienten. Will
heißen: Die negative Ausrichtung durch den boulevar-
desken Zugang, also die emotionalisierende Suche nach
dem Ärgernis hinter dem Sachthema, verschmilzt mit der
für das „Mimikry"-Zeitalter so typischen Suche nach der
Wahrheit und dem wahren Gesicht des Protagonisten. Ein
Beispiel für diese schwierigen Zeiten für Amtsinhaber, für
Verantwortungsträgerinnen und Personen des öffentlichen
Interesses sind die „Sommergespräche" des ORF, die sich
in den letzten Saisonen zu regelrechten „Sommergefechten"
entwickelt haben. Anhand dieses Sendeformats kann man
die genannten Umstände und die damit verbundenen
Veränderungen besonders gut nachvollziehen. Die Tra-
dition, dass die Parteichefs und -chefinnen gegen Ende
des Sommers vom ORF zu einem einstündigen Gespräch
über politische und menschliche Themen in „ungezwun-
gener" Atmosphäre, also in fast privater Stimmung geladen werden, gibt es bereits seit 1981. Also seit mittlerweile mehr als 30 Jahren. Während jedoch im ersten
Jahr der Moderator Franz Kreuzer mit seinem damaligen
Interviewpartner Bruno Kreisky (sehr langsam) ausführlich, sachlich über Inhalte und deren Hintergründe parlier-

te, Kompliziertes für das Verständnis des Publikums aufbe-reitete und der Persönlichkeit des Gesprächspartners breiten Raum geben konnte, hat sich die Anmutung der Sendung in den letzten Jahren grundlegend gewandelt. 2011 wurde die Moderatorin Ingrid Thurnher dafür kritisiert, zu wenig „angriffslustig" gewesen zu sein, und so übernahm im Jahr darauf „Österreichs härtester Fragensteller", Armin Wolf, die Moderation. Bereits die erste Frage, die Armin Wolf bei den Sommergesprächen stellte, diente dazu, seine Gesprächspartner zu prüfen, zum Beispiel im Gespräch mit dem BZÖ-Obmann Josef Bucher: „Ich bin total überrascht, Sie ohne dieses riesige orange Ding auf Ihrer Brust zu sehen, ohne das Sie seit einem Jahr in der Öffentlichkeit nicht mehr zu sehen waren. *[Gemeint ist ein oranger Button, auf dem „Genug gezahlt" zu lesen war, Anm.]*. Sind Sie draufgekom-men, dass das für einen erwachsenen Mann unwürdig ist?" Oder im Gespräch mit der Grünen-Chefin Eva Glawischnig: „Frau Glawischnig, wir sind hier am Millstätter See, gut 400 Kilometer von Ihrem Arbeitsplatz in Wien entfernt. Am Weg hierher – wie viele Verkehrsregeln haben Sie da gebrochen?" Oder im Gespräch mit dem Bundeskanzler Werner Faymann: „Herr Faymann, Sie sind seit fast vier Jahren Bundeskanzler, aber seit fast 30 Jahren Politiker – und Sie haben sich da einen Beruf ausgesucht, der ein ech-tes Imageproblem hat. In der letzten großen Umfrage in Österreich sagen 97% der Österreicher, sie haben Vertrauen zu Feuerwehrleuten, 90% zu Ärzten, nur 17% haben Vertrauen zu Finanzberatern, aber nur 5% haben Vertrauen zu Politikern. Was machen Sie und Ihre Kollegen falsch?"

Der Anfang einer Sendung wird, wie auch im Film, „Auftakt" genannt und soll die Grundhaltung und Tendenz einer Story oder einer Sendung ankündigen. Schon in den ersten Momenten einer Komödie sollen Sie spüren, dass es sich um einen lustigen Film handelt. Ein Thriller soll schon zu Anfang eine spannende Sequenz bieten, und ein

Interview oder ein Gespräch funktioniert da nicht anders. Alle der oben genannten Starts versprechen ein von Misstrauen und Aggression getragenes Gespräch, das nicht ohne Zynismus und Verachtung für den Gesprächspartner oder die Gesprächspartnerin ablaufen wird.

Natürlich ist das nicht nur bei Sommergesprächen so, und auch nicht nur in Österreich. Dasselbe Prinzip gilt im Grunde auch in Deutschland. Auch wenn es in Deutschland mit großen Printprodukten wie der FAZ oder der ZEIT ein starkes Qualitäts-Gegengewicht zum Boulevard-Journalismus gibt, müssen sich dort die Medien genauso gegen die verstärkte Konkurrenz behaupten. Und greifen dabei zu Mitteln des Boulevards. So ist es kein Wunder, dass auch in Deutschland Interviewpartner dem zunehmenden Druck der Journalistinnen und Journalisten ausgesetzt sind. Der deutsche Bundespräsident Joachim Gauck sagte Mitte 2012 in einem Interview mit der Wochenzeitung DIE ZEIT: „Der Wettbewerb um Aufmerksamkeit belohnt nicht immer die Fairness, sondern allzu oft den Sieg." Damit kritisierte er den „sportlichen Ehrgeiz" von Redakteurinnen und Journalisten, denen es nicht um das Aufspüren der Wahrheit gehe, sondern ausschließlich darum, im Gespräch Gewinner zu sein. Dies führt, so Gauck, zu der Haltung, man verfüge als Moderator oder Moderatorin „dank des Mediums über eine Macht, die erhöhen oder erniedrigen kann", man wolle „der sein, der das Wild erlegt".

# KAPITEL 6

# „Mimikry" und „Agon": das neue und das alte Zeitalter

Sensationsberichterstattung steht auf der Tagesordnung der Redaktionen und Nachrichtenstudios. „Alarmismus" ist zu einem branchenüblichen Begriff geworden. Dabei kündigt eine Schwalbe nicht den Sommer, sondern Rekordhitze an. Der erste Schnee lässt nicht ans Rodeln denken, sondern wird zum Vorboten für Berichte über Lawinenopfer und Schiunfälle. Und so stellt sich den Interviewpartnern und -partnerinnen des „Mimikry"-Zeitalters die Frage, wie sie unter diesen verschärften Bedingungen auf seriöse Art und Weise Aufmerksamkeit erzeugen und das Vertrauen ihres Publikums gewinnen können. Um diese Frage zu beantworten, sehen wir uns zunächst einmal an, wie sie es – nicht machen.

Ich komme hier zurück auf den am Anfang dieses Buchs schon genannten Fall des ehemaligen Verteidigungsministers Karl-Theodor zu Guttenberg, um Sie auf eine wichtige Tatsache aufmerksam zu machen: *Der Mann ist kein Dummkopf.* Wer in der breiten Öffentlichkeit das Image des Strahlemanns erringen will, des „politischen Überfliegers", des „Politikers neuen Typs, der weder von seiner Kanzlerin noch von seinem Parteichef abhängig ist", wie in den

Medien noch Anfang 2011 landauf, landab hymnisch über Guttenberg gesungen wurde, muss ein *sehr, sehr* talentierter Kommunikator sein. So jemand muss viele Dinge richtig machen. Und braucht gute Beraterinnen und Berater. Auch ein Karl-Theodor zu Guttenberg wusste natürlich, dass die Medien ständig auf der Suche nach der besseren Geschichte sind. Auf der Suche nach *der* Geschichte, die mehr Menschen anlockt als jede andere. Nach *der* Geschichte, die alle anderen Konkurrenten alt aussehen lässt. Nach einer Geschichte, die sich dazu noch mit möglichst wenig Aufwand an Personal und Zeit verwirklichen lässt. Und doch scheiterte Guttenberg im Umgang mit seiner medialen Krise großartig und seine Maßnahmen erwiesen sich als fatale Fehler. Welchen Fehler beging also dieser Mann?

Es ist anzunehmen, dass Karl-Theodor zu Guttenberg und seine Berater im Glauben agierten, sie würden seinen Kopf aus der Schlinge ziehen, indem sie das Leitmedium für sich gewinnen und der Redaktion der BILD-Zeitung eine noch bessere Story anbieten könnten als jene, dass Guttenberg im öffentlichen Ansehen gerade vom Strahlemann zum Blender wechselte. Wenn aber „Mimikry" als vorherrschendes Skript in den Hintergrund treten sollte, um das Blender-Etikett abzuschwächen, mussten sie sehr hohes Risiko eingehen und ein anderes mächtiges Skript forcieren, das einige Zeit lang für *noch* höhere Emotionalisierung und Aufmerksamkeit sorgen würde. Ein Skript, das Guttenberg aus der Schusslinie bringen würde, zumindest so lange, bis sich die bestehenden Vorwürfe als alter Hut erwiesen hätten, als langweilig geworden.

Das Skript, das sie für diese Zwecke auswählten, heißt nach der Terminologie von Roger Caillois „Agon": der ewige Kampf zwischen Protagonist und Antagonist. Zwischen Freund und Feind. Im neuen Skript, so das Kalkül der Berater, müsste Guttenberg als Sieger hervorgehen. Guttenbergs Versuch, über das Leitmedium BILD Akademiker und

Nichtakademiker gegeneinander in Stellung zu bringen und über diesen möglichen neuen medialen Kampfschauplatz von seiner eigenen Täuschung abzulenken, muss als strategischer Versuch interpretiert werden, ein anderes als das in Europa vorherrschende Skript „Mimikry" zu bedienen. Denn hätte eine BILD-Schlagzeile mit dem Wortlaut „Scheiß auf den Doktor" zu einer deftigen, aggressiven Reaktion aus Akademikerkreisen oder beispielsweise einer Universität geführt, hätte dies vermutlich Menschen gegeneinander aufgebracht. Die geplante „Aufwiegelung" der Akademiker gegen Nichtakademiker wäre gelungen. In Boulevardmedien wären Doktoren über Facharbeiterinnen hergezogen. Lehrlinge über Studentinnen. Wären Professorinnen zum Mediengespött von Schulabbrechern und Hilfsarbeiterinnen geworden. Hätte dieser Plan, Menschen gegeneinander aufzubringen, funktioniert, wäre es zu einer Verschiebung der Konzentration vom Schauplatz „Guttenberg-Plagiat" hin zum Schauplatz „eingebildete Akademiker gegen angerotzte Nichtakademiker" gekommen. Und Guttenberg hätte abwarten können, bis sich die Aufregung um seine Person wieder legt.

Natürlich ist man im Nachhinein immer klüger, und heute können wir mit dem Finger auf Guttenberg zeigen und uns über seinen Fehler ereifern. Aber aus damaliger Sicht, aus der Warte des von der medialen Krise heimgesuchten Politikers, war die Strategie gar nicht so abwegig. Sie war jedenfalls eine gängige Vorgangsweise. Sie entsprach dem, was mediengeeichte Entscheidungsträger aus Politik und Wirtschaft vor Beginn der Wirtschaftskrise jahrzehntelang getan hatten, wenn sie in Erklärungsnot gerieten: leugnen, abwarten und dem Publikum – wie kleinen Kindern – ein Spielzeug in die Hand geben, das noch viel spannender ist als das, was sie augenblicklich beschäftigt. Diese Strategie hat jahrzehntelang tatsächlich gut funktioniert. Aber um zu verstehen, warum und inwiefern jetzt alles ganz anders ist, dringen wir ein wenig tiefer in Guttenbergs Strategie ein und untersuchen, welches Spielzeug er seinem Publikum da angeboten hat: „Agon", den Kampf.

## Das Skript „Agon": der Kampf des Guten gegen das Böse

Das mediale Skript „Agon" spiegelt sich in all jenen Ereignissen wider, die rivalisierende Parteien im Wettstreit zeigen. Dieses Skript zeigt sich im kindlichen Spiel genauso wie im fairen Wettkampf, in feindseligen Wahlschlachten und in blutigen internationalen Auseinandersetzungen. Auch Spiel und Sport in jeglicher Form rufen in uns vollautomatisch Gefühle und stereotype Verhaltensweisen hervor. Gleich ob es sich dabei um „Mensch ärgere Dich nicht" handelt, um Schach, Tennis oder Ringen: Immer geht es darum, allen Verstand, alle Raffinesse und, wenn es sein muss, alle Körperkraft aufzuwenden, um den anderen, den sogenannten Antagonisten, zu bezwingen. Die Konkurrentin zu übertreffen. Den Gegner auszuschalten.

„Agon" ist ein besonders einfaches und mächtiges Skript. Es wirkt unter anderem in zahllosen Hollywood-Superhelden-Epen. Da ist James Bond, der es (immer wieder) innerhalb von 100 Minuten schaffen muss, uns vor dem Bösen zu bewahren und die Welt zu retten. Da ist Batman, der in abenteuerlichen Duellen gegen den Erzfeind Joker antritt. Und da ist Bruce Willis als John McClane in „Stirb langsam", der es allein mit ganzen Scharen von superintelligenten Kriminellen aufnimmt, wenn sie seiner Frau, seiner Tochter oder seinem Sohn zu nahe kommen. In diesen Filmen kämpfen die Protagonisten für uns. Noch besser gesagt: stellvertretend für uns. Denn auch wir Kinobesucherinnen oder Fernsehzuseher spüren Abneigung und Aggression gegen die Antagonisten und werden so zu Mit-Protagonisten.

Wir kämpfen mit unseren Gefühlen an der Seite von Daniel Craig, George Clooney und Bruce Willis. Wir sind involviert.

Schon von klein auf werden wir auf das Skript „Agon" getrimmt: Wer läuft schneller – ich oder du? Wer ist stärker – ich oder du? Wer ist schlauer – ich oder du? Die Erwachsenen pflegen dieses innere Programm fleißig weiter. Wer hat die größere Wohnung – wir oder die Müllers? Wer verdient mehr – ich oder die Nachbarin? Wer hat öfter Sex – ich oder meine Frau? Und auch das Business und der Markt stellen Fragen, die Konflikte schüren. Wer wird dieses Jahr die Nummer eins am Elektronikmarkt – Apple oder Microsoft? Oder doch Samsung? Wird China uns Europäer aus dem Markt drängen? Werden sich die Euro-Befürworter oder die Euro-Gegner durchsetzen?

Bei Kindern kommt es im Zuge des Vergleiches, wer der Bessere, die Stärkere, der Schlauere ist, zu Tränen. Erwachsene fürchten den Konkurrenzdruck am Arbeitsmarkt. Die Börsianer haben schwache Nerven und reagieren heftig auf Spekulationen, denn wo Gewinner, da Verlierer. Und nicht weniger selten brechen sich Fußballrowdys Nasenbeine und Kieferknochen. Mitunter sterben Menschen in Fußballstadien, wenn es durch entflammten Fanatismus zu Gewalt kommt und Panik ausbricht. Sie können daran recht leicht erkennen, wie einfach wir emotional zu manipulieren sind, wenn die richtigen Knöpfe gedrückt werden.

Wie funktioniert also dieses mächtige Skript? Man nehme: a) einen Protagonisten. Jemanden, der etwas vorhat. Etwas tun möchte. Vor einer Aufgabe steht. Einen Plan verfolgt. Man nehme: b) einen Antagonisten. Jemanden, der dasselbe vorhat. Es anders tun will. Die Lösung der Aufgabe behindert und/oder die Pläne des Protagonisten durchkreuzen möchte. Man nehme: c) einen Konflikt. Also das Thema oder die Ursache der Auseinandersetzung. Die Art des Konflikts beziehungsweise der Auslöser des Konflikts gibt dem Ereignis seine dramatische Ausformung. Er gibt der Auseinandersetzung die emotionale Dimension. Geht es darum, als Erster vier Spielfiguren ans Ziel zu würfeln? Oder den Ehepartner an jemand anderen zu verlieren? Oder einen religiös motivierten Todfeind zu bekämpfen?

Unterscheidbar sind die Intensität, die Emotionalisierung und damit auch die Gefahren, die im Skript „Agon" stecken. Jeder Wahlkampf beispielsweise bedient dieses Skript und quert damit das vorherrschende Skript der Zeit, im Europa der Gegenwart also „Mimikry". Im Wahl-„Kampf" sind die Parteien selbst die Protagonisten und Antagonisten. In den Wahlprogrammen werden Vorhaben und Pläne für die zukünftige politische Arbeit im Fall eines Wahlsiegs beschrieben, in medialen „Elefantenrunden" und „Konfrontationen" mit politischen Mitbewerbern in Aufstellung gebracht und gegeneinander gestellt: Wer hat die zugkräftigeren Themen? Wer die besten Ideen? Wer bietet die besten Lösungen für bestehende und für die nähere Zukunft angenommene Probleme an? – Gekämpft wird um Wählerstimmen. Wem gelingt es am eindrücklichsten, im „medialen Boxring" die Berechnungen der Gegner hinsichtlich künftiger Steuerbelastungen als dilettantisch darzustellen? Die Vorschläge zur Bildungsreform als realitätsfern? Die Ideen zum nachhaltigen Wirtschaften nicht nur als dumm, sondern gar als schädlich für das Land und seine Bürgerinnen und Bürger?

Auch in den politischen Inhalten selbst bildet sich das Skript „Agon" ab: Wer soll wovon profitieren? Wer soll durch Umverteilung, Steuererleichterungen, Ent- und Belastungen mehr bekommen? Wem soll mehr genommen werden? Arbeitgeberinnen gegen Dienstnehmer, Junge gegen Alte, Arme gegen Reiche, Frauen gegen Männer. Protagonisten gegen Antagonisten. Immer im Versuch, das innere Programm von Freund und Feind anzusprechen. Vom Gewinnen oder Verlieren. Dem Wähler und der Wählerin ein politisches Lager zu bieten, in dem sie ausschließlich Freunde finden, die ihnen zum Sieg, zur Gerechtigkeit oder zu was auch immer sonst verhelfen würden.

Vor allem rechtsgerichtete, populistische Parteien versuchen sich sehr plakativ und vordergründig am gefährlichen Spiel „Protagonist versus Antagonist". Zumeist, um Gunst und Missgunst zu erzeugen. Die „feine Klinge" der Kommunikation ist hier nicht gefragt: Da gibt es die Guten hier und die Schlechten dort. Da gibt es die tüchtigen Inländer und die integrationsunwilligen Ausländer. Die Protagonisten werden unter „wir" oder „die Nächsten" zusammengefasst. Die Antagonisten unter „Ausländer" oder „Zuwanderer". Auch der Begriff und Titel „Asylant" funktioniert. Das Thema des Konflikts, das dem Skript „Agon" die nötige emotionale Dimension gibt, muss existenziell sein: Arbeitsplätze, Sozialleistungen, Kriminalität und auch Heimat sind gute Katalysatoren.

Thilo Sarrazin spaltete 2010 die deutsche Nation. Über seinen Bestseller „Deutschland schafft sich ab" sagt er: „Man wird die Dinge wohl ansprechen und diskutieren dürfen", und weiß es natürlich besser, wenn er dem Buch den Untertitel „Wie wir unser Land aufs Spiel setzen" gibt. Denn im Aufruhr, im Zorn und in der emotionalen Involvierung durch ein „Gegeneinander" lässt sich nicht vernünftig denken und handeln. Wer so zur Diskussion lädt, kann sich nur Profit im Sinne von „Aufsehen" versprechen, oder vom Schreiben und Geschichten-Erzählen keine Ahnung haben. Seinen beschämenden Höhepunkt fand das Skript „Agon" jedoch im Nationalratswahlkampf der FPÖ 2006 in Österreich mit Plakaten wie „Daham (= daheim) statt Islam", „Deutsch-Wagram statt Ibrahim und Abraham", „Heimatliebe statt Marokkaner-Diebe". In diesen „Slogans" finden sich neben Protagonisten und Antagonisten Konfliktthemen wie Religion, Heimat oder Kriminalität auf engstem Raum. Durch die hohe

Emotionalisierung ist für Publikum gesorgt, und die Medien kommen nicht umhin, darüber zu berichten. Auch wenn Medienmachern klar ist, dass Berichterstattung unter diesen Vorzeichen soziale Unruhe erzeugt. Dem Skript „Agon" können sie sich nicht entziehen. Die persönliche Betroffenheit, sowohl auf der einen als auch auf der anderen Seite – sorgt für hohe Einschaltquoten und Verkaufszahlen.

## Die ganze Welt wird von „Agon" beherrscht

Als in der Nacht vom 9. auf den 10. November 1989 die Berliner Mauer fiel, ging eine „Agon"-Ära zu Ende: der „Kalte Krieg" zwischen den USA und der UdSSR, dem Westen und dem Osten, ausgetragen auf europäischem Boden, der über 40 Jahre lang die Welt in Atem gehalten hatte. Wenn Sie vor dem Ende der 1970er geboren wurden, erinnern Sie sich vielleicht an die Fernsehbilder und Nachrichten dieser Zeit: Bilder von Grenzgräben und meterhohen Zäunen, militärische Aufmärsche und Paraden, die Präsentation der neuesten Waffensysteme: rollende Panzer, Langstrecken-Raketen, Atombomben-Versuche.

– Welche der beiden Mächte hat mehr Interkontinentalraketen?
– Welche Macht übertrumpft die andere in wirtschaftlicher Hinsicht?
– Welche landet zuerst auf dem Mond?
– Wer gewinnt die Schach-WM: Die USA mit Bobby Fischer, oder der Russe, Boris Spasski?
– Wer ist stärker? Wer ist reicher? Wer ist schneller? Wer ist klüger?
– Du oder ich?

Wenn Kennedy und Chruschtschow oder Nixon und Breschnew zum Gipfel der Supermächte zusammentrafen, war das nicht einfach die Begegnung zweier Staatsoberhäupter – es war vielmehr ein mediales Großereignis, bei dem es, durch die Brille des inneren Skripts, um friedliche Koexistenz oder militärische Auseinandersetzung zu gehen schien. Nixon und Breschnew trafen als Stellvertreter der westlichen Demokratie und des Ostblock-Kommunismus aufeinander. Der „Kalte Krieg" hatte uns amerikanische Freunde beschert und russische Feinde geschaffen. „Agon" zeigte Wirkung, und die Medien haben keinen Zweifel daran gelassen, wer die Bedrohung war. Das Skript teilte uns in feindliche Lager und der „Eiserne Vorhang" zog die Grenze zwischen Protagonisten und Antagonisten.

Dann fiel die Berliner Mauer. Stacheldrähte wurden in feierlichen Staatsakten durchschnitten, Gräben überwunden, Menschen tanzten über Grenzübergänge. Die Euphorie schien auf beiden Seiten grenzenlos. Protagonisten, Antagonisten, der weltweite Konflikt schienen sich in einer gemeinsamen Welt aufzulösen. – Doch nicht für lange. Nur ein halbes Jahrzehnt später, 1996, veröffentlichte der amerikanische Politikwissenschafter Samuel Huntington ein Buch mit dem Titel „Clash of Civilizations" („Kampf der Kulturen"). In diesem vertrat er die These, es gebe einen grundsätzlichen Gegensatz zwischen den einzelnen Kulturkreisen, der auch nach dem Ende des „Kalten Krieges" weiterhin wirksam sei. Nach dem Ende der Sowjetunion wären es nun der Islam, China und andere Länder der „Dritten Welt", die den USA als „Herausforderer-Kulturen" gegenüberträten. Nur ein Buch. Doch diese Philosophie wurde im innenpolitischen Denken der USA dermaßen wirksam, dass der zweite Irakkrieg bereits als Ausdruck dieses Kampfes der Kulturen interpretiert wurde. Die Sowjetunion war als Antagonist weggefallen, doch „der Islam" hatte nahtlos ihre Stelle als „das Böse" eingenommen. Übrigens reklamieren auch islamische Gelehrte diese Idee des ewigen Antagonismus zwischen Islam und Christentum inzwischen für sich – der „Clash of Civilizations" ist keineswegs nur eine amerikanische Idee. Und wenn Sie den Blick auf die andere Seite der „Front" richten, zeigt sich, dass das Skript da dieselben Bestandteile hat und in derselben Art und Weise funktioniert wie hier. Es scheint tatsächlich so, als ob das Skript „Agon", weil es als inneres Programm im Menschen feststeht und deshalb leicht aktiviert werden kann, sich zwangsläufig ohne Unterbrechung fortsetzen und immer wieder auf neue Höhepunkte zustreben müsste.

Am 11. September 2001 hat sich „Agon" von seiner hässlichsten Seite gezeigt. Vier Verkehrsflugzeuge waren zwischen 8:10 Uhr und 9:30 Uhr Ortszeit auf Inlandsflügen entführt worden. Die Täter hatten zwei davon in die Türme des Word Trade Centers in New York City und eines in das Pentagon in Arlington gelenkt. Das vierte Flugzeug, das vermutlich ein Regierungsgebäude in Washington DC hätte treffen sollen, war während verzweifelter Kämpfe zwischen mutigen Passagieren und Attentätern bei Shanksville im Bundesstaat Pennsylvania abgestürzt. Die Anschläge hatten den Tod von über 3.000 Menschen verursacht und gelten im Westen als größter, terroristischer Massenmord aller Zeiten. Medial handelt es sich um den dramatischen Höhepunkt eines jahrtausendealten Skripts. Die Ereignisse aus dem Jahr 2001 waren schockierend. Die tiefe Trauer Betroffener und Rezipienten und ihre grenzenlose Wut gegen die Verursacher und deren Hintermänner gestatteten es den Vertreterinnen und Vertretern der westlichen Welt, in Kriege zu ziehen, in denen ebenso Tausende getötet wurden. Durch die mediale Berichterstattung über die Gräueltaten der Antagonisten wurden wir zu Protagonisten. Osama bin Laden, Al-Qaida und damit „der Islam" wurden unsere Feinde.

Trotz der Attentate in London und Madrid schwächte sich der „Agon"-Zustand in Europa nach und nach ab. Die Wirtschaftskrise, ihre Folgen und die damit verbundene unmittelbare Betroffenheit der Menschen fachten das „Mimikry"-Skript an. In Amerika blieben allerdings die mediale Konzentration und die Wahrnehmung der Bevölkerung auf Bedrohung von außen gerichtet. Der Feind lauerte überall. Der Gemüsehändler, die Trafikantin, Taxichauffeure. Jeder dunkelhäutige, orientalisch wirkende Mensch löste das Skript „Agon" aus. Die USA begannen 2001 den Afghanistankrieg mit dem Ziel, Osama bin Laden zu töten, was bekanntlich gelungen ist. Und sie zogen in den Krieg gegen den Irak, der den Sturz, die Verfolgung und schließlich die Hinrichtung Saddam Husseins mit sich brachte. Und den Tod tausender Zivilisten. Die Bilder gingen durch alle Medienredaktionen, und viele sahen sie mit Genugtuung. Als wäre dadurch der Gerechtigkeit Genüge getan worden.

Die Symbolkraft der Bilder des Einsturzes des World Trade Centers kennt keinen Vergleich. Sie stehen für die jederzeit aktivierbare Bereitschaft des Menschen, andere Menschen zu bekämpfen. Bis zur Wahl Barack Obamas war in den USA kein Tag ohne Feind-Berichterstattung vergangen. Die Ära George W. Bush bediente das Skript und bezog aus „Agon" den Großteil ihrer Daseinsberechtigung. Erst der Wahlkampf Barack Obamas 2008 brachte den „Change". Doch dazu später.

**Jedes Skript verlangt nach bestimmten Eigenschaften**

Erinnern Sie sich bitte noch einmal an die Lügen George W. Bushs zu den angeblichen Beweisen für Atombombenpläne Saddam Husseins und auch an die Lüge von Ex-Präsident

Clinton zu seiner Affäre mit Monica Lewinsky. Letztendlich ist es wenig verwunderlich, dass keiner der beiden nach ihrer Enttarnung zurücktreten musste. Denn die Lüge, die im Skript „Mimikry", also unter dem Brennglas von Tarnung und Täuschung, ausgesprochen wird, schlägt sich im Urteil der Öffentlichkeit und der Medien anders nieder als eine Lüge im Skript „Agon". Jedes Skript schafft seine eigenen Bedingungen für Sprecher und Sprecherinnen. Und es verlangt nach anderen Eigenschaften. Während im Zeitalter „Mimikry" Ehrlichkeit, Klarheit und Offenheit zur Grundbedingung für Vertrauen werden, stellt das Skript „Agon" Mut, Tapferkeit und Entschlossenheit weit voran.

Erfolgreiche Kommunikatoren erkennen das Skript der Zeit und des kulturellen Kontextes und stellen die geforderten Merkmale in öffentlichen Auftritten so oft und deutlich wie möglich vorne an. Das war der Fehler von Karl-Theodor zu Guttenberg und seiner Berater gewesen: *Diese Regel sträflich vernachlässigt zu haben.* Guttenberg hat gelogen, als Ehrlichkeit gefragt war. Er hat versucht, abzulenken und in seinem Kampf gegen „prätentiöse Wissenschafter" das Skript „Agon" zu bedienen. Ohne Erfolg, wie sich gezeigt hat. Denn zu jeder Zeit gibt es an einem bestimmten Ort aus einem bestimmten Grund *ein einziges dominantes Skript.* Das Thema Nummer 1, wenn Sie so möchten. Alle anderen Skripts werden zweitgereiht und hintangestellt. Im amerikanischen „Agon"-Zeitalter war die Lüge nicht so schwerwiegend wie Feigheit oder Unentschlossenheit. Im „Mimikry"-Zeitalter wiederum zählen Offenheit und Ehrlichkeit weit mehr als Kampfbereitschaft und Unerschrockenheit vor dem Herausforderer.

Für Guttenberg hätte sich aus diesem Prinzip dennoch eine gute Chance ergeben, in seinen Ämtern zu verbleiben. Wenn er nämlich nachvollziehbar aus seinem Fehler eine Lehre gezogen hätte, und wenn aus dieser Lehre eine Eigenschaft hervorgegangen wäre, die im „Mimikry"-

Zeitalter von höchster Bedeutung ist. Denn Verstöße gegen die erforderlichen Eigenschaften und Verhaltensweisen in einem führenden Skript sind keineswegs das Ende der Fahnenstange. Doch die Protagonistinnen oder Protagonisten müssen sich im Sinne der Anforderungen verändern. Sie müssen, ähnlich dem geläuterten Helden, eine Metamorphose durchlaufen. Etwas muss sich nachweislich verändert haben. Das Fehlverhalten muss eine Lehre fürs Leben nach sich ziehen, und diese Lehre muss für die breite Öffentlichkeit mit Hilfe der Massenmedien deutlich erkennbar werden. Wenn also Guttenberg nach dem Vorwurf des Plagiats nicht versucht hätte, die Medien zu benutzen und gegeneinander auszuspielen, indem er das Leitmedium für sich ins Feld schickte, wenn er nicht versucht hätte, mit „Agon" gegen das herrschende Skript zu arbeiten, sondern Ehrlichkeit und Offenheit demonstriert und damit zugegeben hätte, auf zu einfache Art und Weise zu seinem Doktortitel gekommen zu sein, und wenn er gleichzeitig Läuterung bewiesen hätte, wäre die Sache anders ausgegangen. Guttenberg wäre moralisch tragbar geblieben. Auch und gerade innerhalb des „Mimikry"-Zeitalters.

Im besten Fall hätte Guttenberg zuerst Ehrlichkeit vorne angestellt und in einem zweiten Schritt klar gemacht, dass er heute, also im Augenblick der erhobenen Vorwürfe, durch sein Amt, durch seine Verantwortung erst gelernt hat, wie wichtig aufrechtes und untadeliges Verhalten ist. Er müsste einen Strich gezogen haben zwischen dem „Guttenberg von damals" (vor diesem Zeitalter) und dem „Guttenberg von jetzt" (2012). Ein Held, der eine Metamorphose durchläuft, der für seine Aufgabe nachweislich dazulernt, ist tragbar. Ein fauler Ablenkungsversuch, also eine zusätzliche Täuschung im „Mimikry"-Zeitalter, war in seinem Fall ein zweifacher politischer Selbstmord.

# KAPITEL 7

# The Big Three – die drei großen Interview-Irrtümer

Das Beispiel Guttenberg zeigt deutlich: Veränderte Bedingungen schaffen veränderte Bedürfnisse, denen Speaker und Speakerinnen mit alten, herkömmlichen Strategien und Stilmitteln nicht gerecht werden können. „Mimikry" verlangt nach veränderten Protagonistinnen und Protagonisten. Die Lösungen aus Wirtschaft und Politik vergangener Tage sind gegenwärtig zum Problem geworden. Rhetorische, wiederkehrende Formeln und die Verwendung bekannter, glatter Phrasen dynamisieren Misstrauen und Vorbehalte des Publikums. Phrasen und Sprachregelungen klingen wie ein Blockbuster-Soundtrack zu „Lüge und Verschleierung".

Ein gekonnter, professioneller Auftritt nach herkömmlichem Muster reicht längst nicht mehr. Im Gegenteil. Je mehr Standardisiertes gezeigt wird, desto abgeneigter und ablehnender reagiert das Publikum. Ritualisierte Verhaltensweisen wiegen Menschen nicht mehr in Sicherheit, lullen sie nicht mehr ein. „More oft the same" schreckt auf und provoziert äußerste Vorsicht und Widerstand. Reaktionen in Blogs und auf Twitter zu Politikersprech und „Manager-Blabla" geben eine deutliche Antwort. Die Feedbacks im Netz reichen von „klischeehaftem Gewäsch" über „inhaltsleeres Gefasel" bis hin zu Anmerkungen, dass Botschaften ohnehin ausschließlich von Spindoktoren und -doktorinnen angefertigt werden, um abzulenken, zu verwirren oder hinters Licht zu führen. Der Druck auf Führungspersönlichkeiten, sich von altgedienten Regeln und Ritualen zu trennen, wächst. Inhaltliche Deutlichkeit, die Nachvollziehbarkeit der leitenden Motive und Individualität sind gefordert. Und die Bereitschaft, (zumindest) drei Irrtümer zu beseitigen.

## Erster Irrtum: Für den Erfolg genügt es, wenn ich mich auf das Ansehen meines Amtes verlasse

Am Rande einer ÖVP-Veranstaltung im Mai 2011 in Salzburg ließ der Chef der österreichischen Erste Bank, Andreas Treichl, mit einer Wutrede aufhorchen: „Unsere Politiker sind zu blöd, zu feig und zu unverständig! ... Es ist eine Frechheit, und die Politiker haben von Wirtschaft keine Ahnung, Österreich wird großen Schaden nehmen und hinter andere Länder zurückfallen!"

Der Vorwurf des Bankmanagers verursachte, wie Sie sich denken können, in den Tagen darauf einiges Rauschen im medialen Blätterwald. Treichls kurzer Wutausbruch hatte einen besonderen Hintergrund: Er richtete sich gegen die strengen Regeln der Kreditvergabe, die die Politik den Banken vorschrieb, und die, so Treichl weiter, es einer Bank zum Beispiel leichter machten, „einem hoch verschuldeten Staat wie Griechenland einen Kredit zu gewähren als einem inländischen mittelständischen Unternehmen, das eine gesunde Eigenkapitalquote" aufwies und darüber hinaus den Kredit dringend für das erfolgreiche Führen seines Geschäftes benötigte. Sein Statement hatte also einen aktuellen Anlass und war für Kenner der Branche nachvollziehbar. Das kommunikative Mittel sei dahingestellt, aber der Zorn an sich war plausibel.

Trotzdem war erstaunlich, wie viele Medienkonsumenten in Leserbriefen und Meinungsumfragen in den Tagen darauf dem Chef der Erste Bank beipflichteten. „Der Mann spricht uns aus der Seele", so der Grundtenor. Es war offensichtlich, dass Andreas Treichl mit seinem Auftritt ein Ventil geöffnet hatte, das bis dahin geschlossen gehalten werden konnte. Treichls Meinung war die Spitze des klassischen Eisbergs, dessen gewaltige Ausmaße zum überwiegenden Teil unter der Wasseroberfläche verborgen sind – und nun, durch seinen Kommentar ermutigt, an die Oberfläche drangen: „Politiker machen, was sie wollen. Sie reden nie Klartext. Es geht ihnen nur um Macht. Um ihre Lobbys und um ihre Seilschaften. Politiker sind entscheidungsschwach und unehrlich. Sie denken nur an sich selbst. Bestenfalls noch an ihre Partei. Sie haben keine ehrliche Meinung, sie schielen lediglich nach Umfragewerten. Kümmern sich nicht um die tatsächlichen Anliegen der Bürger. Sie sind verwechselbar, austauschbar, ahnungslos und eitel. Politikerinnen und Politikern von heute fehlt das Format ihrer Vorgänger. Es fehlt ihnen deren Courage, Entschlossenheit und Überzeugung."

Politiker-Bashing ist angesagt an den Stammtischen des „Mimikry"-Zeitalters, und das ist wenig verwunderlich, denn der Weg vom Vertrauensverlust zur Politikverdrossenheit, und damit zum Stänkern und Lästern hinter dem Rücken der Adressaten, ist kurz und schnurgerade. Politiker und Parteien sind Synonyme für Missstand, Unordnung und wirtschaftlichen Abschwung geworden. Wie die österreichische Journalistin und Autorin Eva Rossmann formulierte: „Politiker sind wie Tauben. Sie lassen sich füttern und scheißen uns auf den Kopf." Tatsächlich hat die Politik in den letzten Jahren massiv an Ansehen verloren, was Sie am Beispiel der österreichischen Innenpolitik leicht sehen können: Das in der Nachkriegszeit dominierende rote und schwarze Lager (SPÖ und ÖVP) zusammengenommen hat seit der Mitte der 1970er-Jahre bis heute über 40% seiner Wählerstimmen verloren. 1975 vereinigten diese beiden Lager noch 93,3% aller Stimmen, und damit fast alle Wahlberechtigten des Landes. Bei der Nationalratswahl im Herbst 2013 entfielen auf SPÖ und ÖVP gemeinsam gerade noch 50,81%!

Trotzdem: Alle Aussagen, die an den Stammtischen zur Verunglimpfung von Politikern ausgetauscht werden, sind selbstverständlich Klischees. Selbstverständlich sind Politikerinnen und Politiker an sich nicht unfähig, korrupt und eigennützig. Genauso, wie Quereinsteiger nicht immer unfehlbare Hoffnungsträger und ersehnte Alternativen darstellen. Auch das ist ein Klischee. Oder erinnern Sie sich an die Namen Michael Naumann, Paul Kirchhof oder Werner Marnette? Die drei Herren waren vor nicht allzu langer Zeit noch unbestrittene Stars der deutschen Innenpolitik. Aus politikfernen Berufen angeheuert, galten sie als „Refresher" und sollten der Politik ein vollkommen neues Bild und Ansehen verleihen. Doch aus verschiedenen Gründen verschwanden sie bereits nach kurzer Zeit wieder in der Versenkung. Aus „Wunderknaben" wurden schnell „wunde Knaben", schrieb der SPIEGEL.

Sowohl der „hoffnungsvolle Quereinsteiger", als auch der „ewig verdorbene Politiker" sind also unzulässige Verallgemeinerungen. Nicht umsonst hat der stellvertretende Chefredakteur der BILD-Zeitung, Nikolaus Blome, vor einigen Jahren ein Buch mit dem Titel „Faul, korrupt und machtbesessen? – Warum Politiker besser sind als ihr Ruf" veröffentlicht, in dem er systematisch mit den gängigen Vorurteilen aufräumte. Bloß: Wenn der Ruf der von Ihnen ausgeübten Funktion bzw. Ihr Amt in der Öffentlichkeit beschädigt ist, wenn der Berufsstand, den Sie ausüben, oder die Organisation, für die Sie arbeiten, ein Imageproblem hat, bringt Ihnen die Schützenhilfe durch Herrn Blome wenig. Da können Sie die Lara Croft der Politik oder der Dalai Lama des Managements sein – das Publikum wird Sie mit den schlechten Erlebnissen und Erfahrungen Ihrer

Funktion in Verbindung bringen und im Regelfall gleichsetzen, bevor Sie noch das erste Wort gesprochen haben. Denken Sie beispielsweise an das problematische Image der Pharmaindustrie. Die medial transportierten Vorwürfe lauten etwa wie folgt: „Die Branche fährt Rekordgewinne ein und trotzdem steigen die Preise der Medikamente, also bereichert sie sich auf Kosten der Patienten. Sie verschweigt Nebenwirkungen und beeinflusst Selbsthilfegruppen, Ärztinnen, wissenschaftliche Journale und Politiker mit finanziellen Gefälligkeiten." Diese Vorwürfe reichen bis in die 8oer- und 9oer-Jahre des vergangenen Jahrhunderts zurück, als niedergelassene Ärzte und Ärztinnen tatsächlich gemeinsam mit ihren Lebenspartnern auf Kosten der Pharmaindustrie zu Fachvorträgen in Luxus-Urlaubsressorts am Mittelmeer geladen wurden, anschließender Badeaufenthalt inbegriffen. In den USA wies zu dieser Zeit die Bilanz des Pharmakonzerns GlaxoSmithKline jährlich an die 400 Millionen Dollar an „zusätzlichen Belastungen" aus, die infolge von Ermittlungen wegen unerlaubter Vertriebsmethoden Eingang in die Buchhaltung gefunden hatten. Wenn dann, wie mit dem tödlichen Diabetes-Medikament „Mediator" des französischen Pharmakonzerns Servier, Unfälle mit Arzneimitteln dazukamen, war das Bild der Pharmaindustrie als „gieriges Monster, das sich auf Kosten unserer Gesundheit bereichert", perfekt. Bis heute geistern Headlines wie „In den Fängen der Pharma-Lobby", „Medikamente, die uns schaden" oder „Tödliche Pillen" durch die Medien, obwohl sich die Pharmaindustrie seit mehreren Jahren strengsten ethischen Codes und Transparenzregeln unterwirft. Gratisurlaube für Ärzte sind längst Geschichte – und dennoch ist das Bild der „Pharma-Riesen", der „Pharma-Mafia" noch lange nicht aus unserem kollektiven Gedächtnis verschwunden. Sollten Sie in der Kommunikation eines Pharmaunternehmens tätig sein, wissen Sie, dass die Negativ-Schlagzeilen Sie begleiten werden, auch wenn Ihr Unternehmen Spitzenleistungen abliefert und Sie großartige Arbeit leisten.

Dasselbe passiert im Augenblick in der Politik, dem Bankenwesen und in Unternehmen, die sich im weitesten Sinn mit Vermögensverwaltung und Geldanlage beschäftigen. Auch das gehobene Management in Wirtschaft und Industrie ist betroffen. Für Sprecher und Sprecherinnen von politischen Parteien, von Konzernen und mächtigen Organisationen gilt deshalb: Das Amt, die Funktion oder der Name der Organisation schützen die Person längst nicht mehr. Das Amt des deutschen Bundespräsidenten ist da ein gutes Beispiel: Nach Köhler und nach Wulff muss die Person Joachim Gauck versuchen, dem Amt die ursprüngliche Ladung an Verlässlichkeit, Würde und Respekt zurückzugeben. Die Person muss im „Mimikry"-Zeitalter etwas für das Ansehen, also das Image des Amtes tun, und nicht umgekehrt.

## Zweiter Irrtum: Für den Erfolg genügt es, recht zu haben

Vielleicht kennen Sie den Sketch „Bundestagsrede" des deutschen Humoristen Vicco von Bülow alias Loriot. Er spielt darin den Abgeordneten Karl-Heinz Stiegler, der im Bundestag eine Rede hält und vom Nachrichtensprecher „wegen seiner klaren und fairen Argumentation" als Zukunftshoffnung und Rettung des deutschen Parlamentarismus angekündigt wird. Stieglers Rede beginnt so: „Meine Damen und Herren, Politik im Sinne sozialer Verantwortung bedeutet, und davon sollte man ausgehen, das ist doch, ohne darum herumzureden, in Anbetracht der Situation, in der wir uns befinden. Ich kann meinen politischen Standpunkt in wenige Worte zusammenfassen. Erstens: das Selbstverständnis unter der Voraussetzung, zweitens: und das ist es, was wir unseren Wählern schuldig sind, und drittens: die konzentrierte Beinhaltung als Kernstück eines zukunftsweisenden Parteiprogramms."

Und weiter: „Wer hat denn, und das muss vor diesem hohen Hause einmal unmissverständlich ausgesprochen werden. (...) Wer war es denn, der seit 15 Jahren, und wir wollen einmal davon absehen, dass niemand behaupten kann, als hätte sich damals, so geht es doch nun wirklich nicht! (...) Meine Damen und Herren, wir wollen nicht vergessen, draußen im Lande, und damit möchte ich schließen. Ich glaube, Sie stimmen mit mir überein, wenn ich sage, letzten Endes, wer wollte das bestreiten! Ich danke Ihnen!" Dazwischen begeisterter Applaus der Parteifreunde sowie entrüstete Zwischenrufe der Parteigegner.

Schon in den 1970ern konnte jeder sich über Stehsätze, Worthülsen und leere Floskeln in der politischen Kommunikation lustig machen. Dies hat sich nicht verändert. Innenpolitische Journalisten und Journalistinnen, die von Berufs wegen täglich mit politischen Wort- und Satzschöpfungen zu tun haben, schreiben sich immer wieder einmal ihren Frust dazu von der Seele, wie zum Beispiel Thomas Golser, Politikredakteur der KLEINEN ZEITUNG, der in einer Kolumne Mitte 2012 seine persönlichen Floskel-Highlights zum Besten gab: „Wir sagen es in aller Klarheit: Am Ende des Tages sollten wir die Menschen abholen und unsere Hausaufgaben machen, auch wenn es uns nicht gelungen ist, unsere Inhalte richtig zu vermitteln ..." In aller Klarheit. Am Ende des Tages. Den Wähler abholen. Die Hausaufgaben machen. Die „nicht richtig vermittelten Inhalte" als Stehsatz nach verlorenen Wahlen. Oder auch: Wir machen Politik für die Menschen. Ich sage es ganz offen. Ich habe mit den Menschen gesprochen. Punkt X ist derzeit nicht nötig, oder: war ursprünglich gar nicht vorgesehen. Ich beteilige mich nicht an Zahlenspielen. Diese Frage ist derzeit nicht aktuell. Dasselbe finden wir in der Wirtschaft. Auf der Website eines deutschen Rhetorik-Anbieters finden sich dazu floskelhafte Versatzstücke eines fiktiven Mission Statements: „Wir sind ein innovatives Unternehmen, das die innerbetrieblichen Prozesse ganzheitlich betrachtet. Transparenz wird bei uns großgeschrieben. Wir suchen Kapazitäten, die sich als Teamplayer begreifen. Kompetente Persönlichkeiten, die dynamisch, flexibel und zielorientiert handeln und dabei Mehrwert schaffen. Synergieeffekte werden optimal genützt und Verschlankungs-Potenziale erkannt." Effizienz. Nachhaltigkeit. Proaktive Kommunikation. Commitment zu einem neuen, zukunftsorientierten Verhalten. Und so weiter.

Die Worte haben sich seit Loriots Zeiten kaum geändert. Doch etwas ist mit Sicherheit anders: Der bittere Ernst hat die Komik aus dem Feld geschlagen. Über Floskeln war in wirtschaftlich besseren Zeiten leicht zu spotten. Jetzt, nach 2008 wird das Publikum Jahr für Jahr zunehmend ungehalten, weil diese Sprache Vertrauen nicht (wieder)herstellen kann. Der – wenigstens kurzfristige – Erfolg der deutschen Piraten zum Beispiel ist wesentlich darauf zurückzuführen, dass ihre Vertreter alles tun, nur eben keine (politischen) Stehsätze verwenden. Markus Heidemanns, einer der Produzenten der Talk-Sendung „Markus Lanz", fand dafür die Definition: „Die Piraten verweigern nicht die Inhalte, sie verweigern das, was die anderen Politiker dafür halten." Günther Jauch schloss sich dieser Meinung an: „Die etablierten Politiker machen oft nicht mehr als unter der großen Flagge der Inhalte entweder das zu sagen, was die Leute zum Überdruss kennen, oder was sie ihnen nicht mehr abkaufen." Der Vertrauensverlust ist also nicht nur das Problem des Amtes oder des Status, den ein Sprecher in der Öffentlichkeit verkörpert – er ist auch ein Problem der Sprache, die er oder sie dabei verwendet.

Stehsätze und Floskeln erwecken beim Publikum nicht nur den Eindruck gedankenloser Anwendung, sondern oft auch, dass sie sehr bewusst und mit einem ganz bestimmten Hintergedanken ausgesprochen wurden. Der Sprecher, die Sprecherin gerät in Verdacht, hinter der Maske seiner oder ihrer Sprache anders zu denken und zu planen als gezeigt. Dazu gehören alle Aussagen, die in der medialen Kommunikation vorgefertigt platziert werden, ohne dass Sprecher dafür sorgen, dass sie wenigstens so klingen, als wären sie dem Anlass und der Frage des Journalisten entsprechend aus dem authentischen Denken und Fühlen geflossen. Der langjährige Bundessprecher und Klubobmann der österreichischen Grünen, Alexander Van der Bellen, ist ein seltenes Beispiel für jemanden, der Zeit seines politischen Lebens praktisch nie in den Geruch kam, Worthülsen oder Floskeln von sich zu geben. Anfang Juli 2012 wechselte er vom Nationalrat in den Wiener Landtag. In seiner Abschiedsrede im Parlament sprach er unter anderem auch die Problematik vorgefertigter Botschaften an:

„Mein erster Auftritt in der Sendung ZEIT IM BILD 2. Ich habe vergessen, worum es ging. Aber was ich nicht vergessen habe, ist, dass ich mir nachher von meinem Coach anhören durfte: ‚Warum haben Sie die Frage des Moderators nicht beantwortet?‘ Ich sage: ‚Was? Ich? Ich habe eine Frage nicht beantwortet?‘ – ‚Ja, schauen wir uns die Aufnahmen doch noch einmal an.‘ Und tatsächlich. Beim Analysieren dieser Situation ist mir dann aufgefallen oder konnte ich mir erklären, was passiert ist. Ich war so gedrillt – und ich würde fast vermuten, 170 andere Abgeordnete hier im Haus sind genauso gedrillt: Du kriegst die Chance, ins Fernsehen zu kommen. Dann heißt es sofort: Pass auf! Du bist in der ZEIT IM BILD 2 eingeladen. Effektive Redezeit vielleicht vier, fünf Minuten. Wir haben folgende fünf Botschaften zu platzieren. Erstens …, zweitens …, drittens …, viertens …, fünftens … Und dann fährst du auf den Küniglberg [*Adresse des ORF-Zentrums, Anm.*], sitzt im Taxi und denkst dir: Erste, zweite, dritte Botschaft, was zum Teufel war die vierte und fünfte Botschaft? Dann sitzt du dort, du kannst dir nicht einen Zettel hinlegen so wie hier im Parlament, du musst das ja irgendwie auswendig beherrschen. Und ich habe die Fragen einfach nicht mitbekommen. Ich habe nur mitbekommen: Jetzt bin ich dran. Jetzt muss ich die Botschaften runterspulen."

*Interessant wird es erst nach dem Ende des Interviews*

Das „Runterspulen der Botschaften" durch Politikerinnen und Kommunikatoren ist kein Zufall und hat natürlich eine Geschichte. Medien bieten Interessensvertretern nur wenig Raum, um sich selbst darzustellen oder Ideen und Ziele zu präsentieren. Oft sind es nur wenige Sekunden, in denen komplexe Themen vorgestellt werden sollen. Ein durchschnittliches Statement in Newssendungen liegt derzeit bei etwa 15 Sekunden. Durch den gleichzeitigen Anspruch der verantwortlichen Kommunikationsabteilungen und Berater im Hintergrund, die größtmögliche Verbreitung der Botschaften in dieser kurzen Zeit zu erreichen, griffen in der Öffentlichkeit Stehende zu Statement-Strukturen, die dabei halfen, in kürzester Zeit wirkungsvoll über Inhalte zu sprechen. Sie versuchten zu Beginn lediglich Akzente zu setzen, also die Passagen, die besonders wichtig waren, durch diese strukturgebenden, rhetorischen Gefäße hervorzuheben und zu verdichten. Somit bekam der Speaker, die Speakerin eine Hilfestellung mit ins Gespräch.

Wie in so vielen Bereichen wurde jedoch mit der Zeit die Lösung zum Problem. Die Medien räumten noch weniger Zeit ein. Die Kommunikationsverantwortlichen wollten noch mehr Botschaften hervorheben und verdichten. Und so bleiben mittlerweile der „sprechende Mensch" und seine Absicht zu erzählen hinter der zwingenden Struktur, also der Form, in der die Inhalte erzählt werden, durch Zeitknappheit und Verbreitungsabsichten zurück. Die Inhalte klingen mechanisch, künstlich, entpersonalisiert. Denn Textstrukturen und Wording-Schablonen ohne Rücksicht auf die natürliche Sprache des Redners oder der Rednerin, sprich: ohne Rücksicht auf die sogenannte „innere Grammatik" einer Person, führen zwangsläufig und ausnahmslos zur Industrialisierung der Sprache und zur Verwechselbarkeit der Personen. Aussagen werden zur stereotypen Ware von der Stange. Der Mensch selbst wird letztlich zur Sprechmaschine. Die Erzählung, der Inhalt verliert seine Seele.

Die Rede Alexander Van der Bellens im österreichischen Nationalrat ist ein wichtiger Hinweis darauf, dass diese Praxis nun akut ins Wanken gerät – weil die Berechnung, und damit der Eindruck der Maskenhaftigkeit, für das Publikum sicht- und spürbar ist. Auch Journalistinnen und Journalisten berichten aus der Erfahrung ihrer täglichen Arbeit immer wieder, dass das eigentlich Spannende an einem Interview nicht das Interview selbst ist, sondern das, was der Gesprächspartner *davor* oder *danach* sagt – wenn der Druck des Platzierens von Botschaften fehlt. Die ZDF-Journalistin Marietta Slomka, die 2012 den von der Gesellschaft für deutsche Sprache ausgelobten „Medienpreis für Sprachkultur" erhielt, kam in ihrer viel beachteten Preisrede auf diesen Tatbestand zu sprechen: „Warum ist es so, dass meine Kollegen in der Regie nach aufgezeichneten Politiker-Interviews oft sagen: ‚Weißt du, das Nachgespräch war das interessanteste. Schade, dass man das nicht senden kann.'?" Was Marietta Slomka hier ansprach, ist die sogenannte „Live-on-Tape"-Praxis der Nachrichtenübertragung: Wenn ein Interviewpartner aus Termingründen nicht zu einem Live-Interview im Studio erscheinen kann, wird das Interview zu einem früheren Zeitpunkt aufgezeichnet und dann, beispielsweise in den Abendnachrichten, ausgestrahlt. Das Interview sieht live aus, kommt aber in Wahrheit aus der Konserve. Nun brauchen nach dem Ende eines „Live-on-Tape"-Interviews die Kollegen und Kolleginnen in der Regie immer noch ein paar Minuten Zeit, um die technische Qualität der Aufzeichnung zu prüfen. Während der Kontrolle muss der Interviewpartner noch vor Ort bleiben, falls die eine oder andere Frage oder Antwort noch einmal aufgenommen werden muss. Während dieser Wartezeit wird allerdings in der Regel nicht geschwiegen. Schließlich haben beide Seiten großes Interesse aneinander: Der Journalist interessiert sich für den Politiker, weil dieser ihm vielleicht noch den einen oder anderen Inhalt für eine spätere Story liefern kann. Der Politiker interessiert sich für den Journalisten aus eben demselben Grund, nur eben aus seiner eigenen Perspektive. Daraus ergibt sich eine Situation, die von der großen medialen Aufmerksamkeit zwar abgetrennt, aber für Journalistinnen und Journalisten trotzdem spannend und anregend ist: Denn nach dem Aufnahmeende des Interviews, wenn keine „Show" mehr produziert werden muss, findet in den beteiligten Menschen eine Verwandlung statt. Marietta Slomka beschrieb diesen Vorgang in ihrer Preisrede so: „Bei diesen Nachgesprächen ist der Politiker plötzlich wieder Mensch. Redet völlig normal, der ganze Duktus, ja selbst die Körperhaltung ist wie ausgewechselt. Da geht es dann auch viel offenherziger zu – ohne dass dabei Geheimnisverrat begangen würde. Aber das ‚Wie' – das ist völlig anders. Diese Erfahrung habe ich im Laufe der letzten fünfzehn Jahre, die ich beim Fernsehen arbeite, immer wieder gemacht. Dass ‚die' hinter den Kulissen oft so ganz anders sind."

Ein anschauliches Beispiel dazu fand wenige Tage nach dieser Rede statt. Der ZDF-Journalist Claus Kleber interviewte den CSU-Vorsitzenden und bayrischen Minister-präsidenten Horst Seehofer. Aktueller Anlass war die vorge-zogene Landtagswahl in Nordrhein-Westfalen am 13. Mai 2012, bei der die CDU ihr historisch schlechtestes Ergebnis in diesem Bundesland eingefahren hatte. In den Tagen und Wochen danach stand deshalb auch die große Koalition in Berlin unter Druck – was natürlich auch für Seehofer von Bedeutung war. Dieser sprach in dem Interview über die Wahlniederlage, über deren Ursachen und die Konsequenzen, die sie seiner Meinung nach auf die Regierungsarbeit in Berlin haben müsse. Seine Botschaft: „Wir müssen besser werden. Ich bin nicht bereit, so einfach zur Tagesordnung überzugehen." Nach etwa fünf Minuten war das Interview beendet, die beiden Gesprächspartner bedankten sich beiei-nander, und die Regie machte sich an die Überprüfung des Materials. Doch diesmal war für die Seher und Seherinnen der „Heute"-Sendung des ZDF die Übertragung nicht zu Ende, denn die Regie schnitt nach dem Interview nicht wie üblich auf den Moderator zurück, sondern sendete weiter-hin den bayerischen Politiker, mit dem Claus Kleber jetzt die „angenehme Plauderei danach" begann:

„Na, das hat sich doch wieder gelohnt!"

„Ja, das war frisch", meinte Seehofer darauf.

„Frisch wie das Bild hinter Ihnen", gab Claus Kleber zu-rück.

„Ja, da ist ein langer Fluchtweg ...", sagte daraufhin Horst Seehofer ironisch.

„Aber er führt nicht nach Berlin!", antwortete Claus Kleber ebenso.

Und jetzt – begann Seehofer aus dem Nähkästchen zu plaudern und seine persönliche Meinung über die Nieder-lage des CDU-Kandidaten in NRW, Norbert Röttgen, zu schildern. Er schimpfte über den Umstand, dass Röttgen als Landesvorsitzender von NRW seinen Posten als Umweltminister nicht aufgegeben habe. Dadurch habe er der

Bevölkerung den Eindruck vermittelt, eigentlich gar nicht für sie da sein zu wollen. Seehofer war „wirklich" geworden. Wie im ganz normalen Leben – man könnte sehr passend sagen: „live" auf Sendung! Diese Augenblicke in der „Heute"-Sendung des 14. Mai 2012 zählen mittlerweile zur deutschen Fernsehgeschichte. Interessant dabei war, dass dieses Stück Mediengeschichte eigentlich gar nicht geschrieben hätte werden dürfen. Denn prinzipiell hätte das ZDF dieses Nachgespräch natürlich nicht senden dürfen – nicht ohne Zustimmung von Seehofer. Als dieser jedoch nach einigen Minuten von Claus Kleber aufmerksam gemacht wurde, dass der Nachspann des aufgezeichneten Schaltgesprächs auch auf Band und bestimmt noch interessanter sei als das eigentliche Interview, reagierte Seehofer spontan und meinte: „Sie können alles senden, was ich gesagt habe. Weil ich jetzt wirklich entschlossen bin, dass wir da etwas ändern. Wir werden es ändern!" Antwort von Claus Kleber: „Wir nehmen Sie beim Wort!"

Und so konnten die Fernsehzuschauer das gesamte Material sehen – und am Ende auch das verschmitzte Lächeln zweier Menschen, denen im Augenblick selbst bewusst wurde, dass hier per Zufall etwas Außergewöhnliches gelungen war, das für sie beide und somit auch für die Sendung zum Vorteil wurde. Der Interviewpartner hatte ein „Off-the-records"-Gespräch autorisiert, und das ZDF ließ sich nicht zweimal bitten. Für die Rezipienten ergab sich daraus die einmalige Gelegenheit, den von Marietta Slomka beschriebenen Sachverhalt auf Sendung zu überprüfen: Dass nämlich ein Interviewpartner bei Weitem spannender und attraktiver wirkt, wenn er frei von der Leber weg spricht, als wenn er vorgefertigte, floskelhafte Botschaften absondert.

*Journalisten auf der Suche nach der Person*

Dass Interviewpartner und -partnerinnen als greifbare Menschen hinter ihrem Amt und ihrer Amtssprache verschwinden, ist für Journalisten nicht neu. Aber es ist im „Mimikry"-Zeitalter viel wichtiger geworden, den Menschen aus dem Schein wieder zum Vorschein zu bringen. So sind in den letzten Monaten da und dort Informationsformate entstanden, die diese Mauern zwischen Interviewpartner und Publikum einreißen sollen. „Politiker sind auch nur Menschen" hieß zum Beispiel eine Serie, die im April 2013 im ZDF lief: Dabei ging die Moderatorin Katrin Bauerfeind Gassi mit Martin Lindner (FDP) und seinem Hund, gärtnerte mit Renate Künast von den Grünen in deren Gemüsegarten in Berlin-Kreuzberg oder spielte Tennis mit dem begeisterten Sportsmann Wolfgang Bosbach (CDU). Zeitgleich kochten die Parteiobleute der österreichischen Parlamentsparteien in einer Serie namens „Rezept für Österreich" im Privatsender PULS 4 ihre Lieblingsrezepte. Michael Spindelegger, ÖVP, entschied sich für Rinderfilet mit Bratkartoffeln, Heinz-Christian Strache, FPÖ, für Wiener Schnitzel (vom Schwein), die Grünen-Chefin Eva Glawischnig für Biospinat mit Spiegelei. Daneben wurde auch ein bisschen über Politik gesprochen.

Zur Zeit des Nationalratswahlkampfs 2013 reüssierte im ORF ein Format namens „Wahlfahrt". Der langjährige USA-Korrespondent Hanno Settele kutschierte in einem schwarzen Mercedes, Baujahr 78, die Parteiobleute der Parlamentsparteien jeweils einen ganzen Tag lang zu ihren Wahlkampf-Auftritten. Die Fahrgäste nahmen auf dem Beifahrersitz Platz, manche zu Beginn ein bisschen steif, zeigten im Verlauf der Fahrt dann aber Führerscheine mit ersten Passfotos, bekannten, als Kind mit den Eltern niemals im Urlaub gewesen zu sein, baten, den Mercedes auch mal fahren zu dürfen oder halfen Settele beim Tanken. Frank Stronach gab gemeinsam mit Settele und mit Inbrunst

„Are you lonesome tonight" zum Besten und reklamierte im Plauderton die Todesstrafe in sein Parteiprogramm – allerdings nur für „Berufskiller", wie er später klarstellte. Ziel der Sendung, so Hanno Settele in einem Interview mit der KLEINEN ZEITUNG, war es, herauszufinden, ob die Fahrgäste jeweils zu ihrem Image passten, „das die Partei und die Person sich selbst gibt. Spielt hier jemand die politische Rolle oder lebt er diese Rolle?"

Zurück zum Problem: Journalisten empfinden Gesprächspartner, die sich an Floskeln und Stehsätze halten, als „langweilig, mühsam, enervierend und zum Teil als uninterviewbar", auf Grund der fehlenden Beziehungsebene und der strikten Verweigerung, sich am Thema zu beteiligen. Und natürlich suchen sie nach Strategien, um diese starren Formen aufzubrechen und die Interviewpartner zu „knacken". Das heißt, Speaker und Speakerinnen auch zu unvorbereiteten Antworten zu bewegen, indem sie gnadenlos unterbrechen, auf die Antworten zu gestellten Fragen beharren oder die Luxusvariante wählen und sich bis ins kleinste Detail vorbereiten, um selbst die Darstellung der richtigen Sachverhalte zu übernehmen – so zum Beispiel das Motto von Andreas Koller, dem stellvertretenden Chefredakteur der SALZBURGER NACHRICHTEN. Oder sie machen es so, wie Hans Bürger vom ORF das gerne tut, und wechseln auf die Metaebene, um die Taktik des Phrasendreschers bloßzustellen. Die Phrasen und ihre Drescher werden sozusagen „geoutet" und für das Publikum sichtbar. In nachbearbeiteten Formaten, sogenannten geschnittenen Interviews, helfen sich die Medienvertreter, indem sie Stehsätze nachträglich aus dem Interview schneiden oder Interviews gleich gar nicht drucken. Nicht senden. Oder in vorausschauender Befürchtung überhaupt ablehnen oder auf Interviews verzichten. All das entspringt dem dahinter liegenden Bedürfnis der Journalisten und des Publikums, aufzuspüren, von welchem inneren Ort aus die Gesprächspartner antworten. Sie möchten erfahren, wer diese Person ist, was ihr wichtig ist, was sie zur Lösung aktueller Probleme beitragen will, welche persönliche Mission sie hat. Eine „echte" Antwort ist (im wahrsten Sinne des Wortes) gefragt. Nicht unbedingt eine richtige. Die Echtheit löst sowohl bei Journalistinnen, Journalisten als auch beim Publikum die größte Hebelwirkung im Sinne von Glaubwürdigkeit aus.

### Dritter Irrtum: Für den Erfolg genügt es, wenn ich das Leitmedium auf meiner Seite habe

Ein dritter Irrtum hat manche Speaker während der letzten Jahre in größte mediale Schwierigkeiten gebracht. Der Skandal um den ehemaligen Verteidigungsminister Guttenberg macht deutlich, wie dramatisch die Folgen sind, wenn der „One-to-Many"-Kommunikation mehr Wert und Bedeutung beigemessen wird als der „Many-to-Many"-Kommunikation. Also, im ersten Fall schreibt eine (in diesem Fall die BILD-Zeitung) und alle lesen, im Gegensatz zu dem weltweiten, sozialen Netz, wo jeder mit jedem und jede zu jeder spricht. Und wenn schon nicht alle mit allen kommunizieren, dann zumindest viele mit vielen. Im Fall Guttenberg läuft dieser fatale Irrtum in der Erinnerung fast lehrstückhaft ab. Wie ein Film vor dem geistigen Auge. Beinahe wie in Zeitlupe können Sie Sequenz für Sequenz nacherleben, wie die beiden Welten, sprich „Klassische Medien" versus „Soziale Medien" ihr Gewicht in die Waagschalen warfen. Und der Ausgang ist bekannt. Tag um Tag veränderten sich die Gewichtsverhältnisse. Nach 13 Tagen musste Guttenberg dabei zusehen, wie sich die Waagschale „Social Media" senkte und sein Rücktritt unvermeidbar wurde.

Der Skandal begann zunächst in medial klassischen Bahnen: Der Plagiatsverdacht wurde von der

SÜDDEUTSCHEN ZEITUNG aufgebracht. Und noch vor zehn Jahren hätte der Vorfall auch einen „klassischen Verlauf" genommen: Die Story wäre von Redaktion zu Redaktion gegangen, in allen Printmedien und Programmen, im wahren Sinn der Worte „rauf und runter" gespielt worden. Es hätte Artikel, Berichte, Kommentare gegeben. Pressekonferenzen, Konfrontationen, Live-Interviews, Phone In-Sendungen, Print-Spezialausgaben, Schwerpunkte in Magazinen, grelle Titelseiten und, und, und ... Die verschiedenen Blattlinien und Redaktionsziele hätten die Ereignisse auf unterschiedliche Art und Weise gezeigt und sie verschieden interpretiert und bewertet. Das politische Schicksal von Karl-Theodor zu Guttenberg hätte sich in den Redaktionskonferenzen entschieden – natürlich durch den daraus hervorgehenden Druck durch die Öffentlichkeit auf den Verteidigungsminister und seine Partei. Eine maßgebliche Rolle wäre dabei jedoch der Haltung und der Linie des nationalen Leitmediums zugekommen. Wie immer.

Doch diesmal lief es anders. Es ging Schlag auf Schlag. Am Tag des ersten Berichts der SÜDDEUTSCHEN ZEITUNG erschienen in verschiedenen Blogs Hinweise auf weitere zweifelhafte Textpassagen in Guttenbergs Doktorarbeit. Und schon am nächsten Tag gründete ein anonymer User unter dem Namen „PlagDoc" die Plattform „GuttenPlag Wiki" – mit dem Ziel, weitere Plagiat-Passagen in Guttenbergs Arbeit aufzudecken und zu dokumentieren. Jedermann konnte Arbeitskraft und Ideen in das Projekt einbringen. Alles wurde laufend dokumentiert und von fachkundigen „Mitarbeiterinnen" und „Mitarbeitern" überprüft, damit die Ergebnisse glaubwürdig blieben. Nach drei Tagen hatten die Teilnehmer etwa zwei Drittel des Textumfangs ausgewertet, insgesamt wurden über 1.200 Fragmente aus 135 Quellen aufgespürt. Selbst der SPIEGEL, als beste investigative Redaktion Deutschlands bekannt, schaffte im selben Zeitraum nur einen Bruchteil.

In den ersten fünf Tagen ihres Bestehens wurde die Seite über vier Millionen Mal aufgerufen. Und die Besucher der Website hatten die Möglichkeit, auf einen Schlag das volle Ausmaß des Plagiats und somit der Lüge und Blendung durch Guttenberg zu sehen. Der Vorgang wurde später von medienwissenschaftlichen Kommentatoren als „affektive Emanzipation des Publikums" bezeichnet. Das bedeutet: Das Internet setzte jeden interessierten Menschen dem „Schock der Entdeckung" aus. Jeder konnte sich mit eigenen Augen und aus erster Hand ein Bild der Situation machen, ohne auf Journalisten und Journalistinnen als Überbringer und Interpreten der Nachricht angewiesen zu sein. So schlug die Stimmung gegen den „Angeklagten" binnen kürzester Zeit um, was in Folge dazu führte, dass nicht einmal Angela Merkel ihn halten konnte.

Der erzwungene, unabwendbare Rücktritt Guttenbergs gründet aber nicht ausschließlich in der Tatsache, dass er seinen Doktortitel zu Unrecht trug, sondern er Seite an Seite mit dem Leitmedium BILD die Leistungen der Wissenschaft und somit aller Akademiker zu schmälern begann. Er war gekränkt und suchte Heil und letzten Halt bei der BILD im Herabwürdigen akademischer Leistungen. Der Gipfel dieser Strategie wird uns in der BILD-Schlagzeile „Scheiß auf den Doktor" lange in Erinnerung bleiben. Im Grunde hatte Guttenberg in dieser Krisensituation allerdings nichts anderes gemacht, als eine ähnliche Taktik anzuwenden wie wenige Jahre zuvor sein amerikanischer Kollege Bill Clinton. Doch was für den einen noch tadellos funktioniert hatte – nämlich auf die Unterstützung eines Leitmediums zu bauen, möglichst lange zu leugnen, die Zweifler anzuzweifeln und das Problem letztendlich auszusitzen, funktionierte bei Guttenberg längst nicht mehr.

„GuttenPlag Wiki" wurde 2011 mit dem „Grimme-Online-Award" ausgezeichnet. In der Begründung heißt es, das Projekt mache deutlich, „welche Möglichkeiten das

Web generell für gemeinsames Arbeiten bietet". Darüber hinaus bot die Idee aber auch ein Modell für erfolgreichen Widerstand. Der Fall Guttenberg zeigt, dass sich die „Neuen Medien" wie Facebook, You Tube, oder Twitter in den letzten Jahren nicht nur zu einer ernsthaften Konkurrenz für TV, Radio und Printmedien entwickelt haben, sondern auch darauf zurückwirken, worüber und wie in den „Klassischen Medien" berichtet wird. Noch vor wenigen Jahren konnte es durchaus gelingen, eine Lüge, einen Betrug oder einen Gesetzesbruch unter Verschluss zu halten. Es war ebenso möglich, dass eine Nachricht sich „versendet", wie es im Fachjargon heißt. Versenden bedeutet, dass eine Nachricht nicht die Aufmerksamkeit erhält, die ihrer eigentlichen Bedeutung für die Öffentlichkeit entspricht, und dass sie in der Folge von Medienmachern aus den Augen verloren wird. Sie verläuft sich und ist zu einem späteren Zeitpunkt nicht mehr attraktiv genug. Die Gleichzeitigkeit von aufsehenerregenden Storys spielt dabei eine wichtige Rolle. Die Salamitaktik, also nur Stück für Stück mit der Wahrheit rauszurücken, baut darauf auf. Denn eine neue Nachricht könnte „dazwischen"kommen, die noch spannender und dramatischer wäre als der „alte" Skandal, und ihn somit aus dem Fokus der Medien nehmen. Und ein aufgewärmter Skandal ist weitaus nicht mehr so dramatisch wie ein aktueller. Wäre also während der Plagiatsaffäre in Deutschland ein Atomreaktorunfall passiert (Gott bewahre), hätte die Arbeit der Mitarbeiter von „GuttenPlag Wiki" nicht jene Aufmerksamkeit erhalten, die für den Ausgang des Skandals notwendig war.

*Horst Köhler und die „Skandalisierung von unten"*

Ein Mensch mit Führungsverantwortung muss heute davon ausgehen, dass sich Fehltritte, welcher Art auch immer, auf

Dauer nicht geheim halten lassen. Die Lust und die Notwendigkeit des Demaskierens im „Mimikry"-Zeitalter hat ein mächtiges Instrument erhalten, das Web 2.0. Was auch immer wo auch immer passiert, im Büro nebenan oder am entferntesten Punkt der Welt: Im Besitz eines Smartphones, eines Laptops und eines Netzzugangs kann jeder und jede recherchieren, entdecken und publizieren. Als im Juni 2009 im Iran Wahlen abgehalten wurden und das Regime von Mahmud Ahmadinejad die ausländischen Journalisten unter Hausarrest stellte, waren vor allem Twitter-Nachrichten für die Protestbewegung die einzige (und effektive) Möglichkeit, der Welt mitzuteilen, was im Land gerade geschah. Die italienische Redaktion der Zeitschrift WIRED schlug in Folge das Internet für den Friedensnobelpreis vor, und der iranische Protest des Jahres 2009 trägt seither den Beinamen „Twitter-Revolution".

Die „Neuen Medien" bringen selbst diktatorische Potentaten in Bedrängnis, wie spätestens mit dem „Arabischen Frühling" klar wurde. Und auch in den westlichen Demokratien kommen durch die „Neuen Medien" nicht bloß Politikerinnen und Politiker zu Fall, sondern werden auch Initiativen gestoppt, Personen und Ideen angegriffen, neue Produkte abgewürgt, noch bevor sie auf den Markt kommen. Erinnern Sie sich an den 31. Mai 2010, als der damalige deutsche Bundespräsident Horst Köhler, für das deutsche Publikum völlig unerwartet, nach nur einem Jahr Amtszeit seinen Rücktritt bekanntgab. Kaum jemand verstand zu diesem Zeitpunkt, was ihn zu diesem Schritt motivierte – bis die Hintergründe ans Licht kamen.

Horst Köhler hatte zehn Tage davor auf dem Rückflug von einem Afghanistan-Besuch dem Deutschlandradio ein Interview gegeben und darin (etwas verkürzt) Folgendes gesagt: „... Im Notfall ist auch militärischer Einsatz notwendig, um unsere Interessen zu wahren, zum Beispiel freie Handelswege ... um regionale Instabilitäten zu verhindern, (...) und um bei uns durch Handel Arbeitsplätze und Einkommen zu sichern." Wir schreiben Freitag, den 21. Mai. Am Wochenende wird das Interview im Berliner DEUTSCHLANDRADIO KULTUR gesendet und gleichzeitig von der Online-Redaktion ins Netz gestellt – allerdings ohne das oben genannte Zitat. Vermutlich „aus Nachlässigkeit der Redakteure", wie der Sender später zu Protokoll gibt. Das bewusste Zitat von Horst Köhler war also zu diesem Zeitpunkt nur im Radio zu hören gewesen, und weil es zeitgleich eine Reihe anderer medial interessanter Themen gab – so zum Beispiel den Rücktritt des hessischen Ministerpräsidenten Roland Koch am 25. Mai –, wäre es wohl damit auf immer verschwunden („versendet") gewesen, hätte nicht am Wochenende der Blogger Stefan Graunke die Audio-Version im Radio mit der Online-Version des Beitrags verglichen. Graunkes Verdacht war, dass dieses Interview zensuriert worden war, und zwar auf Grund der eigentlichen Brisanz und der möglichen Auswirkungen der Aussage Köhlers. Denn streng genommen war diese verfassungswidrig, weil Köhler sich damit für den Einsatz deutscher Soldaten für Handelskriege aussprach. Zunächst ging es in den Diskussionen der Blogger ausschließlich um Zensur und Manipulationsverdacht durch Mainstream-Medien. Bis der Student Jonas Schaible per Twitter in Online-Redaktionen verschiedener deutscher Zeitungen anfragte, warum diese denn so gar nicht über die Aussagen Köhlers berichteten. ZEIT ONLINE griff den Hinweis auf, ebenso die FRANKFURTER RUNDSCHAU und zuletzt SPIEGEL ONLINE, wo am 27. Mai der Artikel „Köhler entfacht neue Kriegsdebatte" erschien. Dies war der Startschuss für eine Flut von Berichten und Kommentaren, die dem Bundespräsidenten Verfassungsbruch und „Kanonenbootpolitik" vorwarfen. Als dann auch die Opposition auf das Thema aufsprang und der SPIEGEL Horst Köhler mit dem ehemaligen Bundespräsidenten Heinrich Lübke verglich, der 1962 bei einem Besuch in Liberia seine Gastgeber mit „Meine sehr geehrten Damen und Herren, liebe Neger ..." begrüßt haben soll, wurde Köhler der Druck der Medien und nicht zuletzt der Umgang mit seiner Person zu viel. Er reichte den Rücktritt ein.

Was Medienkonsumenten hier beobachten konnten, war eine sogenannte „Skandalisierung von unten". Auf Initiative von Privatpersonen fand eine Nachricht mit Hilfe der „Neuen Medien" Eingang in die „Klassischen Medien" und erzeugte damit jenen Druck, der den Protagonisten schließlich zum Rücktritt zwang. Als ZDF-Anchorman Claus Kleber zusammenfassend über die Vorgänge berichtete, korrigierte er auch seine eigene Meinung zu den sozialen Netzwerken. Während er noch 2009 in einer Moderation die Plattform Twitter als „Programm für harmloses Geplapper im Internet" bezeichnet hatte, sagte er nach dem Rücktritt des Bundespräsidenten: „Nie wieder wird man Twitter, Facebook und Co für Spielzeug halten."

Führungskräfte der Gegenwart, die keine „Digital Natives" sind – denen also Facebook & Co nicht in die Wiege gelegt wurden – sollten ihr Bild der Medienlandschaft, die Bedeutung und die Machtverhältnisse, die damit verbunden sind, überdenken. Sie sollten bedenken, dass die Wege einer Nachricht sehr kurz geworden sind. In vielen Unternehmen sind aus diesem Grund Smartphones in Sitzungen, Meetings und Konferenzen mittlerweile verboten. Die Gefahr, dass beim Verlassen des Meetings bereits Journalisten und Medienmacherinnen auf sie warten, ist zu groß geworden.

„Klassische" und „Neue Medien" arbeiten in der Recherche, Aufbereitung und Veröffentlichung von Nachrichten vermehrt zusammen. Für die Vertreter der „Klassischen Medien" sind die User der „Neuen Medien" als Quellen und Informanten nicht mehr wegzudenken. Damit multiplizieren sich aber die Energien, und die Geschwindigkeit nimmt rasant zu. Objektivität und Ausgewogenheit bleiben dabei zwangsläufig in vielen Fällen außen vor. Wer hier Meinung macht, und wer hier mehr Macht hat, ist eine mühsame und rein intellektuelle Diskussion. Fakt ist: Das Leitmedium ist nicht mehr.

KAPITEL 8

# Die unmoralische Wahrheit
# und die ehrenhafte Lüge

„Die Wahrheit ist manchmal nicht gut genug. Manchmal
verdienen die Menschen mehr", lässt Batman in „The Dark
Knight" 2008 die Zuseher wissen. Wenn die Sehnsucht des
Publikums nach der Wahrheit während der letzten Jahre so
drängend geworden ist: Was wäre, konsequent zu Ende gedacht, die Lösung? Müsste es nicht die simple Konsequenz
sein, medial und öffentlich einfach nur noch die Wahrheit zu
sagen, „die reine Wahrheit, nichts als die Wahrheit, so wahr
Ihnen Gott helfe"? Offen? Geradlinig? Ungeschminkt?

Stellen Sie sich dieses Szenario vor: Für jedes Ihrer
Interviews rufen Sie sich den Zeugeneid ins Gedächtnis
und machen ihn zum alleinigen Maßstab Ihrer Antworten.
Sie sagen nichts anderes als die reine Wahrheit. Und nicht
nur Sie allein halten sich daran. Alle tun das. Ab jetzt. Was
würde passieren? Was für eine Welt wäre das? Filme wie die
US-amerikanische Komödie „The Invention of Lying", auf
Deutsch „Lügen macht erfinderisch", von Ricky Gervais oder
„Der Dummschwätzer" mit Jim Carrey, der auf Grund eines
Geburtstagswunschs seines kleinen Sohns für 24 Stunden nur
noch die Wahrheit sagen kann (und nichts als die Wahrheit),
spielen mit diesem Gedankenexperiment. Während Jim
Carrey als Dummschwätzer nicht mehr fähig ist zu lügen,

beschreibt Regisseur Ricky Gervais in „The Invention of Lying", vereinfacht gesagt, eine lügenfreie Parallelwelt.

Sehen wir uns kurz an, was dabei herauskommt: Die Geschichte beginnt mit einem Date; der erfolglose, dickliche Drehbuchautor Mark Bellison und die junge hübsche Anna sind zum Essen verabredet: „Es ist mir peinlich, hier zu arbeiten", sagt der Kellner, der an den Tisch kommt, um die Bestellung aufzunehmen. Und, zu Anna gewandt: „Sie sehen sehr hübsch aus. Das macht es noch schlimmer." Das Telefon läutet. Anna hebt ab. „Verzeihung, meine Mom. Sie will sicher nur wissen, wie das Date läuft. Dauert nicht lange. Hallo? – Ja, er sitzt mir gegenüber. Nein, er sieht nicht besonders gut aus. Er verdient anscheinend auch nicht besonders gut. Aber egal, er wirkt nett. Ein bisschen dick. Nein, ich werde heute nicht mit ihm schlafen … nein, vermutlich auch kein Kuss …"

Als Mark am Abend, allein im Zimmer, den Fernseher anstellt, läuft ein Werbespot für Coca-Cola. Sie sehen einen jungen Mann in korrekter Businesskleidung. Neben ihm eine makellose, weiße, halbhohe Stele, auf der ein Glas und eine Dose Coke stehen, alles vor einem ebenso makellos weißen Hintergrund: „Hallo, ich bin Bob. Ich bin der Pressesprecher von Coca-Cola. … Im Grunde ist es braunes Zuckerwasser. Wir haben an den Zutaten nichts geändert, darüber kann ich Ihnen also nichts Neues erzählen. … Wir haben allerdings die Dose neu gestaltet. Wie Sie sehen, sind die Farben leicht verändert und wir haben ein Eisbären-Motiv, das gefällt den Kindern. Unser Coke beinhaltet sehr viel Zucker und kann, wie jede kalorienhaltige Limonade, zu Fettleibigkeit bei Kindern und Erwachsenen führen. Das ist Coke. Ich bin Bob."

Natürlich sind diese Szenen überzeichnet, doch sie zeigen deutlich, wie oft wir im täglichen Leben die Wahrheit unausgesprochen lassen und uns gezwungen fühlen, zu lügen. Ob wir nun das aufwendige Abendessen eines Freundes loben, obwohl wir Lamm nicht mögen und auch Reis nicht leiden können. Ob wir die neue Frisur einer Freundin bewundern, obwohl wir sie schrecklich finden und die „alte" weit vorteilhafter empfanden. Ob wir drei Jahre frustrierender wie erfolgloser Jobsuche im Lebenslauf als „Zeit der kreativen Neuorientierung" bezeichnen. Wir lügen, als wäre es das Selbstverständlichste der Welt. Selbst unser „Danke, gut", wenn wir gefragt werden, wie es uns geht, würde einem Realitätscheck nur selten standhalten. Schon 1970 bewies der amerikanische Psychologe John Frazer mit einer Studie, die Alltagsgespräche analysierte, dass Menschen einander hochgerechnet etwa 200 Mal pro Tag belügen. Ausnahmen bilden lediglich Kleinkinder, solange ihr Bewusstsein und die damit verbundenen kommunikativen Fertigkeiten im sozialen und emotionalen Miteinander noch nicht ausgereift sind. Diese Faktoren, das Bewusstsein und die Fähigkeit, soziales Miteinander wahrnehmen und steuern zu können, sind die Grundlage fürs Lügen. Der Lügenforscher Peter Stiegnitz behauptet: „Die größte Lüge besteht in der Illusion, ein Leben ohne Lüge führen zu können." Eine sozial erfolgreiche Interaktion braucht die Lüge. Sie ist ein fester Bestandteil gelungener Beziehungen und leistet einen wertvollen Beitrag zum Gelingen unseres Berufs- und Privatlebens. Und sie sichert in vielen Fällen unseren gesellschaftlichen Frieden. Denn die Wahrheit ist in manchen Situationen nur schwer zu ertragen und in seltenen Fällen unerträglich. Die Wahrheit zu sagen, so absurd das klingen mag, ist in vielen Situationen unverantwortlich. In manchen Fällen bloß taktlos.

Die absolute, ungetrübte Maxime „Die Wahrheit, und nichts als die Wahrheit" ist also für öffentliche Auftritte keine gute Idee. Und natürlich ist auch die notorische Lüge gegenüber Medienvertretern kein empfehlenswertes Rezept. Sollten Sie im Gedanken gerade auf der Suche nach einem Ausweg aus diesem moralischen Dilemma sein und dabei auf „nicht die ganze Wahrheit sagen" als goldene Mitte stoßen, empfehle ich Ihnen weiterzulesen, denn sowohl die berühmte Halbwahrheit als auch das Verschweigen von wichtigen Details sind keine probaten Lösungen, die sich als Kompromiss eignen und zum ratsamen Standard erklären lassen. Gerade diese Unschärfen im Umgang mit der Wahrheit führen zu nachhaltiger Verunsicherung des Publikums gegenüber Speakerinnen und Speakern. Sie erzeugen wachsende Zweifel am Charakter des Gegenübers und gelten als „feige", „unehrenhafte" Maßnahmen, um Schwierigkeiten zu vermeiden oder leichter ans Ziel zu kommen. Eine saftige Lüge braucht mitunter eine Portion Mut und die Wahrheit im Regelfall auch, während die Halbwahrheit und das Verschweigen von Details ein bewusstes, taktisches Vorgehen impliziert. Ein professionelles Täuschungsmanöver, das äußerst schwer zu erkennen ist. Als würde man vor dem Gesicht eine Maske tragen, die aussieht wie ein Gesicht.

### Die versteckten Motive – the „Hidden Agenda"

Halbwahrheiten, unklare und vage Aussagen sind in vielen Situationen mit der überfordernden Aufgabe für Frontmänner und -frauen verbunden, es allen recht machen zu wollen. In vielen Fällen sind sie das Produkt einer so genannten „Hidden Agenda", also das Produkt von versteckten Botschaften und Motiven hinter dem Gesagten, wenn Speaker nicht für sich selbst sprechen dürfen, sondern beispielsweise als Interessensvertreter verschiedener Lobbys mit zum Teil unterschiedlichen Positionen, Haltungen und Meinungen sprechen müssen.

Gewachsene, große Parteien mit langer Regierungszeit sind äußerst „Hidden Agenda"-anfällig. Zwei gute Beispiele in Österreich sind Parteien wie die Sozialdemokraten (SPÖ) und die Volkspartei (ÖVP). Wenn Sie als Pressesprecherin oder -sprecher im Wahlkampf eine mit allen in der Partei verankerten Gruppen akkordierte Aussage machen, muss die Wahrheit und die Echtheit Pause machen. Wobei es mir, auch als Insider, das eine oder andere Mal Bewunderung abringt, wie es Parteisprecher dennoch schaffen, die Anliegen der Wirtschaftskammer, der Landwirtschaftskammer, der Industriellenvereinigung, des Wirtschaftsbundes, der bekennenden Katholiken, der Gewerkschaft des öffentlichen Dienstes, des Bauernbunds, der Klein- und Mittelbetriebe unter einen Hut zu bringen, ohne zu weinen.

Wenn Sie als Führungskraft in einer Situation sind, in der Sie viele, zum Teil widerstrebende Interessen vertreten, versuchen Sie besser gar nicht, „echt" zu wirken, geschweige denn, „echt" zu sein. Denn hier kann ausschließlich ein Punkt geholt werden, wenn Sie keinen Zweifel daran lassen, rein professionell zu agieren. In diesem Fall soll das Publikum ruhig merken, dass Sie Profi sind und eine Funktion erfüllen. Tun Sie keinesfalls so, als würden Sie sich den Text von der Seele sprechen. Versuchen Sie keinesfalls, notwendiges Partei- oder Konzern-„Wischi-Waschi" als Klartext zu verkaufen. Es ist eine gefährliche Sache, wenn Ihr Publikum hinterher merken muss, dass keiner Ihrer Inhalte von Substanz war. Dass es über den Tisch gezogen wurde. Dass Sie dem Publikum etwas vorgemacht haben. Wenn Sie jedoch den Speaker oder die Speakerin zeigen, also die Profession in den Vordergrund bringen, sind Sie „ehrlich" im Umgang mit Ihrem Publikum. Indem Sie Ihre Funktion, „Ich, Speaker", deutlich machen, ist Ihre „Hidden Agenda" transparent, wenn auch nicht im Detail bekannt.

Ein kleines Experiment zum Nachfühlen: Stellen Sie sich vor, Sie stehen vor Ihrer gesammelten Familie. Alle sind da. Eltern, Onkeln, Tanten, Kinder, Ehepartner, Cousins, Cousinen, Oma und Opa sind gekommen – aus niederösterreichischen Kleinstädten, südburgenländischen Dörfern und aus Wien. Dazu haben Sie private Freunde und Freundinnen aus verschiedenen Lebensphasen eingeladen, und ein paar Arbeitskollegen. Sie halten eine kurze Rede. Ihr Thema: Die Rolle der Frau in der Familie. Und nun versuchen Sie, es allen Anwesenden recht zu machen. Richtig recht. Niemanden zu beleidigen, zu kränken oder zu verärgern. Sodass es am Ende Ihres Impulsreferats allen gleich gut geht. Oma, Ihrem Vater, der besten Freundin – und Ihnen selbst. Sie sehen: Die Sache mit der Wahrheit, der Halbwahrheit, den versteckten Motiven und dem Taktgefühl beim Lügen ist also nicht einfach. Gerade wenn die Wahrheit die Ordnung und den Frieden stören und eine Lüge die Ordnung aufrechterhalten kann.

Ein interessantes Beispiel liefert hier der Film „The Dark Knight", einer der finanziell erfolgreichsten Filme Hollywoods, der im Juli 2008 – also noch vor dem Ausbruch der Finanzkrise – Premiere feierte. Seit dem Erscheinen des ersten Comics von Bob Kane in den 1930er-Jahren gilt „Batman" als westlicher Mythos im Kampf des „Guten" (Batman) gegen das „Böse" (Joker). Der Film ist somit eine Gelegenheit für die Kinobesucher, die eigenen Wertvorstellungen in exemplarischer Art und Weise zu überprüfen. Nicht ohne Spaß am Showdown versteht sich. In Gut-und-Böse-Mythen sollen wir am Ende damit einverstanden sein, wie sich die Guten verhalten, um die soziale Ordnung gegen das Böse zu verteidigen. Wir sollen ebenso eindeutig verurteilen, wie die Bösen denken und handeln, um diese Ordnung zu zerstören. Und wir sollen einen inneren Monolog darüber führen, mit welchen Mitteln wir, die Guten, ein System verteidigen dürfen, ohne unsere hohen moralischen Ansprüche zu verletzen.

Nun sollten wir erwarten dürfen, dass in diesem Gut-versus-Böse-Blockbuster der Güteklasse 1 die Guten anständig sind und stets die Wahrheit sagen und die Bösen lügen, dass es uns die Schamröte ins Gesicht treibt. Doch in dieser Geschichte sind die Rollen vertauscht. Die Guten lügen wie gedruckt. Der Böse hingegen sagt die Wahrheit (und nichts als die Wahrheit). Also: Der Böse ist schon böse – aber er zeigt trotz Maske sein wahres Gesicht. Er ist pur, ehrlich und zuverlässig. Alles, was Joker sagt, hat Hand und Fuß, und was er verspricht, das hält er auch. Er droht mit dem Tod der Richterin, und die Richterin stirbt. Er droht mit dem Tod des Bürgermeisters, und der Bürgermeister stirbt. Er kündigt die Sprengung des Krankenhauses an, und das Krankenhaus fliegt in die Luft. Andererseits täuscht Commissioner Gordon, der einzige rechtschaffene Polizist in der von Grund auf verkommenen Stadt, im Kampf gegen den Joker seinen Tod vor und nimmt dabei in Kauf, dass seine Familie in tiefe Trauer und Depression fällt. Als Staatsanwalt Harvey Dent, den alle den „weißen Ritter von Gotham" nennen, vom Joker entführt wird, verschweigen Gordon und Batman dies der Öffentlichkeit. Und nachdem klar geworden ist, dass eben dieser Dent zu den Bösen übergelaufen ist, wird er von Batman getötet – ein unrühmliches Ende für einen, der einst ein großer Hoffnungsträger von Gotham City war. Doch Gordon tritt vor die Presse und gibt der Stadt ihren Helden zurück: Er betrauert den Tod „eines großartigen Menschen, der unter tragischen Umständen im Kampf gegen das Böse sein Ende gefunden hat".

Die Guten lügen. Die Bösen halten es mit der Wahrheit. Am Ende der Geschichte zieht Batman ein interessantes Fazit: „Die Wahrheit ist manchmal nicht gut genug. Manchmal verdienen die Menschen mehr."

### Wehe dem, der die Wahrheit sagt: der Fall Dijsselbloem

Was meint Batman mit diesem Satz? Dass die Wahrheit nicht immer nur gut ist, und dass Lügen manchmal sogar geboten scheint? – Das wissen wir bereits, denn die Welt in „The Dark Knight" ist keineswegs verdreht. Wir erkennen uns in dieser Geschichte deutlich wieder. Wir haben unsere Aufgabe, gut von böse zu unterscheiden, erfüllt, und wir hatten keine Schwierigkeiten, die guten Lügen von den bösen Wahrheiten zu unterscheiden.

Was ist also dieses Mehr, das die Menschen angeblich verdienen? Denken Sie in diesem Zusammenhang bitte noch einmal an das berühmte Statement von Angela Merkel zurück. Die beinahe schon historische Garantie der Bundesregierung, die Spareinlagen der Deutschen zu sichern. Das war eine glatte Lüge. Aber die Alternative zur glatten Lüge wäre die Wahrheit gewesen – und die wäre zum damaligen Zeitpunkt unzumutbar gewesen, unprofessionell und verantwortungslos. Als zwei Jahre später, zum zweiten Jahrestag der Lehman-Pleite, im September 2010, Peer Steinbrück in der ARD bei Reinhold Beckmann auftrat, wurde Bilanz gezogen: über den Zustand der deutschen Staatsfinanzen im Speziellen und der deutschen Bundesrepublik im Allgemeinen, über Steinbrücks Amtszeit als Finanzminister, und über den Zustand der Welt zwei Jahre nach dem Ausbruch der Finanzkrise. Ein Beitrag zeigte Peer Steinbrück mit einem Statement vor dem deutschen Bundestag aus dem Jahr 2008: „Die USA, meine Damen und Herren, und darauf lege ich gesteigerten Wert, sind der Ursprung der Krise, und sie sind der Schwerpunkt der Krise. Es ist nicht Europa, und es ist nicht die Bundesrepublik Deutschland." Auch das war im Grunde eine glatte Lüge, denn die Liberalisierung und Deregulierung der Finanzmärkte, ein wesentlicher „Baustein" der Krise, waren in Wahrheit von den deutschen Finanzministern im letzten Jahrzehnt mit dem gleichen Eifer betrieben worden wie von ihren amerikanischen Amtskollegen. Und es hält sich hartnäckig das Gerücht, dass sich die Hypo Real Estate-Bank, die damals der aktuelle

Anlass der Sorgen gewesen war und mit einem dreistelligen Milliardenbetrag aus dem Steuertopf hatte gerettet werden müssen, tatsächlich schon lange vor dem Ausbruch der Krise in ernsthaften Turbulenzen befand. Diese Vorgehensweise, Lügen zur moralischen Stärkung einzusetzen, war guter Stoff, um zu diskutieren und zu hinterfragen. Die falschen Aussagen der Kanzlerin und ihres Finanzministers Steinbrück waren legitime Mittel, gemessen an der Situation und den möglichen Konsequenzen für die Deutschen. Peer Steinbrück selbst bezeichnete seine Aktion Reinhold Beckmann gegenüber als einen „Ritt auf der Rasierklinge, aber notwendig". Die deutsche Bundesbank hatte die Bundesregierung bereits darüber informiert, dass Bürgerinnen und Bürger in Folge der Lehman-Pleite verstärkt ihr Geld vom Bankomaten holten. „Nichts stand mir mehr vor Augen", so Peer Steinbrück, „als das Bild von Menschenschlangen vor einer deutschen Bankfiliale. Und das vor dem Hintergrund der traumatischen Entwicklungen des 20. Jahrhunderts, wo viele Menschen ihr gesamtes Vermögen verloren haben." Das Damoklesschwert der Wirtschaftskrise der 30er-Jahre hing über diesen Worten. Nach dem berühmten „Schwarzen Donnerstag" am 24. Oktober 1929 hatten die Regierungen den Menschen die Wahrheit gesagt. – Es brach Panik unter den Anlegern aus. Der Rest ist Geschichte.

Moralphilosophen mochten zweifeln, doch Historikerinnen und Historiker stellen Angela Merkel und Peer Steinbrück ein gutes Zeugnis aus: Heute wissen wir, dass es in der Situation des 5. Oktober für Angela Merkel und Peer Steinbrück die beste Lösung war, zu beschwichtigen und die Wahrheit hintanzustellen. Mit ihrer Lüge konnten die beiden einen Bank Run verhindern und ein äußerst wichtiges Kapital sichern: das Vertrauen der Bevölkerung in ihre Führungskompetenz. Peer Steinbrück ist übrigens noch im selben Jahr mit dem „Politikaward 2008" ausgezeichnet worden. Dieser Preis ehrt laut Begründung der Jury

„den Politiker oder die Politikerin, die in den vergangenen zwölf Monaten durch ihre Kommunikation am meisten Aufmerksamkeit erlangt und Bürger überzeugt hat".

Als die Euro-Gruppe im März 2013 dem bankrotten Inselstaat Zypern finanziell unter die Arme greifen musste, konnten Beobachter in Europa einen ersten direkten Vergleich ziehen. Der erste Entwurf des Rettungspakets sah vor, dass die zypriotische Regierung einen nicht unbeträchtlichen Eigenanteil an den Hilfskrediten (ca. 5 Milliarden Euro) aus den Einlagen der Sparer und Sparerinnen lukrieren sollte, und das auch bei einem Sparbetrag unter 100.000 Euro. Das zypriotische Parlament lehnte aus nahe liegenden Gründen ab – aber der Flurschaden war bereits angerichtet, denn von nun an fürchteten Bankkunden in ganz Europa, dass dieses Beispiel Schule machen und ihr verdientes und beiseitegelegtes Geld vor dem Zugriff der Regierungen nicht mehr sicher sein könnte. Das Vertrauen des Publikums war beschädigt. Und ein Bank Run fand in Zypern bloß deshalb nicht statt, weil die zypriotische Regierung in der besonders heißen Phase die Banken schloss.

So weit, so besorgniserregend. Am Abend des 15. März 2013 jedoch goss der Chef der Euro-Gruppe, Jeroen Dijsselbloem, noch einmal Öl ins Feuer. Nachdem die schwierigen Verhandlungen zwischen den Euro-Staaten und der zypriotischen Regierung abgeschlossen waren, gab er Journalisten der FINANCIAL TIMES ein Interview. Darin stellte er klar, dass die Sanierung maroder Banken von nun an in betroffenen Ländern nach dem Vorbild Zyperns ablaufen würde. Im Notfall würden nicht mehr wie bisher alle Steuerzahlerinnen und -zahler, sondern die Kunden für die Pleite einer Bank aufkommen. Das Interview gipfelte in dem Satz: "Seid euch im Klaren darüber: Wenn Banken in Probleme geraten, kommen wir nicht automatisch, um sie zu lösen." Ein Aufschrei ging durch die Medien Europas. Die Börsen gaben am darauffolgenden Montag kräftig nach (der Euro Stoxx zum Beispiel um vier Prozent), Zinsen auf Anleihen von südeuropäischen Staaten schnellten in die Höhe. In Italien begannen schlaue Köpfe nachzurechnen, wie viele Millionen Euro die Äußerungen des Euro-Gruppen-Chefs die italienischen Steuerzahler kosten würden. Spanische Zeitungen schrieben von Fiasko und Desaster. Das Magazin FORMAT nannte Dijsselbloem den „Eyjafjallajökull der Eurozone". (Sie erinnern sich an den isländischen Vulkan, der 2010 einen großen Teil des europäischen Flugverkehrs lahmlegte.) Der SPIEGEL sprach von einem Fehlstart für den erst vor Kurzem ins Amt eingesetzten Holländer. Der Begriff „Dijsselbloem-Schock" war geboren.

Aber sachlich betrachtet hatte Jeroen Dijsselbloem schlicht die Wahrheit gesagt. Finanzexperten und -expertinnen waren zu diesem Zeitpunkt tatsächlich der Ansicht, dass Sparer, die in den Jahren davor an den hohen Zinsen der zypriotischen Banken gut verdient hatten, einen Teil dieser Erträge als Rettungsbeitrag abliefern sollten. Was im Grunde nicht völlig absurd klingt. Trotzdem kommentierte der Reuters-Blogger Felix Salmon das Interview von Dijsselbloem so: „Ein Fauxpas ist, wenn ein Politiker *aus Versehen* die Wahrheit sagt. Aber wie nennt man das, wenn ein Politiker *absichtlich* die Wahrheit sagt?" Salmon sprach damit eine grundlegende Tatsache an: Wahrheit ist grundsätzlich gut, aber nicht immer geboten. In der verantwortungsvollen Kommunikation mit der Öffentlichkeit geht es nicht um wahr oder falsch, sondern um die *Folgen, die Worte beim Publikum auslösen.* In den Tagen des März 2013 konnten nicht nur Regierungen und Banken, sondern auch wirtschaftstreibende Organisationen hautnah miterleben, dass ihr wichtigstes Kapital nicht Geld, sondern das Vertrauen ihres Publikums ist. Der deutsche Bundespräsident Joachim Gauck zog diesen Schluss in einem Interview zu dem Statement Merkels zur deutschen Bankgarantie: „Die deutsche Bevölkerung hat durchgeatmet und daran geglaubt, ... eine Bevölkerung hat Vertrauen entwickelt, weil sie es konnte."

Trotz der etwas verwirrenden Situation – dass Dinge wie Welle und Teilchen gleichzeitig das eine und das andere sein können, dass die Wahrheit sowohl großartig wie auch verwerflich sein kann und einer Lüge sowohl Verschlagenheit als auch Verantwortungsbewusstsein zu Grunde liegen können – gibt es einen verbindlichen Ausweg. Denn hinter der Sehnsucht der Rezipienten nach der Wahrheit steckt der Wunsch, Vertrauen zu haben oder entwickeln zu dürfen. In erster Linie in die *guten Absichten* der handelnden Personen. Es spielt am Ende keine Rolle, ob Sie lügen oder die Wahrheit sagen. Entscheiden Sie sich für eine hohe Qualität in Bezug auf Ihr Motiv, auf die Absicht Ihrer Lüge, wenn Sie lügen. Und halten Sie es ebenso mit der Wahrheit.

Ihr Beweggrund zählt stärker als der Inhalt, weil Ihr inneres Motiv Sie deutlicher zeigt. Ihre eigentliche Absicht, das, was Sie antreibt, macht Sie für das Publikum leichter „durchschaubar". Außerdem werden Sie im Falle des Falles brillant lügen, wenn Ihnen Ihre Motive klar sind und Sie dazu stehen können. Das könnte Batman mit seinem Satz „Manchmal verdienen die Menschen mehr" gemeint haben.

## 9. KAPITEL

# Es kann nicht so bleiben, wie es war

Als am 25. Februar 2013 in Italien die Parlamentswahlen geschlagen waren, hatte sich die politische Landschaft vollkommen gewandelt. Mario Monti, der etwas mehr als ein Jahr das Land an der Spitze einer Expertenregierung gelenkt hatte, war nicht gewählt worden. Und auch die beiden arrivierten politischen Kräfte Italiens, die Bündnisse der linken sowie der rechten Parteien, hatten massive Verluste erlitten. Gleichsam aus dem Stand heraus hatte das erstmals angetretene „MoVimento 5 Stelle" des wortgewaltigen „Volkstribunen" Beppe Grillo über 25 Prozent der Stimmen auf sich vereinigt und war damit, nach Anzahl der Stimmen, zur stärksten Einzelpartei Italiens aufgestiegen. Hinter dem Links- und dem Rechtsbündnis war sie mit einem Schlag die drittstärkste Gruppierung im Parlament, in Sizilien sind die „Grillini" überhaupt die stärkste politische Kraft. Und das, obwohl Grillos Bewegung bei Weitem nicht dieselbe Unterstützung durch die italienischen Medien genoss wie beispielsweise Silvio Berlusconi, der als Miteigentümer der Sendergruppe „Mediaset" über drei Fernsehsender, eine Tageszeitung und einen Buchverlag verfügt. Grillos Partei gilt buchstäblich als „Bewegung aus dem Nichts". Und so standen die politischen Kommentatoren vor der Aufgabe, dessen kometenhaften Aufstieg zu erklären.

Wenn nichts mehr bleiben soll, wie es ist, wenn alte politische und rhetorische Gewohnheiten zum Nachteil geraten, dann ist das andere gefragt. Dann ziehen Individualisten einen Vorteil aus dem „Mimikry"-Zeitalter. Sehen wir uns nun drei Protagonisten an, die diese neuen Bedingungen mit ihren medialen Auftritten – zumindest kurzfristig – optimal für sich nutzen konnten. Dass sie die anfänglich in sie gesetzten Erwartungen letztendlich nicht erfüllen konnten, tut für unser Thema nichts zur Sache und soll uns deshalb nicht stören, da wir aus ihren Auftritten gültige Rückschlüsse für gelungene Kommunikation im Skript „Mimikry" ziehen können.

### Der Volkstribun – Beppe Grillo, Italien

Woher hat also Beppe Grillo ganz unglaubliche Popularität bezogen? Fakt ist: Grillo war der Öffentlichkeit schon seit den 1980er-Jahren als Schauspieler und Komiker bekannt gewesen. In Latzhose und Ringelpullover trat er in seiner eigenen TV-Show auf – die italienische, clowneske Version eines Harald Schmidt. Bis seine Auftritte immer satirischere und politischere Züge annahmen: Ein direkter Angriff auf die damals regierende Sozialistische Partei PSI schmeckte den Verantwortlichen nicht und Grillo wurde ab dem Jahr 1986 vom öffentlich rechtlichen Fernsehen boykottiert. Über die nächsten zwei Jahrzehnte blieb er seinem Publikum dennoch durch Live-Auftritte erhalten. Als Komiker füllte er Arenen mit jeweils mehreren tausend Zusehern. Schätzungen sprechen davon, dass er in dieser Zeit vor insgesamt etwa 20 Millionen Menschen spielte.

2005 schlug seine Stunde als Autor. Grillo gründete ein Blog (www.beppegrillo.it), in dem er seinen beißenden Spott auf Politiker und die Politik in schriftlicher Form fortsetzte. Silvio Berlusconi nannte er in Anlehnung an den berühmten Mafiaboss einen „Al Tappone" („Al, der Maulstopfer"), Italien verglich er mit einem Kamel („kein Wasser in den Höckern, aber viel Wüste vor sich") und die deutsche Regierung flehte er an, doch bitte in Italien einzumarschieren, damit das italienische Chaos, die Korruption in der Politik und die exorbitante Staatsverschuldung von 1.600 Milliarden Euro endlich ein Ende nehmen und geordnete „deutsche" Verhältnisse Einzug halten könnten. „Wir ergeben uns gern. Wir bezahlen gut. Und ihr bekommt auch keine italienischen Staatsanleihen – das schwöre ich", schrieb Beppe Grillo und erstellte in seinem Blog eine Liste aller Abgeordneten, die trotz einer Verurteilung in letzter Instanz durch ein ordentliches Gericht unbehelligt im italienischen Parlament saßen.

Grillo trägt seither den Beinamen „der Mann, dem das Lachen verging". Die Liste der verurteilten Parlamentarier umfasst bis zum heutigen Tag über 100 Namen, wobei die Anzahl der „onorevole deputati" (der „ehrenwerten Abgeordneten", wie sie in der italienischen Amtssprache heißen) insgesamt nur etwas mehr als das Sechsfache, nämlich 630, beträgt. Grillos Stil zog die Leser magnetisch an, und „beppegrillo.it" ist mit seinen etwa 160.000 täglichen Zugriffen bis heute das meistgelesene Blog Italiens. Laut Weblog-Suchmaschine Technorati gehörte es immer wieder zu den zehn am häufigsten besuchten Blogs weltweit. Das TIME MAGAZINE wählte Beppe Grillo im Jahr 2005 zum „European Hero", neben anderen europäischen „Superhelden" wie Herbert Grönemeyer, Placido Domingo und dem Fußballer Thierry Henry.

Und Grillo trieb die Opposition weiter voran. Im September 2007, und dann noch einmal einige Monate später, im April 2008, rief er seine Mitbürger zum „Vaffanculo Day" auf. „Vaffanculo" wird vom „Pons"-Lexikon atmosphärisch mit „Leck mich am Arsch!" übersetzt, von Italienern aber auch mit Wendungen wie „Fick dich!" oder „Verpiss dich!" assoziiert. Dieses Maß an Heftigkeit, Derbheit und Respektlosigkeit war neu. „Beppe Grillo ist wie ein Schrei: Ich habe genug!", kommentierte der Kolumnist Giuseppe Severgnini im CORRIERE DELLA SERA. Grillo schrie – und die Massen kamen: Mehrere 100.000 Menschen besuchten auf der Bologneser Piazza Maggiore und in verschiedenen anderen italienischen Städten die beiden Aktionstage und unterzeichneten dabei mehrere Volksbegehren, die verlangten, dass vorbestraften Politikern das Mandat entzogen werden sollte. Insgesamt unterschrieben mehr als eine Million Menschen. Grillo sprach von einem „Woodstock der Anständigen gegen die Parteien, das Krebsgeschwür der Demokratie".

In ganz Italien entstanden in den Monaten darauf sogenannte „Meet-Up-Gruppen", politische Oppositionszellen, die von lokalen Vertretern organisiert und von Beppe Grillo zertifiziert waren. Es gab nur drei Vorbedingungen für die Gründung einer derartigen Gruppe: Die Mitglieder durften nicht vorbestraft sein. Sie sollten ihren Hauptwohnsitz im Ort des Wirkens der Gruppe haben. Und sie durften nicht bei einer anderen Partei registriert sein. Welche Aktionen sie starten und welche politischen Meinungen sie vertreten wollten, entschieden die Gruppen vor Ort. Und während die „Grillini" bei den italienischen Wahlen 2008 nur auf kommunaler Ebene antraten und dabei trotz vollkommenen medialen Boykotts einige Achtungserfolge erzielten – der Bürgermeister der Stadt Parma ist seit damals ein „Grillino" –, lösten sie bei den Parlamentswahlen fünf Jahre später jene mittlerweile als „Grillo-Revolution" bezeichnete Lawine aus, die politischen Gegnern und Kommentatoren seither viel Kopfzerbrechen bereitet.

Nun könnten Sie einwenden, dass die prekäre wirtschaftliche Situation Italiens es einem gewieften Oppositionellen leicht machte, die Unzufriedenen, die Enttäuschten, die sogenannten „Verlierer des Systems" einzufangen. Wenden wir uns deshalb dem Fels der europäischen Krisen-Brandung zu: Schauen wir nach Deutschland.


## Der Pirat – Johannes Ponader, Deutschland

Anfang Mai 2012 bekamen die Zuseher der ARD TV-Talkshow von Günther Jauch nach der Landtagswahl in Schleswig-Holstein unter dem Sendungstitel „Wahlschlacht, die Erste – Piraten entern, Liberale im Aufwind" eine politische Diskussion der besonderen Art zu sehen, die das Motto „einer gegen alle" nicht nur inhaltlich lebendig machte. Professionellen wie medien-geübten Politikern wie Klaus Wowereit, Renate Künast und Gregor Gysi saß einer gegenüber, der nicht so recht in das Gesamtbild des Studios passen wollte: Johannes Ponader, wenige Tage davor zum Geschäftsführer der Piratenpartei Deutschlands bestellt, absolvierte den ersten größeren medialen Auftritt in seiner neuen Funktion.

Er betrat das Studio in abgerissenen Jeans und schlabbernder Strickweste. Die nackten Füße notdürftig in Jesus-Schlapfen gehüllt, fläzte er sich lässig in den ihm zugewiesenen Fauteuil und vermittelte das Bild eines Menschen, den die Diskussion seiner Gesprächspartner im Grunde wenig anging. Er holte ein Smartphone aus der Hosentasche, loggte sich in seinen Twitter-Account ein und verkündete, die Diskussion sei „auf Twitter schon ganz gut abgegangen". Nicht er allein sei der Ansprechpartner in dieser Veranstaltung, sondern auch alle Parteifreunde und Sympathisanten im World Wide Web, die ihrem Chef über den Kurznachrichten-Dienst live Stichworte lieferten und ihn mit zusätzlichen Informationen versorgten. Ein „Lümmel-Auftritt", kommentierte tags darauf die BILD-Zeitung.

Auch das kurze Portrait, in dem Ponader zu Beginn der Diskussionssendung den Fernsehzusehern vorgestellt worden war, unterschied sich in einigen Punkten von herkömmlichen Politiker-Biografien: Ehemaliger Musterschüler an einem Gymnasium in Bayreuth, Abitur-Notendurchschnitt eins Komma null, Begabtenstipendium, mehrere begonnene Studien, kein Abschluss. Beherrschung des Handstands. Auf Ponaders Visitenkarte steht „freiberuflicher Theaterpädagoge, Schauspieler und Regisseur", er selbst nennt sich „Gesellschaftskünstler". Ein Hartz IV-Bezieher, der mit der Occupy-Bewegung in seiner Wahlheimat Berlin auf die Straße geht, und, wie er selbst es ausdrückt, „polyamant lebt", mit der herkömmlichen Zweierbeziehung also nichts am Hut hat. Ansonsten gilt Ponader als Verfechter des „bedingungslosen Grundeinkommens", nach dem jedem Menschen von Gesetzes wegen eine finanzielle Zuwendung zusteht, ohne dass er oder sie dafür eine Gegenleistung erbringen muss.

Die Diskussion, die sich bei Günther Jauch zwischen den Spitzenpolitikern der deutschen Parteien entspann, kommentierte die FAZ tags darauf mit der Aufforderung, den Mitschnitt der Sendung dringend aufzubewahren, er würde in ferner Zukunft einmal ein wichtiges Dokument der Zeitgeschichte sein. In ein paar Jahren könne man darüber lachen – die Frage sei nur: über wen? Über Herrn Ponader und die Piraten? Oder doch eher über die anderen? In der Tat: Die Talkshow erzählte den Zusehern durch die Art und Weise, wie die Vertreter der arrivierten Parteien auf den „Outlaw" reagierten, weit mehr als durch ihre inhaltliche Statements.

Eine kurze chronologische Zusammenfassung: Die Piraten hatten in Schleswig-Holstein gerade über 8 % der Stimmen erreicht und waren mit sechs Sitzen in den Landtag gezogen. Johannes Ponader war also der erste Ansprechpartner des Moderators. Und trotz relativer medialer Unerfahrenheit präsentierte er sein Thema sicher: Die Partei werde wesentlich anwachsen, inhaltlich werde man sich einarbeiten. „In den Bundestag werden wir auf jeden Fall einziehen, da kann ich gar nichts daran ändern. Weil die Menschen so 'ne Art von Politik, wie wir sie machen, dort sehen wollen." Die anderen sollten sich warm anziehen, Punkt.

Jauch fragte nach Inhalten der Piratenpartei. Die gebe es natürlich, sagte Ponader, verwies auf das umfängliche Wahlprogramm in Nordrhein-Westfalen und fügte hinzu: „Wir sind nur sehr vorsichtig, Meinungen rauszupulvern, wo wir nicht die Basis befragt haben." Bei den arrivierten Parteien seien „quasi oligarchische Verhältnisse" zu beobachten, „wo ein Führungsteam die Partei im Griff hat", während es den Piraten mehr um Basisdemokratie gehe. Die Regierungsfähigkeit der Piraten? – Ponader verwies auf die Zukunft. In zwei oder drei Jahren werde die Partei ganz anders aufgestellt sein.

Seine Gesprächspartner reagierten in gewohnteren Bahnen. Renate Künast, Grüne, machte die Sendung selbst zum Thema: „Damit bin ich jetzt eigentlich durch. Ich frage mich, was wir hier eigentlich diskutieren?", und „ihre Mundwinkel erreichten dabei einen rekordverdächtigen Tiefstand" (Zitat FAZ). Christian Lindner, FDP, monierte, der „Welpenschutz für die junge Partei" müsse endlich aufhören – ein hinlänglich bekannter Sager, der von den politischen Gegnern gegenüber der Piratenpartei zu diesem Zeitpunkt bereits wiederholt vorgebracht worden war. Norbert Röttgen, CDU, stellte das Tagesgeschehen in einen historischen Kontext, indem er den Erfolg der Piraten damit erklärte, dass sich „Parteienlandschaften und klassische politische Lager mehr und mehr auflösen". Klaus Wowereit, SPD, wies darauf hin, die Piraten hätten in Kiel viel weniger Stimmen erreicht, als prophezeit worden war: „Je erfolgreicher sie werden, desto mehr müssen sie sich messen lassen. Da kommt dann auch eine gewisse Entzauberung."

In der Folge wurde ausführlich über die Frage diskutiert, warum Norbert Röttgen als Umweltminister bei der Landtagswahl in NRW antrat, ohne sich eindeutig für seinen Arbeits-Mittelpunkt zu entscheiden. Was würde er im Fall einer Wahlniederlage tun? In Berlin bleiben? Oder als Oppositionsführer nach Düsseldorf gehen? Röttgen wich der Frage aus und wurde der Intransparenz beschuldigt. Wowereit und Gysi lachten. Weitere Themenschwerpunkte bildeten die klammen Haushalte der öffentlichen Hand (Röttgen und Lindner stellten fest, dass die rot-grüne Regierung an der Budgetmisere von NRW schuld sei), die Steuerpolitik der Bundesregierung (von Künast kritisiert), die Finanztransaktionssteuer (von Gysi gefordert) sowie die kampflose Aufgabe des Arbeitgebers Schlecker (für die Wowereit die FDP verantwortlich machte und ihr Klientelpolitik vorwarf). Teile der Sendung waren für die Rezipienten an den Fernsehschirmen schwer zu verstehen, weil die Diskussionsteilnehmer mehr und mehr durcheinander redeten. Und Ponader? – War während dieser Gesprächsphasen still geblieben. Schließlich verlangte Jauch von dem Piraten: „Schluss mit Ihrem buddhistischen Lächeln." Ponader lächelte weiter und hielt fest, er sehe einen „prügelnden Polit-Haufen" vor sich. Natürlich müsse man einen Standpunkt haben. Aber man müsse deshalb ja einem anderen nicht immer erklären, „wie blöd er ist".

Der von Johannes Ponader prophezeite Zulauf zur deutschen Piraten-Partei fand in den Tagen und Wochen nach der Sendung tatsächlich statt. Die Zahl seiner eigenen Twitter-Follower verdoppelte sich noch am selben Abend auf rund 6000. Bei den Landtagswahlen in Nordrhein-Westfalen, die ein paar Tage später stattfanden, waren die Piraten mit plus 6,3 Prozent der Stimmen die haushohen Wahlsieger und schafften den Einzug in den Landtag.

Dies vor allem auf Kosten von Norbert Röttgen, der als CDU-Spitzenkandidat erdrutschartige Verluste einfuhr und in Folge von Angela Merkel als Umweltminister entlassen wurde – in der Geschichte der Bundesrepublik Deutschland überhaupt erst die zweite Entlassung eines Bundesministers. Und Günther Jauch zollte Respekt: „Es ist schon interessant, wie das Auftreten der Piraten die Deutungshoheit und Kompetenz der anderen Parteien ins Wanken bringt. Die bloße Anwesenheit eines Piraten bringt ihre Vertreter dazu vorzuführen, warum sie so viel an Glaubwürdigkeit verloren haben."

„Wir sind die Speerspitze eines Paradigmenwechsels!", hatte Ponader in jener Rede vor seinen Parteifreunden gesagt, mit der er sich um den Geschäftsführerposten bewarb, „Wir sind die Avantgarde einer gesellschaftlichen Veränderung, die die etablierten Parteien gerade erst anfangen zu erahnen. Wir arbeiten daran, Antworten zu formulieren, zu denen viele andere noch nicht einmal die Frage verstehen." Dahinter steckt unausgesprochen ein Leitsatz, der Sympathisanten und Wähler anlockt wie das Licht die Motten. Es lautet: „Wir machen alles anders."

So unterschiedlich sich also Beppe Grillo und Johannes Ponader dem Publikum als Menschen und Politiker darstellen, und ungesehen der Tatsache, dass ihr politischer Erfolg nach einiger Zeit stockte oder auch endete – gemeinsam ist ihnen, dass beide auf dem Weg zu ihren beschriebenen politischen Erfolgen die hergebrachten und bis dahin unangefochtenen Regeln der medialen Kommunikation verweigerten, sowohl in ihrer Form als auch im Ton. Aber wir wollen hier noch einen Schritt weitergehen und einen Mann ins Visier nehmen, der auf andere Art in dieselbe Kerbe geschlagen und das politische Interview in Österreich im Vorfeld der Nationalratswahl im September 2013 um eine neue Spielart bereichert hat.

# Der Selfmade-Milliardär – Frank Stronach, Österreich

ORF-Sehern, die sich via ZEIT IM BILD 2 über das Tagesgeschehen informieren, wird der 29. November 2012 in Erinnerung geblieben sein. An diesem Tag war Frank Stronach, der über 80-jährige Multimilliardär und Magna-Gründer zum Live-Interview bei Armin Wolf ins Studio geladen. Und die entsprechenden Internetforen der Folgetage zeigten, dass die Fernsehzuseher aus dem Staunen nicht herauskamen. Auch die Kommentatoren des Ereignisses blieben uneinig, wie sie benennen sollten, was sie gesehen hatten. Absurdes Theater? Kabarett? „Falscher Film"? Kommunikatives Freistilringen? – Als Interview war das „Gespräch" zwischen den beiden „ausgeprägten Charakteren" jedenfalls nur insofern erkennbar, als immer wieder der eine und dann auch wieder der andere der beiden das Wort an sich riss. Das Interview dauerte mit 13 Minuten weit länger, als das Sendungskonzept es vorsieht, und stand mehrmals kurz vor dem Abbruch. Das Wochenmagazin FORMAT überlegte in Folge, ob diese Überziehung „sinnlose Vergeudung von Sendezeit" oder „beste Fernsehunterhaltung" bedeutete. Ein Beitrag zur österreichischen Fernsehgeschichte war es zweifellos.

Als Hintergrund: Der Unternehmer und Milliardär Frank Stronach hatte seine Partei „Team Stronach" in Österreich offiziell Ende September 2012 der Öffentlichkeit präsentiert. Im November waren Vorwürfe aufgetaucht, die von Stronach gegründete Firma Magna International, ein Autozulieferungs-Unternehmen, habe von Gegengeschäften profitiert, die im Zusammenhang mit dem Kauf von 18 Kampfflugzeugen des Typs „Eurofighter" durch die österreichische Bundesregierung zustande gekommen waren. Der Kauf war bereits 2002 unter der Regierung Wolfgang Schüssel getätigt worden. Seit Jahren herrscht in Österreich der Verdacht, beim Abschluss des Vertrags seien Schmiergelder geflossen und unregelmäßige Gegengeschäfte getätigt worden, damit der Produzent der „Eurofighter", der Luft- und Raumfahrtkonzern EADS, den Vorzug vor anderen, konkurrierenden Anbietern bekam. Einer Vermutung zufolge hatte auch die Firma Magna über Briefkastenfirmen und mithilfe von Scheinverträgen aus dem Eurofighter-Geschäft Provisions- und Schmiergeldzahlungen kassiert.

Zu Beginn des ZEIT IM BILD 2-Interviews stellte Moderator Armin Wolf seinem Studiogast Frank Stronach also die Eröffnungsfrage: „Hat die Firma Magna im Zusammenhang mit der Eurofighter-Beschaffung irgendwelche Gegengeschäfte gemacht?" Die Fernsehzuschauer sahen daraufhin hinter dem Newsdesk einen Interviewpartner, der „aufgezogen wie ein Duracellhäschen" (so der Kommentar einer Twitter-Userin) in seinen Startlöchern scharrte. Anstatt die Frage zu beantworten, kündigte Stronach an, seine Aussagen, die er schon einige Jahre zuvor im Untersuchungsausschuss unter Eid getätigt hatte, hier und jetzt sofort noch einmal von einem Manuskript ablesen zu wollen. Während Wolf versuchte, dies zu unterbinden, begann Stronach dennoch unverdrossen, ein vorbereitetes Skript abzulesen: „Ich freue mich, dass ich heute hier teilnehmen kann, um Ihre Fragen zu beantworten und einen klaren Blick über Magna abzugeben. Ich bin auch überzeugt davon, dass ich heute hier feststellen kann, dass Magna kein Profiteur ist, dass Magna in gar keiner Weise von den Eurofightern profitiert hat, und dass das Magna-Management im besten Sinne für Österreich gehandelt hat, und ..."

Als Armin Wolf neuerlich unterbrechen wollte, behauptete Stronach, der ORF habe ihm in einem Vorgespräch fünf Minuten für das Vorlesen seiner Rechtfertigung eingeräumt. Dies sei so vereinbart worden. Armin Wolf verneinte entschieden, und da keiner von beiden zurücksteckte oder mit Reden aufhörte, folgte ein minutenlanges zeitgleiches

Rede-Gerangel. In einem Interview, das Wolf selbst einige Monate später dem Medienmagazin „Zapp" im NDR gab, erklärte er die Absurdität dieser Situation: „Der Kern der ZEIT IM BILD 2 ist ein sechs- bis siebenminütiges Live-Interview, und in 35 Jahren des Bestehens dieser Sendung hat noch nie jemand fünf Minuten lang vorgelesen. Das würde die Sendung sprengen. Warum sollten wir uns von Herrn Stronach die Sendung sprengen lassen? Ich würde mir vom Papst die Sendung nicht sprengen lassen! Wie jemand auf die Idee kommen könnte, wir würden das zulassen, ist mir bis heute schleierhaft."

Nach etwa drei bis vier Minuten drohte Wolf schließlich mit dem Abbruch des Interviews. Stronach antwortete erneut mit einer minutenlangen Suada, die selbst dem unbestrittenen Altmeister der gediegenen Wutrede, Thomas Bernhard, zur Ehre gereicht hätte. Stronach wiederholte, dass die Firma Magna nichts mit Rüstung zu tun habe, und dass „wir Milliardenaufträge haben, die nichts mit den Kampfjets zu tun haben, wir sind anerkannt in der ganzen Welt, wir machen seit 50 Jahren Geschäfte in der Autozulieferindustrie und ich könnte der Cousin sein vom Henry Ford, das würde mir nichts helfen, wenn die Preise und die Qualität nicht stimmen, und die Politiker, erstens haben sie Fehlinvestitionen gemacht und da soll plötzlich Magna profitiert haben, ich möchte noch einmal sagen, dass wir mit unseren Aufträgen in Österreich kaum Profit gemacht haben, ich habe die Fabriken hier gemacht, weil ich Österreicher bin, ich kann beweisen, dass wir mehr Profit gemacht hätten, wenn wir in Poland produziert hätten, und das sind Verleumdungen, das ist ein ganz schlechtes Spiel, ich würde mir eine Untersuchung wünschen, die Zuseher wollen hören, was wirklich Geschichte ist, noch einmal wir haben immer schon Aufträge bekommen unter konkurrenzfähigen Konditionen, ich habe 400 Fabriken, wir sind der größte Autobestandteillieferer der Welt, aber noch einmal das hat gar nichts damit zu tun, die Politiker wollen sich schmücken und sagen, das sind Gegengeschäfte, noch einmal Gegengeschäfte sind nicht gegen das Gesetz, die sind erwünscht, und nur weil ich jetzt in der Politik bin, wollen die Politiker mich hinstellen als Profiteur, wir machen kaum Profit in Österreich, die Arbeiter sind gut, aber die Verwaltung ist zu groß, und da gehört auch der ORF dazu, weil die Bevölkerung muss 600 Millionen Euro hergeben, und von der Wirtschaft verstehst du nichts."

Die Aussagen von Frank Stronach sind hier leicht verändert wiedergegeben – um die hastig und laut gesprochenen Inhalte als schriftlichen Text einigermaßen verständlich zu machen. Das Original ist bei Weitem verwirrender. Transkriptionen dieses Interviews geistern mittlerweile dutzendfach durch das Netz, können aber, weil sie eben nur aus Schriftzeichen bestehen, kaum den Tonfall, die dynamischen Akzente, und den Sprechduktus veranschaulichen, der dem Gespräch eine melodisch und inhaltlich spektakuläre Note gab. Diese Note ist auch dadurch geprägt, dass Stronachs Muttersprache Deutsch nach mehreren Jahrzehnten des Aufenthalts in Kanada vom Englischen gleichsam „getränkt" ist. Dazu kommt, dass Frank Stronach, ähnlich wie Arnold Schwarzenegger, niemals der deutschen Hochsprache mächtig war, aber bei öffentlichen Auftritten und auch in diesem Interview dennoch versuchte, in grammatikalischen Strukturen des Hochdeutsch zu formulieren, die seinen assoziativen Gedankenflüssen massiv zuwiderliefen. Der zusätzliche Mix aus kanadischem Deutsch und „Styria-Kanadisch" brachte immer wieder bis dahin nicht dagewesene Lautmalereien hervor.

Und dennoch: Dieses Handicap im Ausdruck und im Formulieren kompensierte Frank Stronach gegenüber dem eloquenten und gewieften Armin Wolf mit beinahe grenzenloser Sturheit. Die Zuseher bekamen das Bild eines Mannes, der, wenn es sein muss, mit dem Kopf durch die Wand geht und von dem vorstellbar wurde, wie es möglich ist, vom Buben aus der Steiermark ins FORBES MAGAZINE unter die erfolgreichsten und reichsten Männer der Welt aufzusteigen. Und wie der weite Weg vom Schlosserlehrling aus der Nähe des Provinzdorfes Weiz zum Großindustriellen zu schaffen ist, der sich am globalen Markt gegen eine weltweite Konkurrenz durchsetzt. Durch Eigensinn und eine gehörige Portion Respektlosigkeit gegenüber vermeintlich Stärkeren, gegenüber herrschenden Regeln und, wenn Sie so wollen, gegenüber dem Establishment, auch wenn er selbst ein reicher Industrieller war und ist. Darüber hinaus schienen ihm seine Überzeugung und sein Standpunkt so wichtig, dass er bereit war, dafür einzutreten und zu kämpfen, selbst mit großen Defiziten gegenüber seinem Kontrahenten (mangelnde Eloquenz und fehlende Interviewroutine). Und obwohl diese Versuche teilweise blamabel und peinlich wirkten, wurde klar: Hier haben wir jemanden auf dem Bildschirm, dem es nicht vorrangig um Wählerstimmen geht, sondern um die Sache beziehungsweise um Klarstellung. Koste es, was es wolle. Selbst wenn er dafür mit dem Kopf durch die Wand müsste.

Zurück zum Verlauf des Interviews: Frank Stronach gelang es einige Zeit, die Versuche Armin Wolfs, Fragen zu stellen, abzuwehren und mit der eigenen Rede fortzufahren. Als Stronach dann aber begann, den ORF herabzuwürdigen und Armin Wolf per Du ungenierte Vorwürfe zu machen, wurde dieser kategorisch: „Herr Stronach, Sie überlassen mir bitte, wie ich die Fragen stelle, und zwingen Sie uns nicht, den Ton abzustellen, damit ich meine Frage stellen kann." Daraufhin kam ein wenig Ordnung in das Live-Interview, allerdings gewürzt durch einige exquisite „Schmankerln" (im Hochdeutschen würden wir sagen: Besonderheiten) des zwischenmenschlichen Umgangs. Armin Wolf: „Herr Stronach, Sie sind immer so negativ. Sie brüllen mich hier nieder." Frank Stronach: „Und – ist die Wahrheit vielleicht negativ?

Wir haben nur investiert, nur gegeben, und ihr wollt das jetzt umdrehen. Der ORF ist ein Machterhaltungsinstrument und so kommt das zustande." Nach weiteren Wortgefechten am Newsdesk wurde das Interview ebenso originell beendet wie begonnen: Armin Wolf: „Vielen herzlichen Dank für das Gespräch!" Frank Stronach: „Okay, sehr gut."

Frank Stronach, der in Österreich bis zu seiner beruflichen Neuorientierung als Politiker vor allem dafür bekannt gewesen war, nach einer Kindheit in einer Barackensiedlung in einem steirischen Dorf und einer Lehre zum Werkzeugmacher mit 250 Dollar in der Tasche nach Kanada ausgewandert zu sein, ein Milliardenunternehmen gegründet und geführt, nach seiner Rückkehr nach Österreich einige Fußballvereine gesponsert und sich darüber hinaus ein umfangreiches Netz an Beziehungen zu Politik und Wirtschaft aufgebaut zu haben, trat durch diesen und weitere vergleichbare Medienauftritte plastischer vor die Augen der Öffentlichkeit. Dabei war die Bewertung durchaus gespalten. Während ein aussichtsreicher politischer Newcomer für die Medien per se immer eine interessante Geschichte mit gewissem Show-Potenzial darstellt, stieß sein Auftreten natürlich auch auf Kritik. Nach einem Auftritt in der Sendung „Menschen bei Maischberger" im Oktober 2012 in der ARD gab es in den deutschen Medien durchwegs abfällige Bemerkungen. DIE ZEIT nannte ihn abschätzig „Erweckungsprediger", der das „Evangelium nach Frank" verkünde, der SPIEGEL attestierte ihm einen „niedrigen gedanklichen Level", und die BILD-Zeitung stellte lapidar fest, dass „nicht jeder Manager in die Politik" gehöre. In Österreich selbst wurde er von Journalistinnen und Journalisten besonders für sein Ansinnen, jedes Interview für ein Printmedium auf Punkt und Komma autorisieren zu wollen, kritisiert. Das hätte bedeutet, jedes Interview vor dem Erscheinen persönlich freizugeben und damit zensurieren zu dürfen. Dies provozierte natürlich einen

Aufschrei der österreichischen Print-Journalisten, die sich in ihrer Pressefreiheit bedroht fühlten. Frank Stronach, so wurde gemutmaßt, habe noch nicht verstanden, welche Konsequenzen der Sprung vom Industriellen zum Politiker auf seinen Umgang mit der Öffentlichkeit und den Medien haben würde. Er könne von Journalisten zwar inhaltliche Genauigkeit und Sorgfaltspflicht verlangen, jedoch keinesfalls Gefolgschaft oder gar das Recht auf Eingriffe in die Machart und Linie eines Artikels. Viele Beobachter schienen sich einig: Wenn Durchsetzungskraft die positive Seite der Stronach'schen Medaille darstellte, dann war auf der negativen Seite ein massives Defizit im Umgang mit der Unabhängigkeit von Medienvertretern zu verbuchen und seine geringe Aufmerksamkeit gegenüber den Inhalten und Meinungen seiner Gesprächspartner. Zuhören war und ist nach wie vor keine seiner Stärken. Die Widerrede wird von ihm nicht geduldet, gegenläufige Positionen nicht gehört. In diesem Zusammenhang fiel unter anderem die Bezeichnung „undisziplinierter Autist".

Doch lassen Sie uns einen Blick auf die bis dahin entstandenen Wahlergebnisse des „Team Stronach" werfen: Seit dem Frühjahr 2013 ist es in drei Landtagen und zwei Landesregierungen vertreten, bei den Landtagswahlen in Kärnten erreichte die Partei sogar 11,3 Prozent der Stimmen, und damit nur drei Prozentpunkte weniger als die arrivierte Großpartei ÖVP. Damit stellt es in Österreich mit Abstand die erfolgreichste Neugründung einer Partei in der gesamten Zweiten Republik dar, weit vor anderen Neugründungen wie dem „Liberalen Forum" Anfang der 1990er-Jahre oder der „Liste Dr. Martin" bei der Nationalratswahl 2006. Frank Stronach reüssierte auch erfolgreicher als die Grünen in ihren Anfängen der 1980er-Jahre. Wahlbeobachter sind durchwegs der Meinung, dass die Partei in den ersten Wahlen auf Bundesländer-Ebene den „Elchtest" bravourös bestanden hatte. In den Sonntagsfragen, also den Umfrage-Prognosen zur Nationalratswahl im Herbst 2013, erreichte das „Team Stronach" regelmäßig zwischen 8 und 12 Prozent. Dass er bei der Wahl schließlich nur 5,73 Prozent erhielt, tut dem „Phänomen Stronach" grundsätzlich keinen Abbruch. Meinungsforscherinnen und Politikwissenschafter führen dieses Phänomen darauf zurück, dass Stronach sich in der österreichischen Parteienlandschaft erfolgreich als Outsider positionieren konnte, der gegen das etablierte politische System antrat. Er wurde nicht müde zu betonen, dass „alle Politiker unfähig" und „größtenteils Gauner" seien, und dass sie darüber hinaus „keine Ahnung von Wirtschaft" hätten. Die Sturheit und Originalität seiner Auftritte schadeten ihm zu Anfang des Wahlkampfes in keiner Weise, denn dem Publikum war stets bewusst, dass dieser Mann einen Weltkonzern mit 90.000 Mitarbeitern und über 20 Milliarden Dollar Jahresumsatz aufgebaut hatte.

Das Image, sich nicht an Regeln zu halten und sich in Interviews grundsätzlich nichts gefallen zu lassen, half ihm, bei all jenen Wählerinnen und Wählern Sympathie und Zuspruch zu erhalten, die vom politischen System dieselbe Meinung hatten wie er. Es ist in seinem Fall ähnlich wie bei Ponader und Grillo. Seine Glaubwürdigkeit ging auf seine Unverwechselbarkeit zurück, auf seine Einmaligkeit und die Deutlichkeit, mit der er sich von den „anderen", den „Verursachern der Krise", unterschied.

### Was verbindet diese drei Menschen?

Die Menschen, die uns hier begegnen, sind nicht unbedingt nur sympathisch. Es ist möglich, dass Sie Beppe Grillo für den geborenen Retter Italiens halten. Oder aber, wie der britische Journalist und Buchautor Nicholas Farrell, für einen neuen Benito Mussolini. Ebenso könnten Sie sich an der Arroganz eines Johannes Ponader stoßen. Oder ihn für seine treffsichere Selbstdarstellung schätzen. Sie könnten in Frank Stronach einen Menschen mit der Fähigkeit sehen, die Organisation und Führung eines Staates zu revolutionieren. Oder fassungslos einen in seinen Wahrnehmung beeinträchtigten Milliardär beobachten, der von Demokratiepolitik ganz offensichtlich keine Ahnung hat.

Jenseits aller Sympathie oder Abneigung, die wir ihnen gegenüber hegen könnten, gibt es allerdings etwas, das diese drei Menschen und den Erfolg, den sie in der Öffentlichkeit feierten, miteinander verbindet: *Sie machten es grundsätzlich anders als alle anderen.* Und sie kommunizierten anders als die anderen – inhaltlich, im Ton und in ihrem Verhalten. Und sie waren dabei *glaubwürdig,* weil ihr Auftreten zu ihren politischen Positionen passte und zu ihren unterschiedlichen Biografien. Das machte sie unverwechselbar und „echt".

Wir müssen Beppe Grillo nicht mögen, aber wir können ihm seine „Anti-Politiker-Haltung" glauben. Wir müssen Johannes Ponader nicht schätzen, aber wir können ihm sein „Anderssein" abnehmen. Und wir müssen Frank Stronachs Kommunikationsstil nicht meisterlich finden und können dennoch anerkennen, dass er sich, egal wem gegenüber, kein Blatt vor den Mund nimmt.

Je individueller das Verhalten eines Menschen ist, desto besser lässt sich dieser wahrnehmen. Als ob Sie sich auf einer Fotografie durch ihre Kleidung gut vom Hintergrund abheben. Also: Sie in einem roten T-Shirt in einer grünen Wiese. Oder: Sie in einem weißen Kleid vor dem blauen Meer. Es entsteht ein starker Kontrast. Je leichter und je schneller wir jemanden wahrnehmen können, desto weniger Energie müssen wir aufwenden, das Objekt zu erkennen. Je unverwechselbarer sich ein Mensch zeigt, desto leichter können wir ihn oder sie einschätzen. Desto schneller können wir benennen, ob es sich um jemanden handelt, der uns feindlich oder freundlich gesinnt ist. Um jemanden, der uns nützt oder schadet. Gerade im „Mimikry"-Zeitalter sind damit hohe Sympathien verbunden. Denn das herrschende Misstrauen gegenüber der Politik und dem gehobenen Management schafft einen Hintergrund, der es nötig macht, sich abzuheben, sich zu zeigen, sich als Individuum zu präsentieren und nicht als schwer erkennbarer Teil des Ganzen, der im Verdacht steht, mit dem Hintergrund in Verbindung zu stehen.

# KAPITEL 10

# Herstellung von Vertrauen durch den Inhalt

Mitte Juli 2012. 172 europäische Wirtschaftswissenschafterinnen und -wissenschafter wenden sich mit einem offenen Brief an Politik und Bürger. Die FAZ druckt ihn im originalen Wortlaut, und in Folge erscheinen auch in anderen führenden Tageszeitungen und elektronischen Medien Artikel und diesbezügliche Berichte. In dem offenen Brief warnen die Wissenschafter mit drastischen Worten vor der „kollektiven Haftung für die Schulden der Banken": Sie sei in keinem Fall die geeignete Lösung, die Krise erfolgreich zu überwinden.

Einige Tage zuvor, Ende Juni, war beim EU-Gipfel in Brüssel eine gemeinsame Bankenaufsicht beschlossen worden, und finanziell angeschlagenen Staaten wurde die Möglichkeit eingeräumt, den Euro-Rettungsfonds ESM leichter und unbürokratischer zur Refinanzierung bankrotter Banken zu nutzen. Ab nun konnten demnach nicht nur Staaten, sondern auch Banken unter den EU-Rettungsschirm schlüpfen. Diese Beschlüsse wurden von der Politik als wichtige Bausteine zur Sicherung der Gemeinschaftswährung betrachtet. Hoch verschuldete Euro-Länder hatten ab diesem Zeitpunkt für die Auszahlung von Hilfsgeldern weit weniger strengen Sparauflagen zu folgen wie zuvor. Mariano Rajoy und Mario Monti wurden als Verhandlungssieger gefeiert, und Angela Merkel musste ihren Wählern erklären, warum ihr Steuergeld nunmehr beinahe unkontrolliert in den europäischen Süden fließen sollte – in ein von der Presse so oft zitiertes „Fass ohne Boden". Dieser EU-Gipfel wurde von deutschen Medien aus damaliger Sicht als „jener Tag" bezeichnet, „an dem Angela Merkel ihre Macht verlor".

Der Brief der 172 Wirtschaftswissenschafter, der mit „liebe Mitbürger" begann, war nur drei Absätze lang. Er listete in knappen, prägnanten und einprägsamen Worten Zahlen und Fakten auf, die dafür sprachen, dass diese Entscheidung der EU-Spitze grundfalsch sei, dass damit Streit und Zwietracht unter den europäischen Partnern vorprogrammiert wäre, und dass durch die beschlossenen Maßnahmen weder der Euro, noch der europäische Gedanke nachhaltig gerettet werden könnten. Steuerzahlerinnen, Rentner und Sparerinnen der wirtschaftlich soliden Länder Europas könne diese Entscheidung Billionen ihrer schwer verdienten Euros kosten, so die Autoren des Briefs. Es folgte eine Liste mit 172 Namen, darunter geschätzte Persönlichkeiten wie Robert von Weizsäcker und international anerkannter Wissenschafter wie Max Otte oder Jeannette Brosig-Koch.

Nur wenige Wochen später erschien eine ernstzunehmende Studie, die das Gegenteil besagte. Verfasst von 17 führenden Ökonominnen und Ökonomen, darunter Lucrezia Reichlin, die ehemalige Direktorin der Europäischen Zentralbank: „Die Eurozone taumelt schlafwandelnd auf eine Katastrophe mit unkalkulierbaren Ausmaßen zu." Reiche Euro-Länder wie Deutschland, Österreich oder die Niederlande müssten sich noch stärker für die Rettung der Gemeinschaftswährung engagieren. Es solle rasch ein europaweites System zur Sicherung der Bankeinlagen geschaffen, und der Rettungsschirm ESM solle mit weit größeren finanziellen Mitteln ausgestattet werden. Dieses Gutachten, das dem offenen Brief völlig zuwiderlief, wurde vom „Institute for New Economic Thinking" veröffentlicht, einer vom US-amerikanischen Investor George Soros gegründeten Denkfabrik.

An und für sich könnten die Steuerzahler über derlei Initiativen froh sein: Hier hatten sie einen weiteren warnender Text, der mit drastischen Worten die Situation schilderte. Auch hier wurden Ideen und Lösungen für den Ausweg aus der Krise präsentiert. Nur eben mit konträren Maßnahmen. Was aber nun gegen jede Erwartung folgte, war weder eine sachliche Diskussion, noch eine wissenschaftliche Auseinandersetzung, sondern ein herabwürdigender, verbaler Schlagabtausch zwischen den Expertinnen und Experten der beiden Denkrichtungen. Die Ähnlichkeiten zu rhetorischen Schlammschlachten in der Politik, besonders zur Wahlkampfzeit, waren verstörend, vor allem vor dem bedrohlichen wirtschaftlichen Hintergrund der Krise. Peter Bofinger, Professor für Volkswirtschaftslehre an der Universität Würzburg warf den Schreibern des FAZ-Briefes „schlimmste Stammtisch-Ökonomie" vor. Der Wirtschaftswissenschafter Walter Krämer, der den Brief initiiert hatte, gab zurück, Bofinger sei eine „akademische Nullnummer". „Der Brief ist voll hitziger Rhetorik und arm an sachlichen Details." „Wenn man dem Rat dieser Ökonomen folgt, führt dies zum Kollaps des Euro." „Thema verfehlt!" „Peinliche Unkenntnis!" In dieser Tonart ging es zwischen den beiden Expertenparteien einige Wochen hin und her, wobei sich zeigte, dass die besten deutschen Köpfe der Wirtschaftstheorie sich zwar in der Definition des Problems, nämlich der Finanzkrise, im Wesentlichen einig waren, nicht aber in ihren Meinungen zu den wichtigsten Aspekten der Lösung: zur Bankenunion etwa, oder zum europäischen Rettungsschirm ESM oder zum finanziellen Engagement der Geberländer und der Europäischen Zentralbank.

Stellen Sie sich kurz vor, Sie wären in dieser Situation die deutsche Bundesregierung und hätten die Aufgabe, sich in der Materie der europäischen Finanz- und Schuldenkrise eine verlässliche Meinung zu bilden und danach Entscheidungen zu treffen, von denen Sie wissen, dass sie das Leben von Millionen Menschen nachhaltig beeinflussen werden. Wie hätten Sie sich in diesem Juli 2012 verhalten? Angesichts dieses tobenden Richtungsstreites Ihrer wichtigsten Berater, die mit widersprüchlichen Argumenten um sich warfen und keine Gelegenheit ausließen, die Gegenseite der Inkompetenz zu bezichtigen: Wem hätten Sie vertraut? Außenstehende Beobachter verwunderte es nicht, wenn der deutsche Bundestagspräsident Norbert Lammert damals ratlos und ungehalten bilanzierte: „Von allen denkbaren Verfahren in der Bewältigung dieser Krise ist das am wenigsten taugliche Mittel die Umsetzung von Expertenempfehlungen gewesen."

Nun ist in der Regel die Zweitmeinung eine sinnvolle Sache. Gerade in wichtigen Angelegenheiten. Selbst im privaten Leben holen wir uns gerne mehrere Meinungen von Freunden, Bekannten und Ratgeberinnen ein, um einen Entschluss, die eigene Sicht der Dinge zu überprüfen. Auch in Unternehmen sind im Zuge der Entwicklung neuer Produkte und Innovationen sogenannte „Shaper"-Persönlichkeiten gefragt, die gegen die von der Mehrheit getroffenen Entscheidungen angehen, um sicher(er) sein zu können, dass das Unternehmen mit den Ideen und Zielen richtig liegt. Oder wenn Sie eine Adresse in Ihr Navigationssystem eingeben, schlägt Ihnen Ihr Gerät in vielen Fällen unterschiedliche Routen vor, die sich in der Regel durch Zeit, Art der Straßen oder durch die Weglänge unterscheiden. In manchen Fällen ist die längere Strecke schneller zu bewältigen als ein weit kürzerer Weg – weil es über Autobahnen geht. Sie entscheiden, welchen Weg Sie wählen, während das Navigationssystem rechnet und vorschlägt, ohne die anderen Vorschläge zu kritisieren. In der Auseinandersetzung

„Brief gegen Studie" wurde allerdings außer Acht gelassen, dass es für die meisten Lösungen mehrere Wege gibt, die ans Ziel führen können.

Dieses Prinzip ist im „Mimikry"-Zeitalter für Expertinnen und Experten, die inhaltlich Vertrauen erwerben möchten, extrem wichtig: Auf der „verzweifelten" Suche nach dem richtigen Weg aus der Krise gilt es Respekt vor Mitdenkern zu zeigen, die ebenso an der Entwicklung von Lösungen arbeiten, indem Sie:

1. Sachverhalte erklären,
2. Thesen aufstellen und
3. Konsequenzen deutlich machen.

Vom „allein recht haben" steht auf dieser Agenda kein Wort.

Das Prinzip: „Ich habe Recht" und „Du hast Unrecht" oder „Ich bin viel klüger als du" entspricht den Wirkprinzipien von „Agon", dem Skript „Wettkampf": „Ich oder du". Bei Meinungsstreitigkeiten zwischen Experten führt dies zumeist in der Außenwirkung zu Rechthaberei und ist somit eine egozentrische, selbstbezogene Angelegenheit. Sie stellt die eigene Person oder Institution in den Mittelpunkt. Im Mittelpunkt sollten jedoch neben der fachlichen Kompetenz vor allem *die* Menschen stehen, um die es geht. Um die Steuerzahler. Um diejenigen, die den Weg, wie lange und teuer er auch sein wird, gehen und zahlen werden.

Auch in der Politik, wo es um den Wahlsieg geht, kommt es gerne zu Anschuldigungen, zu Vorwürfen und zu Angriffen auf das Selbstwertgefühl des Gegenkandidaten. Den Schaden trägt zumeist die Politik als solche. Und das Publikum misstraut den Parteien am Ende eines Wahlkampfes etwas mehr als zu Anfang. In der Markenlandschaft ist das in 99,9 Prozent der Fälle nicht so. Hier haben die Beteiligten verstanden, dass der Angriff auf die Kompetenz des Mitbewerbers dem Ruf und Ansehen der ganzen Branche Schaden zufügt. Sie werden niemals erleben, dass BMW auf Mercedes schimpft. Oder Adidas auf Puma, Cola auf Pepsi, oder McDonald's auf Burger King. Im Gegenteil zollen sich die Unternehmen gegenseitig Respekt und weisen danach auf die eigenen Vorteile für die Kunden hin. So bleibt den Menschen das Vertrauen in die Branche erhalten. Diese Vorgehensweise ist in Zeiten des sinkenden Vertrauens eine sehr wertvolle Maßnahme. Nicht nur für Konzernsprecher von Markenprodukten, sondern auch für Experten.

### Behauptung, Begründung und Beweis. Und der Siegeszug der Plausibilität

Gerade in Krisenzeiten, in denen wichtige Entscheidungen getroffen werden müssen, sind fachkundige Beratung und klärende Einsicht in die Hintergründe und Prozesse gefragt. Es sind die Grundlagen für richtige und zielführende Maßnahmen und Schritte. Bankenunion, ja oder nein. Schuldenschnitt für bankrotte Eurostaaten, ja oder nein. Mehr Geld für den Rettungsschirm, ja oder nein. Je bedrohlicher die Situation, desto lauter wird der Ruf nach Spezialisten: „Eurokalypse now". „Das letzte Euro-Gefecht". „Wer rettet Europa?"

Dasselbe gilt für Themen wie die Erderwärmung, die Kernschmelze im japanischen Atomreaktor Fukushima oder den lebensgefährlichen Krankheitserreger EHEC: Wir brauchen Antworten. Experten und Spezialistinnen in TV- und Radiostudios wissen, um wie viel Grad sich das Erdklima bis zum Jahr 2050 erhöhen wird, wie sehr die Radioaktivität in der Umgebung von Fukushima auch für Europa zum Problem werden könnte, und wie lange Konsumentinnen und Konsumenten den gefährlichen EHEC-Erreger fürchten mussten. Wenn Sie als Expertin, als

„Auskenner", wie das im Neo-Medienslang heißt, Stellung nehmen, möchte Ihr Publikum von Ihnen eine Einschätzung über den Sachverhalt, einen Lösungsansatz oder eine These, sowie schließlich einen Ausblick oder eine Konsequenz hören, die wesentlich zur Verbesserung der herrschenden Zu- und Umstände beitragen.

Nun zeigt aber das Beispiel der divergierenden Expertenmeinungen zum Umgang mit der Finanzkrise deutlich, dass es so etwas wie *die* Einschätzung, *den* Ausblick, *den* Lösungsansatz nicht gibt und auch nicht geben kann. In den Wirtschaftswissenschaften ist diese Tatsache besonders deutlich, weil das wirtschaftliche Leben nicht nur im Verständnis und der Erklärung sehr komplex ist, sondern weil es dazu seit jeher unterschiedliche Ansätze und Lehrmeinungen gibt. Einer, der das auch in der aufgeheizten Stimmung der Eurokrise wusste, war der Chef des Hamburgischen WeltWirtschaftsInstitutes (HWWI), Thomas Straubhaar, der in einem Interview mit dem Bremer WESER-KURIER zum oben genannten Konflikt bemerkte: „Der Öffentlichkeit ist durch diesen Streit vielleicht klarer geworden, dass Ökonomen auch nur Menschen sind und keine Hellseher oder der Welt entrückte Akademiker. Wir können nicht mehr als aufzeigen, Erkenntnisse liefern und beraten." Häufig kann die Wissenschaft der Ökonomie erst im Nachhinein erklären, warum eine bestimmte Entwicklung eingetreten ist.

Allgemeingültige Thesen sind in der Zeit nach 2008 seltener geworden. Ein „Wer weiß, was da wirklich dahintersteckt?", „Wer weiß, ob das wirklich stimmt?" oder „Wer weiß, was da am Ende wirklich rauskommt?" ist das Grundrauschen des Skripts „Mimikry". Sätze, die anscheinend ewig gültig sind, wie zum Beispiel „Die Erde dreht sich um die Sonne" sind da vielleicht eine löbliche Ausnahme. Dieser Satz ist auch aus heutiger Sicht eine objektiv gültige Tatsache, eine mathematisch und physikalisch bewiesene

Gewissheit geblieben. Wenn Sie als Expertin oder Experte für Astronomie im TV-Studio zu planetarischen Themen Stellung nehmen müssten, würde Ihr Publikum keine lange Beweiskette von Ihnen erwarten, wenn Sie diesen Satz als Behauptung formulieren. Das war bekanntlich nicht immer so: Dieser Satz wurde in der Vergangenheit wissenschaftlich hart erkämpft. Waren doch Astronomen vorher der umgekehrten Ansicht, dass sich nämlich die Sonne um die Erde drehe, und sie vertraten diese Ansicht mit derselben Gewissheit, wie heutige Astronomen es mit dem Erde-um-die-Sonne-Satz tun. Um die zu Beginn der Neuzeit allgemein anerkannte These, die Sonne drehe sich um die Erde, in ihr heute anerkanntes Gegenteil umzukehren, hat es einer radikalen und fundamentalen Änderung des Weltbilds der gesamten Menschheit bedurft, die Historiker heute als „Kopernikanische Wende" bezeichnen. Selbst heute unbestrittene Tatsachen waren also irgendwann in der Geschichte heiß umkämpft.

Im „Mimikry"-Zeitalter werden nun solche historischen Täuschungen – und eine Wende setzt eine Richtungsänderung und somit eine vorangegangene Täuschung voraus – aktualisiert, das heißt: eine über Jahrhunderte dauernde falsche Annahme wird vergegenwärtigt. Selbst weitverbreitete und allgemeingültige Thesen, Merksätze und Gesetzmäßigkeiten werden infrage gestellt. Unser Vertrauen in Stabilität, Beständigkeit und die Validität von Axiomen, also die Gültigkeit von gesichert scheinenden wissenschaftlichen Annahmen ist nachhaltig erschüttert. Soll heißen: „Achtung! Achtung! Es besteht ein Restrisiko!" Selbst wenn wir seit Jahrhunderten „zu wissen glauben", dass sich die Erde um die Sonne dreht. Wer weiß …? Wenn sich damals Menschen so lange im Irrglauben befanden, warum sollten wir uns so sicher sein dürfen, nicht ebenso falsch zu liegen? Übrigens haben wir sehr lange gedacht, wir hätten neun Planeten im Sonnensystem, oder? Vor Kurzem haben wir jedoch einen Planeten verloren: Pluto, den kleinsten. Der ist jetzt etwas anderes, ein „Zwergplanet" mit der Nummer 134340 oder vielleicht auch bloß ein „transneptunisches Objekt" oder ein „Objekt des Kuipergürtels".

Dies ist für Speakerinnen und Speaker des „Mimikry"-Zeitalters ein wichtiger Merksatz: Um über Inhalte verloren gegangenes Vertrauen wieder aufzubauen, müssen selbst allgemein gültige Behauptung aufs Neue bekräftigt werden. Sonst bleibt Ihre These eine Behauptung und nicht mehr.

Selbst die seit Jahren bestehende Tatsache, dass Ihr Mann oder Ihre Frau 40 Stunden in der Woche arbeitet, von Montag bis Freitag von 9:00 bis 17:00 Uhr und manchmal länger, würde bewiesen werden müssen, wenn Sie sich seiner oder ihrer im Augenblick nicht sicher sind. Die Nachfrage: „Wie war es heute bei dir in der Arbeit?" braucht plötzlich eine ausführliche Schilderung. Ein einfaches: „Es ging so" genügt nicht mehr und würde das Misstrauen verstärken. Um glauben zu können, was selbstverständlich war, braucht es plötzlich eine tiefere Argumentation seitens Ihres Lebensgefährten bzw. Ihrer Lebensgefährtin. Er oder sie muss Sie in solchen Situationen auch nach Jahren davon überzeugen, dass gültig ist, was gültig war.

Es braucht nach der Behauptung „Es ging so" also Indizien, wie sie oder er zu der Behauptung „Es ging so" kam. Diese Behauptung ist ein Ergebnis verschiedener Erlebnisse. Und dieses Ergebnis wollen Sie als Beweisführung zurückverfolgen können. Aristoteles würde Ihrem Partner oder Ihrer Partnerin an dieser Stelle zur „3-Block-Methode" raten. Nomen est Omen, und so ist es naheliegend, dass diese Methode drei Blöcke hat. Bekannter ist Aristoteles-Fans diese Argumentationsstruktur unter dem Namen 5-Satz-Technik, was ebenso naheliegend ist, da die Grundform aus fünf Sätzen besteht, die wiederum in drei Blöcke gefasst werden können.

Der erste Block ist die Behauptung, die Sie aufstellen.

Diese Behauptung kann lauten: „Die Erde dreht sich um die Sonne." Oder: „Pluto ist gar kein Planet." Oder: „Es ging so."

Auf diesen ersten Block folgt der zweite, der sogenannte „Begründungsblock". Hier unterstützen Sie Ihre Behauptung mit Argumenten, am allerbesten mit drei Argumenten. Warum ausgerechnet drei ideal sind, erzähle ich ein bisschen später.

Im dritten Block – und nach Adam Riese mit dem fünften Satz – wiederholen Sie einfach Ihre Behauptung und schließen damit Ihre Argumentation ab.

Die Struktur des 3-Blocks:
1. Block
   Behauptung
2. Block
   Begründung a
   Begründung b
   Begründung c
3. Block
   Wiederholung der Behauptung

In der Ausarbeitung würde der 3-Block zu „Es ging so" folgendermaßen klingen:
1. Es ging so.
2. a) Harry ist krank. Das ist ärgerlich.
   b) Zum Glück ist Herbert wieder vom Urlaub zurück.
   c) Und der Neue aus Österreich ist etwas langsam, aber nett.
3. Also im Großen und Ganzen ging's so.

Die Behauptung (1) wird durch die Begründungen (2) nachvollziehbar, plausibel und somit glaubhaft. Durch die Wiederholung der Behauptung am Ende (3) klingt sie abgeschlossen und vollständig. Die Behauptung muss nach wie vor nicht der Wahrheit entsprechen, aber die ursprünglich ungestützte Aussage wird durch die Begründung plausibel. Es wird für Sie vorstellbar, dass Ihre Partnerin, Ihr Partner tatsächlich bei der Arbeit war.

### Wie erzeugen Sie Plausibilität?

Dasselbe wie für private Situationen gilt für die Kommunikation von Sachverhalten technischer, organisatorischer oder wissenschaftlicher Natur. Auch diese Inhalte treffen durch das Skript „Mimikry" auf verloren gegangenes Vertrauen. Nun zeigt sich in meiner Analysearbeit als Mediencoach leider häufig, dass gerade sachkundige Menschen, also Expertinnen und Spezialisten mit der Gewissheit in Interviews gehen, mit ihren Thesen recht zu haben und der Überzeugung zu sein, die Wahrheit müsste sich wie von selbst durchsetzen. Dabei verzichten sie zu oft darauf, ihre Behauptungen zu stützen und die Thesen plausibel zu machen. Während die Zahlen, Daten und Fakten für sie sprechen, werden andere belohnt. Nämlich diejenigen, die selbst bei schlechterer Faktenlage nachvollziehbarer argumentieren und dem Publikum auf lebendige und bildhafte Art und Weise die Möglichkeit bieten zu „begreifen". Fakten sind beim Aufbau von Vertrauen weit weniger wichtig als die Plausibilität. Denn wir glauben nicht, was wir sehen. Wir glauben, was wir erkennen.

Die wissenschaftliche Wahrheit $p = F{:}A$, also Druck ist gleich Kraft durch Fläche, wird Ihnen relativ wenig nützen, wenn Sie einen Nagel einschlagen wollen und eine Anleitung dazu haben möchten, die Sie als Bastlerin oder Bastler weiterbringt. Wenn ich Ihnen aber sage: „Nehmen Sie einen

Hammer, der hat Kraft. Setzen Sie den Nagel mit der Spitze an die Wand, das bedeutet: wenig Fläche. Schlagen Sie dann mit dem Hammer auf den Kopf des Nagels. So erzeugen Sie eine Menge Druck, sodass der Nagel in die Wand geht", werden Sie dieser Anleitung höchstwahrscheinlich folgen können. Wenn ich Ihnen nun darüber hinaus verrate, dass, wenn Sie den Nagel verkehrt, also mit dem Kopf, an die Wand setzen, er nicht in die Wand gehen würde, da der Kopf des Nagels zu viel Fläche hat, um in die Wand zu tauchen, würde Ihnen nach einigem Grübeln vielleicht sogar die Formel etwas erzählen. Denn die Formel bedeutet, dass, wenn Sie mit viel Kraft auf wenig Fläche einwirken, viel Druck entsteht. Wenn Sie jedoch mit derselben Kraft auf viel Fläche wirken, kommt wenig Druck zustande.

Diese Lektion habe ich, nur nebenbei erwähnt, von meinem Physiklehrer gelernt und bin heute nach drei Jahrzehnten noch imstande, die Formel zu wiederholen und sie im Leben anzuwenden. Nicht durch das Pauken der Formel und der Fakten, sondern durch seine erzählerische Beweisführung. Dabei hätte er in seiner Position bloß eine Formel an die Tafel zu malen brauchen. Aber auf Grund seiner Begabung und seiner Bemühungen, Zahlen, Daten und Fakten mit lebhaften Plausibilitäten zu verbinden, wurden uns Schülern wunderbare Geheimnisse offenbar. Wir lernten in Lichtbrechung, warum der Himmel blau ist, und in Dynamik, wo der viele Wind ist, wenn er gerade nicht weht. Alles war mit Leben erfüllt. Der Mann nahm uns die Angst vor dem Fach Physik und gab uns Vertrauen in unser eigenes Potenzial, indem er komplexe Sachverhalte plausibel, einleuchtend und verständlich vermittelte.

Im Wort „Plausibilität" steckt das Wort „Applaus", also eine Zustimmung durch ein physisches, körperliches Ausdrucksmittel. Das Wort kommt aus dem Französischen, „plausible", und meint „einleuchtend, verständlich, überzeugend". Techniker, Physikerinnen oder Mathematiker unterziehen die Ergebnisse ihrer Berechnungen einer „Plausibilitätsprüfung", die es ermöglicht, in kurzer Zeit falsche Ergebnisse zu erkennen. Nehmen wir an, Sie wären Statistikerin oder Statistiker, hätten Datenmaterial zur Bevölkerung erhoben und wollten jetzt ausrechnen, welches Durchschnittsalter Menschen in Ihrem Land in 25 Jahren erreichen werden. Sie hätten alle möglichen Berechnungsmethoden angewendet und kämen nach Eingabe aller Daten und Durchführung aller komplexen Rechengänge auf ein Ergebnis von „120 Jahren". Eine Plausibilitätsprüfung würde auf den ersten Blick ergeben, dass dieses Ergebnis nicht stimmen *kann* – denn zum Ausgleich aller Unter-Einjährigen müssten in Ihrem Land logischerweise genauso viele 240-Jährige leben, damit die Zahl 120 Sinn macht. Das Ergebnis ist eindeutig *nicht* „plausible" und würde Sie wieder an den Anfang Ihrer Berechnungen zurückwerfen. Gehen Sie davon aus, dass Ihr Publikum Ihre Aussagen im „Mimikry"-Zeitalter automatisch einer solchen (unbewussten) Plausibilitätsprüfung unterzieht. Es wird Ihre Aussagen stets darauf prüfen, ob sie einleuchtend, verständlich und überzeugend sind.

Nehmen wir nach dem privaten Beispiel „Ging so" und der einleuchtenden, plausiblen Erklärung, was es mit p = F:A auf sich hat, ein weiteres Beispiel an. Sie möchten in einem Interview Folgendes festhalten: „Rauchen ist ungesund". An und für sich entspricht dieser Satz tatsächlich einer wissenschaftlichen Gewissheit, denn seit Mitte des 20. Jahrhunderts ist medizinisch erwiesen, dass durch das Rauchen Gesundheitsgefahren gegeben sind. Das deutsche Bundesverfassungsgericht stellte dazu 1997 fest, dass es sich bei Tabakerzeugnissen „um Genussmittel handelt, bei deren bestimmungsgemäßer Verwendung regelmäßig Gesundheitsschäden auftreten", wie es juristisch formuliert heißt. Rauchen ist ungesund, sagen auch die Höchstrichter. Der Faktenlage nach könnten Sie diese Aussage also vor den

Kameras unkommentiert für sich stehenlassen. Sie müssten sie nicht neu argumentieren.

Berücksichtigen wir aber auch, *warum* Sie diese Aussage in einem Medium treffen wollen. Vermutlich tun Sie es nicht, um Ihr Publikum bloß zu der Tatsache zu informieren, rauchen sei ungesund. Diese Meldung wäre 1917 ein Heuler gewesen, als der Dresdner Arzt Fritz Lickint als Erster im Test den Tabakrauch eindeutig als krebsauslösenden Faktor identifizierte. Vielleicht wäre sie im Jahr 1997, nach dem höchstrichterlichen Urteil, interessant gewesen: „Rauchen ist ungesund – sagt jetzt sogar das höchste Gericht!" Aber heute, 17 Jahre danach? – Wenn Sie heute in den Medien diese Aussage treffen, tun Sie dies sicher aus einem anderen Grund. Vielleicht, weil Sie Gesundheitsministerin oder -minister sind und das Nichtraucherschutzgesetz verschärfen wollen, das in Europa zusehends strengere Nichtraucher-Zonen vorsieht. Oder weil Sie als Vorstand oder Vorständin einer Krankenkasse für Ihre Organisation die Kosten senken wollen, die dem Gesundheitssystem aufgrund des Rauchens erwachsen. Vielleicht möchten Sie von den Folgen betroffene Jugendliche warnen. In jedem Fall verfolgen Sie ein Ziel, das über die reine Information hinausgeht. Nehmen wir an, Sie möchten Ihr Publikum dazu bringen, mit dem Rauchen aufzuhören. Oder, realistischer formuliert: Mal wieder darüber nachzudenken. Plötzlich ist die Behauptung „Rauchen ist ungesund" zu wenig. Warum? Weil Sie jetzt zu einem Zielpublikum mit starken Widerständen sprechen. Denn niemandem fällt es leicht, mit dem Rauchen aufzuhören. In der Regel erfordert der Entzug eisernen Willen, Durchhaltevermögen und Konsequenz. Deshalb muss die Aussage „Rauchen ist ungesund" für dieses Publikum aufs Neue bewiesen werden, wenn es Ihnen darum geht, zumindest Einsicht, wenn schon nicht Verhaltensänderung zu bewirken. Sie müssten plausibel machen, warum Ihre Behauptung berechtigt ist. Sie müssten Ihre These begrün-

den, um der kognitiven Dissonanz des Publikums entgegenzuwirken, also der Wahrheit gegenläufiger Killerphrasen
wie: „Mein Opa hat 30 Zigaretten am Tag geraucht und ist
auch 86 geworden!"

## Maßnahmen zur Herstellung von Vertrauen:
## die Begründung und die Zahl 3

Nach der Behauptung (1. Block) ist die Begründung Ihre
zweite Etappe (2. Block) auf dem Weg zu Plausibilität und
Glaubhaftigkeit. Nachdem Sie die Behauptung „Rauchen
ist ungesund" aufgestellt haben, argumentieren Sie diese,
indem Sie im Idealfall der Behauptung drei plausible
Vernunftgründe folgen lassen.

Die Zahl 3 ist seit jeher eine besondere Zahl. Drei, sagen
die Mathematiker, ist nach eins und zwei die erste Zahl, die
dem Menschen die Vorstellung einer „wirklichen Menge"
vermittelt. Früher galt die Zahl als heilig und bezeichnete
nur ganz besondere Sachverhalte. Noah hatte drei Kinder.
Die Dreieinigkeit Gottes ist eine der Grundlehren des Chr-
istentums. Die Trinität ist eine Metapher für Vielfalt,
Schöpferkraft und Wachstum. Laut Aristoteles hat alles
Bedeutende drei Teile: einen Anfang, eine Mitte und ein
Ende – eine Tatsache, die bis heute gültig ist und in diesem
Buch noch besprochen werden wird. Es gab drei Parzen, drei
Horen, drei Musen. Bei den Römern gab es Triumvirate.
Das Dreieck war bei den Indern, den Ägyptern und den
Persern ein heiliges Symbol. Überhaupt wurden Symbole
seit jeher in drei Glieder zerlegt, wie zum Beispiel Glaube,
Liebe, Hoffnung. Noch heute werden Ämter, Orden und
Titel gerne in drei Stufen zerlegt, zum Beispiel Lehrling,
Geselle und Meister. Es gibt den dreimaligen Ausruf bei
Versteigerungen und das dreimalige Ausschreiben bei ge-

richtlichen Verhandlungen. Die Logik kennt drei Funktionen des Verstandes und drei Formen der Urteile. Die Grammatik der meisten Sprachen kennt drei Personen und mindestens drei Zeiten. In der Musik ist der Dreiklang die Basis für die Wahrnehmung von Harmonie. Die Reihe könnte lange fortgesetzt werden.

Kommunikativ hinterlässt die Drei beim Publikum automatisch und unbewusst den Eindruck von Vollständigkeit. Drei ist gleich vollständig und überzeugend. Wenn Sie also für Ihre Behauptung drei Vernunftgründe anführen, vermitteln Sie Ihrem Publikum den Eindruck der Vollständigkeit und Überzeugungskraft. Sie könnten also im Interview sagen: „Rauchen ist ungesund, weil (1) der Tabakrauch einige Inhaltsstoffe enthält, die krebserregend sind, weil (2) damit die Lebenserwartung gegenüber Nichtrauchern um durchschnittlich 17 Jahre gesenkt wird. Und die Gesundheitsorganisation WHO schätzt (3), dass in diesem Jahrhundert etwa eine Milliarde Menschen aufgrund des Rauchens von Tabak sterben werden." Wichtig ist, dass sich die drei Begründungen verlässlich auf Ihre Behauptung beziehen, dass Sie also nicht unterwegs eine neue Behauptung aufstellen und damit der Wirkung Ihres Statements schaden. Zum Abschluss wiederholen Sie Ihre anfängliche Behauptung, am besten in leicht abgewandelter Form, also: „Rauchen ist ungesund, weil (1) ..., weil (2) ..., und weil (3) ..., *und deshalb ist Rauchen eine äußerst gefährliche Form des Genusses.*"

## Dem Publikum emotionale Sicherheit geben: der Beweis

Mit dem 3-Block richten Sie sich vor allem an die Vernunft Ihres Publikums. In bestimmten Situationen und Themen reichen Vernunftgründe jedoch nicht aus. Dann brauchen wir mehr, um zu einer guten Entscheidung zu gelangen. Ob es nun darum geht, mit dem Rauchen aufzuhören – oder nicht, ob es darum geht, eine teure Investition zu tätigen – oder nicht, ob es darum geht, ein Projekt in Angriff zu nehmen – oder nicht: Immer sammeln wir als Grundlage für eine Entscheidung sämtliche Faktoren der Vernunft, doch es bleibt – ein Rest. Nämlich ein Rest Unsicherheit.

Werden wir tatsächlich krank, wenn wir mit Rauchen nicht aufhören? Der leidenschaftliche Raucher und Sportverweigerer Winston Churchill überlebte als 78-Jähriger einen Schlaganfall und starb im Alter von 90 Jahren – gut versorgt mit seinem Brandy und seinen Zigarren. Wird sich unsere Investition letztlich wirklich rechnen? Eine Liste von zukunftsträchtigen, doch gescheiterten Innovationen könnte Bibliotheken füllen. Die BERLINER ZEITUNG nahm vor einigen Monaten die (damals neuerliche) Verzögerung der Eröffnung des Flughafens Berlin Brandenburg zum Anlass, um eine Liste jener deutschen Großprojekte zu erstellen, die während der Entwicklung so gewaltige Probleme aufwarfen, dass die Verantwortlichen die Inangriffnahme vielfach zu bereuen begannen. Darunter Prestigeprojekte wie der Bahnhof Stuttgart 21, die Hamburger Elbphilharmonie und das deutsche Autobahnmautsystem „Toll Collect". Große Ideen, die durch unerwartete Hindernisse nicht oder nur mit starken Verzögerungen finalisiert werden konnten.

Oft können wir noch so viele Daten und Fakten sammeln, letztendlich lässt sich die Zukunft nicht mit Gewissheit vorhersagen. Das „Sure Thing Principle", nach dem eine Entscheidung grundsätzlich richtig ist, wenn die Fakten dafür sprechen, gilt nicht immer – das lehrt uns die Erfahrung. Wir brauchen also zum Zeitpunkt einer Entscheidung oft auch die emotionale Sicherheit, dass wir sie nicht bereuen werden – unabhängig davon, wie die Sache in Zukunft ausgeht. Selbst dann, wenn die Welt aus ihren Fugen gerät. Ein wesentlicher Bestandteil der Überzeugungsarbeit besteht für Sprecher deshalb auch darin, dem Publikum die *emotionale* Sicherheit für die vorliegende Entscheidung zu vermitteln. Das geeignete Mittel dafür ist der „visualisierte Beweis". Dieser wird dem 3-Block nachträglich hinzugefügt, um der Behauptung und den Begründungen bildhaft Leben einzuhauchen:

| | |
|---|---|
| Erster Block: | Behauptung |
| Zweiter Block: | Begründung 1 |
| | Begründung 2 |
| | Begründung 3 |
| Dritter Block: | Wiederholung der Behauptung |
| plus | |
| Visualisierter Beweis: | praktisches Beispiel, Vergleich, Human Touch |

Ein visualisierter Beweis ist kein wissenschaftlicher. Eine Sache ist wahr, wenn die Gleichung stimmt, sagen Mathematiker. Wenn das Experiment X sich wiederholen lässt und jedes Mal dasselbe Ergebnis bringt, sagen Naturwissenschafter. Wenn die Quellen glaubwürdig sind, sagen Historiker. Ein visualisierter Beweis ist ein Mittel, das dem Zuhörer und der Zuhörerin den unumstößlichen *Eindruck* vermittelt, dass alles, was bis dahin behauptet und begründet wurde, tatsächlich der Realität entspricht.

Jede Story, die im Kino erzählt wird, führt einen Beweis, ganz gleich welches Genre sie bedient, ob Liebes-, Horror- oder Heimatgeschichte. „Crime doesn't pay" – „Verbrechen zahlt sich nicht aus" ist die Behauptung, die hinter den meisten Kriminalgeschichten steckt, hinter „Inspector Columbo" genauso wie hinter „CSI" oder „Tatort". „Das Gute gewinnt gegen das Böse" ist die Behauptung hinter allen Fantasy-Geschichten, zum Beispiel „Der Herr der Ringe", „Star Wars" oder „Harry Potter". „Liebe überwindet die größten Hindernisse" ist die Behauptung hinter romantischen Komödien, ob „Pretty Woman" oder „E-Mail für Dich" oder „Silver Linings". Stellen Sie sich nun bitte vor, Sie würden eine Nachrichtensendung sehen, in der ein Experte oder eine Expertin behauptet: „Verbrechen zahlt sich nicht aus." „Das Gute gewinnt gegen das Böse." „Liebe überwindet die größten Hindernisse." Und aus. – Würden Sie ihm oder ihr vertrauen?

Glauben Sie angesichts der vielen Milliarden Dollar, die von Spekulantinnen und Spekulanten steuerfrei auf den Cayman Islands geparkt werden, ernsthaft an den Satz „Verbrechen zahlt sich nicht aus"? Glauben Sie daran, dass das Leben immer gerecht ist? Glauben Sie angesichts der aktuellen Scheidungsraten, dass Liebe die größten Hindernisse überwindet? – Wenn Sie aber Filme sehen, in denen diese Behauptungen aufgestellt werden, glauben Sie, wenn auch nur für kurze Zeit, doch daran, da Sie in diesem Moment die Erfahrung machen. Weil Sie mit-erleben, wie unsere intelligenten, verwegenen und sympathischen Kriminalkommissare die üblen Verbrecher erfolgreich zur Strecke bringen. Weil Sie sehen, wie heroische und unbeirrbare Prinzen tausende Meilen in feindlichen, verwunschenen Ländern zurücklegen, um unter Einsatz ihres Lebens gegen grausame Kreaturen aus fernen Universen zu kämpfen und letztlich durch List, Geschick, Mut und Zusammenhalt die abscheulichen Monster besiegen. Für die Länge eines Spielfilms machen Sie, obwohl Ihnen bewusst ist, dass es sich um einen Film handelt, dennoch die Erfahrung, dass es möglich ist. Dass sich das Gute am Ende gegen das Böse durchsetzt. Dass die Liebe die größten Hindernisse überwindet. Die Geschichte selbst liefert durch ihren Verlauf den bildhaften, visualisierten Beweis.

Diesen Beweis brauchen auch sachbezogene Behauptungen, damit das Publikum sein Grundmisstrauen überwinden und Vertrauen entwickeln kann. Natürlich unterscheiden sich die Disziplinen „Medien-Interview" und „Spielfilm"

voneinander. Doch im Prinzip nur insofern, als Sie in einem Interview keine 90 Minuten Zeit haben, um Ihre Erklärungen abzugeben. Das Prinzip bleibt jedoch dasselbe. Der visualisierte Beweis holt eine abstrakte Behauptung auf den Boden der Realität, selbst in einer Fiktion, also in einem Bild von der Zukunft, und verankert sie als Erfahrung im täglichen Leben des Publikums. Dafür stehen Ihnen als Speakerin oder Speaker drei Formen des Beweises zur Verfügung:
1. das praktische Beispiel
2. der Vergleich
3. die Human-Touch-Geschichte

## Die drei Beweismöglichkeiten

### 1. Das praktische Beispiel als visualisierter Beweis

Ein Beispiel ist ein vom Speaker oder der Speakerin bewusst herausgegriffenes, typisches Ereignis, an dem das Publikum die Richtigkeit der Behauptung überprüfen, sprich: erkennen und erleben kann. An diesem „Ereignis" kann sich das Publikum ein Beispiel nehmen.

Ein Meister des praktischen Beispiels ist der Schweizer Soziologe und Ex-UNO-Sonderberichterstatter für das Recht auf Nahrung, Jean Ziegler. Dieser wird nicht müde, *die* Behauptung seines Lebenswerks „Kein Mensch muss hungern!" in Reden und Interviews mit plastischen und drastischen Beispielen zu untermauern. Hier ein Beispiel aus seiner Rede mit dem Titel „Aufstand des Gewissens", die von den Medien auch die „nicht gehaltene Festspielrede" genannt wurde. Der Hintergrund: Jean Ziegler war im Jahr 2011 als Eröffnungsredner der Salzburger Festspiele geladen, wurde dann aber kurzfristig von der Salzburger Landesregierung wieder ausgeladen, und zwar mutmaßlich deshalb, weil einige wichtige Sponsoren der Festspiele die provokanten Haltungen des Redners ablehnten. Jean Ziegler nahm daraufhin die vorbereitete Rede auf und stellte sie auf YouTube. Das Tübinger Seminar für Allgemeine Rhetorik ernannte diese Rede wenig später zur „Besten Rede des Jahres 2011", und der Ecowin-Verlag veröffentlichte die Transkription im Sommer dieses Jahres und machte die Rede für kurze Zeit zum Bestseller.

Jean Ziegler: „Alle fünf Sekunden verhungert ein Kind unter zehn Jahren (1). 37.000 Menschen verhungern jeden Tag, fast eine Milliarde sind permanent schwerstens unterernährt (2). Und derselbe Welternährungsreport der UNO, der alljährlich diese Opferzahlen gibt, sagt, dass die Weltlandwirtschaft in der heutigen Phase ihrer Entwicklung problemlos das Doppelte der Weltbevölkerung normal ernähren könnte (3). Die Schlussfolgerung daraus: Es gibt keinen objektiven Mangel, also keine Fatalität für das tägliche Massaker des Hungers, das in eisiger Normalität vor sich geht."

An den oben in Klammern gesetzten Nummerierungen erkennen Sie übrigens die Struktur eines 3-Blocks. Er enthält drei Begründungen in Form von Statistiken über die Todesraten von unterernährten Menschen und die Leistungsfähigkeit der Weltlandwirtschaft. Darauf folgt die Behauptung: Ein Kind, das an Hunger stirbt, wird ermordet. Dies ist die Grundthese des Herrn Ziegler: „Kein Mensch muss verhungern, wenn wir es nicht zulassen." Um die Wahrhaftigkeit zu unterstützen, gebraucht Jean Ziegler nun einen emotionalen, also visualisierten Beweis, der dem Publikum die Möglichkeit gibt, eine exemplarische Erfahrung mit dem Gesicht des Hungers zu machen. Sein Beispiel: „In den Savannen, Wüsten, Bergen von Äthiopien, in Dschibuti und Somalia sind zwölf Millionen Menschen auf der Flucht. Seit fünf Jahren gibt es wegen der Dürre keine ausreichende Ernte mehr. Der Boden ist hart wie Beton. Neben den trockenen Wasserlöchern liegen verdurstete Rinder, Ziegen, Esel und Kamele. Wer von den Frauen, Kindern und Männern noch Kraft hat, macht sich auf den Weg ..."

In der Regel fallen Beispiele nicht ganz so dramatisch aus. Dennoch sollten Sie keinen Zweifel offen lassen, dass sich Ihre Behauptung in der Realität abbildet, oder im Falle einer Voraussage, abbilden wird. Ein praktisches Beispiel beantwortet die Frage: „An welchen konkreten Zu- und Umständen kann ich erkennen, dass die Behauptung stimmt?"

## 2. Der Vergleich als visualisierter Beweis

Einfache Vergleiche kennen Sie unter dem Begriff „Metapher". Wenn Sie einen Autofahrer mit einer „Schnecke" vergleichen, müssen Sie nicht lange erklären, wie Sie dessen Fahrverhalten bewerten. Wenn Sie in Salzburg von „Schnürlregen" sprechen, vergleichen Sie implizit nicht bloß den Regen mit Bindfäden, die vom Himmel hängen, sondern meinen auch, dass sich das Wetter nicht so schnell bessern wird. Medial finden Metaphern häufig in Schlagzeilen und Headlines Verwendung: Wenn der SPIEGEL im März 2012 nach dem 7:1 Champions-League-Sieg des FC Barcelona gegen Bayern Leverkusen titelt: „Gott zerstörte Leverkusen", muss der Redakteur in seinem Artikel nicht lange erklären, wie Lionel Messi aus seiner Sicht Fußball spielt. Ein Vergleich beweist eine Behauptung dadurch, dass er sie mit einem für das Publikum einleuchtenden, verstärkenden und allgemein anerkannten Bild in Beziehung setzt. Der Vergleich bedient sich somit bereits bekannter, integrierter Werte. Eine Schnecke ist langsam. Gott und die Natur sind mächtig.

Ein Vergleich kann auch breiter ausgeführt sein, dann sprechen wir von einer „Analogie". Barack Obama verwendet diese Beweisform sehr gerne und eindrucksstark. Im Zuge des Präsidentschaftswahlkampfs im Sommer 2012 hielt er eine Rede bei einem Fundraising-Dinner in Baltimore. Darin beschäftigte er sich mit dem Vorwurf seines Kontrahenten Mitt Romney, er habe in den vier Jahren seiner Amtszeit Amerika an den Rand des Ruins getrieben – ohne zu erwähnen, dass er von seinem Vorgänger George W. Bush ein „Schuldenerbe" von einer Billion Dollar übernommen hatte. Obama verglich in seiner Rede das herrschende Defizit mit einer teuren Restaurantrechnung, auf der einer sitzen bleibt, nachdem sich alle anderen Gäste heimlich davonmachen: „Das ist, wie wenn du in ein Restaurant gehst und ein komplettes Menü bestellst, mit blutigen Steaks, Martinis und so weiter. Und gerade zu dem Zeitpunkt, wenn du ins Lokal kommst und dich zu Tisch setzt, stehen die anderen auf und gehen. Und sie beschuldigen dich darüber hinaus, die Absicht zu haben, die Zeche zu prellen!" Kein Begriff in diesem Vergleich ist übrigens zufällig, denn Martinis und blutige Steaks sind die klassischen Bestandteile einer typisch republikanischen BBQ-Party.

Ein anderer Vergleich aus Obamas Wahlreden ist in den Medien als „Car-in-the-ditch"-Vergleich bekannt geworden. Um demselben Vorwurf, die Demokraten hätten Amerika zu Grunde gewirtschaftet, argumentativ zu begegnen, verglich Obama die Republikaner mit Autofahrern, die ihr Fahrzeug in den Straßengraben gefahren hätten. Und während er, Barack Obama, als Pannendienst die Karre wieder flottzumachen versucht, schlürfen die Republikaner am Straßenrand gemütlich ihre Drinks. Aber in dem Moment, in dem er das Auto wieder fahrtüchtig gemacht hat, möchten sie umgehend die Schlüssel zurück.

Analogien sind sehr wirkungsvolle Mittel. Im Gegensatz zur Metapher, wie der Autofahrer/Schnecken-Vergleich, ist die Analogie eine etwas breiter angelegte Story. Das Bild, das Ihre Behauptung, Ihren Standpunkt, oder Ihre Meinung illustriert, soll in beiden Fällen dem entsprechen, was Sie mit Ihrer Behauptung meinen. Die zentrale Frage lautet: „Mit welchem Bild ist meine Behauptung vergleichbar?"

### 3. Die Human-Touch-Geschichte als visualisierter Vergleich

Eine Human-Touch-Geschichte gibt dem Publikum die Möglichkeit, sich mit einem Menschen zu identifizieren, dem im zur Debatte stehenden Thema eine wichtige Rolle zukommt. Die Identifikation mit „dem Hauptdarsteller" oder „der Hauptdarstellerin" ist das Ziel der Human-Touch-Story.

Als Österreicherin oder Österreicher erinnern Sie sich vielleicht daran, dass in diesem Land Asylwerber für eine große Mehrheit und für lange Zeit zu einer anonymen Masse zählten. Irgendwie schwierig, zwischen *denen* zu unterscheiden. Flüchtlinge, Asylantinnen, Fremdarbeiter, Zuwanderinnen, gar nicht einfach, da den Überblick zu bewahren. In jedem Fall „Ausländer". Und auf unsere Gastfreundschaft und finanzielle Hilfe angewiesen. Ein Umstand, der nicht nur in Österreich, sondern in ganz Europa zu Vorurteilen und sozialen Spannungen führte und nach wie vor führt.

Bis die breite Öffentlichkeit im Jahr 2007 Arigona Zogaj kennenlernte. Das damals 16-jährige Mädchen kosovarischer Herkunft stand nach der Ablehnung mehrerer Asylanträge mit ihrer Familie kurz vor der Abschiebung. Um der Ausweisung zu entgehen, tauchte Arigona unter und hinterließ einen Brief, in dem sie mit Selbstmord drohte, sollten sie und ihre Familie nicht in Österreich bleiben dürfen. In der oberösterreichischen Gemeinde Frankenburg, wo die Zogajs seit Jahren lebten und bestens integriert waren, demonstrierten Bürger und Schulfreundinnen für ihren Verbleib. Die Landesregierung überredete den damaligen Innenminister Günther Platter, den Fall wieder aufzurollen. Dieser hatte sowohl einen Antrag auf Niederlassung aus humanitären Gründen, als auch dessen Berufung abgelehnt. Tage später tauchte Arigona beim Pfarrer einer Nachbargemeinde auf, der sie bei sich aufnahm und juristisch und medial betreute. Inzwischen hatte der Fall Aufsehen in der Öffentlichkeit erregt und in Österreich eine breite Debatte über das humanitäre Bleiberecht, seine Anwendung und den allgemeinen Umgang mit Menschen losgetreten, die trotz vollständiger Integration vor der Abschiebung in ihre Herkunftsländer standen. Durch Arigona Zogaj bekam die anonyme Masse ein *Gesicht*. Diese Tatsache bescherte der damaligen Innenministerin Maria Fekter eine veritable mediale Krise, als diese in einem Interview mit der Tageszeitung DIE PRESSE die Ausweisung der Familie mit den Worten verteidigte, sie habe „nach den Gesetzen vorzugehen, egal ob mich Rehlein-Augen aus dem Fernseher anstarren oder nicht". Spätestens als Arigona Zogaj ihre ersten Interviews in muttersprachlichem Deutsch mit oberösterreichischer Dialektfärbung gab, war die Asylpolitik und deren rigide Auslegung in Österreich absurd geworden. Wenige Wochen später präsentierte Amnesty seinen Jahresbericht mit dem besonderen Hinweis, dass die gesamte Familie Zogaj schon aufgrund der allgemeinen Menschenrechte einen sicheren Aufenthaltstitel in Österreich erhalten sollte. Die zu diesem Thema sonst lautstarken Proteste rechter Parteien blieben in diesem Fall bemerkenswert verhalten.

Das Gesicht eines konkreten Menschen – noch dazu eines jungen Mädchens in einer verzweifelten Situation – und die Möglichkeit für das Publikum, sich mit diesem in Beziehung zu setzen, hatte in der Öffentlichkeit mehr Anteilnahme bewirkt, als es Zahlen, Daten und Fakten zur großen Gruppe der Migrantinnen und Migranten je geschafft hatten. Die Geschichte der Arigona Zogaj verdeutlicht damit auch die Funktionsweise der menschlichen Aufmerksamkeit: Ein Mensch, der uns bewegt, bewegt uns, im wahrsten Sinne des Wortes. Dies ist das Prinzip der „Human-Touch-Geschichten".

Die Identifikation mit einem anderen Menschen ist die stärkste Version von Mitgefühl und Anteilnahme. Aus „Ich fühle mit dir" wird „Ich fühle wie du". Dieses Gefühl lässt sich zwar verschweigen, nicht aber vor sich selbst bestreiten. Es ist erlebt und damit wirklich. Natürlich funktioniert dieses Human-Touch-Prinzip in alle Gefühlsrichtungen und wirkt in allen Bereichen. Wenn wir zum Beispiel über die tollen Erfolge einer Entwicklungsabteilung aus der Autoindustrie hören, ist das die eine Sache. Wenn wir aber die Geschichte einer Technikerin lesen, die in der Nacht in die Firma fuhr, weil sie auch im Traum nicht aufhören konnte, weil sie an der Lösung eines immer wieder auftretenden Problems arbeitete und um 4:20 Uhr früh an einem Samstag alle Kollegen anrief, weil „sie alle gemeinsam es nun geschafft hatten", erleben Sie diesen großen und berührenden Moment mit.

Gibt es einen konkreten Menschen, der in Ihrem Thema eine wichtige Rolle spielt? – Erzählen Sie von ihm. Leidet dieser Menschen unter Zu- und Umständen, die Sie kritisieren? – Erzählen Sie davon. Sie benötigen dafür nicht zwingend ein Foto. Bieten Sie Ihrem Publikum ein „inneres Bild", eine Vorstellung: „Stellen Sie sich vor, Sie wären Arigona Zogaj. Sie wären 16 Jahre alt, würden fließend Deutsch sprechen, und Ihre Familie wäre in dem Land, in das sie nach furchtbaren Erlebnissen in Ihrer früheren Heimat flüchten mussten, bestens integriert. Sie gingen hier seit Jahren zur Schule, hätten viele Freunde und durch Ihre

Schulerfolge in einigen Jahren gute Aussichten auf eine gute Arbeit. Sie würden in diesem Land leben in der zuversichtlichen Hoffnung auf ein gutes Leben – wenn es das österreichische Fremdenrecht nicht gäbe."

Barack Obama geht in seltenen Fällen noch einen Schritt weiter, indem er *sich selbst* seinem Publikum als Hauptfigur der Human-Touch-Geschichte anbietet. So zum Beispiel im Juli 2013: Mitte des Monats war der weiße Nachbarschaftswächter George Zimmerman, der ein Jahr zuvor den afroamerikanischen Teenager Trayvon Martin – wie er angab – aus Notwehr erschossen hatte, von einem Gericht in Florida freigesprochen worden. Das Urteil ließ Unruhen befürchten, und tatsächlich standen in den Tagen nach seiner Verkündung alle Zeichen auf Sturm. Hunderttausende Menschen aller Hautfarben zogen in den amerikanischen Städten auf die Straße, um gemeinsam gegen den aus ihrer Sicht rassistischen Urteilsspruch zu demonstrieren. Es schien nur mehr eine Frage der Zeit, wann die bis dahin friedlichen Proteste in Gewalt umschlagen würden. Da trat Barack Obama im Pressezentrum des Weißen Hauses vor Journalistinnen und Journalisten und sagte: „Wie Sie wissen, habe ich, gleich nachdem Trayvon Martin erschossen wurde, gesagt: Das hätte mein Sohn sein können. Ein anderer Weg, dies auszudrücken, ist: Trayvon Martin, das hätte ich vor 35 Jahren sein können. (…) Es gibt sehr wenige afroamerikanische Männer in diesem Land, die nicht die Erfahrung gemacht haben, verfolgt zu werden, während sie in einem Kaufhaus einkauften. Das gilt auch für mich. Es gibt sehr wenige afroamerikanische Männer, die nicht selbst die Erfahrung gemacht haben, dass sie hörten, wie Autoschlösser verriegelt wurden, während sie auf der Straße liefen. Das ist mir passiert – zumindest bevor ich Senator wurde. Es gibt sehr wenige Afroamerikaner, die nicht die Erfahrung gemacht haben, dass, wenn sie in einen Aufzug stiegen, eine Frau ihre Handtasche umklammerte und nervös die Luft anhielt, bis sie aussteigen konnte. Das passiert häufig ..." Der Freispruch von George Zimmerman erfülle auch ihn mit Schmerz, so Obama weiter, weil er selbst früher „eine Reihe von Erfahrungen" gemacht habe, die ihn das Vorurteil spüren ließen, schwarze Männer würden eine Bedrohung darstellen. Aber trotz des Verständnisses für die Wut der Afroamerikaner stelle er sich hinter das amerikanische Gesetzbuch und appelliere an Besonnenheit bei den Demonstrationen. Wirkungsvoller lässt sich eine „Human-Touch-Geschichte" kaum anwenden.

### Ein kleiner Hinweis am Schluss ...

Es ist für getäuschte, betrogene Menschen eine große Sache, wieder an etwas glauben zu dürfen. Wieder Vertrauen zu gewinnen. Wieder festen Boden unter den Füßen zu spüren. Mit dem Ausbruch der Finanzkrise und den vorangegangenen Lügen und Irrungen ist viel Raum und Gelegenheit für jene entstanden, die sich an dieser „Wiederaufbauarbeit" im Bereich des Vertrauens beteiligen wollen. Rhetorische Strukturen, wie der 3-Block, die Kombination von Behauptung, Begründung und Beweis und erzählerische Formen können diesen Wiederaufbau erleichtern und beschleunigen. Noch einmal sei hier aber darauf hingewiesen: Die dahinter stehende, ehrliche Absicht können rhetorische Gefäße nicht ersetzen.

# KAPITEL 11

# „What", „How", „Why"
# und die drei Distanzen
# zum Publikum

Vertrauen ist im „Mimikry"-Zeitalter eine Bringschuld. Es muss von Unternehmen und Personen aktiv hergestellt, erzeugt, produziert werden. Erinnern Sie sich mit mir an den Sommer 2009 – als bekannt wurde, dass Fe Lastrella, kalifornische Immobilienmaklerin, auf einen Schlag vier Verwandte verloren hatte, weil in deren Toyota Lexus bei etwa 160 km/h das Gaspedal plötzlich klemmte und das Auto ungebremst in einen Canyon raste. Sie blieben nicht die einzigen Opfer: Insgesamt verloren damals in den USA 34 Menschen bei ähnlichen Unfällen mit einem Toyota ihr Leben.

Fe Lastrella erschien ein halbes Jahr später vor dem amerikanischen Kongress und erzählte ihre persönliche Geschichte. Wenige Minuten später wurde der Konzernchef Akio Toyoda zum Rapport gebeten. Die Bilder des geknickten Mannes, der vor den Kameras Tränen vergoss, gingen um die Welt. „Autos machen einem wieder Angst", titelte damals das WALL STREET JOURNAL. Toyota holte in einer Rückrufaktion 2,3 Millionen Autos zurück in die Werkstätten, was Kosten in der Höhe von etwa zwei Milliarden Dollar verursachte – eine der größten Rückholaktionen in der Wirtschaftsgeschichte der Menschheit. Und es war dem Unternehmen selbst nach dieser Aktion nicht möglich zu garantieren, dass derartige Fehler nunmehr völlig ausgeschlossen wären.

Stellen Sie sich vor, Sie wären damals Konzernsprecher oder Konzernsprecherin der Firma Toyota gewesen. Was hätten Sie tun oder lassen müssen, was hätten Sie sagen können, um diesen massiven Vertrauensbruch und das beschädigte Image Ihres Unternehmens zu korrigieren? Klar ist, dass es keinen Sinn gemacht hätte, auf bis dahin erbrachte Leistungen des Unternehmens hinzuweisen und über innovative Errungenschaften und Preisvorteile der Produkte zu sprechen. Niemand hätte Interesse für neue Features entwickelt. Bilanzen und geplante Umsätze für Europa und die USA wären Themenverfehlungen gewesen. Themen, die unter gewöhnlichen Umständen durchaus relevant und naheliegend wären, in dieser besonders kritischen Situation jedoch vollkommen deplatziert gewirkt hätten. Auch der in den USA jedem Kind bekannt Slogan „Heute Qualität – morgen Erfolg" funktionierte aus nachvollziehbaren Gründen nicht mehr. Toyota musste schwere Fehler und Mängel in der Konzernführung zugeben, die dafür verantwortlich gewesen waren, dass die Qualität der Produkte gelitten hatte.

Tatsächlich ist in einer solchen Situation das Anerkennen der Realität und vor allem das Mitgefühl die einzig richtige Alternative. Der US-Verkaufschef von Toyota, Jim Lentz, zeigte dies in diversen Auftritten im amerikanischen Fernsehen sehr deutlich. Überstanden oder abgewendet war die Krise damit keineswegs. Wenn Menschen durch das Verschulden eines Unternehmens ums Leben kommen, muss sich der Konzern auf längere Zeiträume einrichten, in denen das Vertrauen durch aktive Arbeit wiederhergestellt werden kann. Was Toyota allerdings in dieser Krisenzeit am meisten half, war das Bekenntnis zur Bemühung und zu harter Arbeit. Unternehmenssprecher wurden nicht müde, regelmäßig wiederkehrend zu betonen, dass „wir bei Toyota rund um die Uhr schuften, um die Menschen und deren Glauben an das Unternehmen wiederzugewinnen." Toyota benötigte Zeit und bewies Geduld, um bei seinen Kundinnen und Kunden Monat für Monat den Beweis dafür anzutreten, dass das Unternehmen es mit dem Bemühen ernst meinte. Toyota zeigte, durch regelmäßige Hinweise auf die Anstrengungen des Unternehmens, dass der Autohersteller sich bewusst war, den Menschen etwas schuldig zu sein. Das Ziel war es, dem alten Slogan wieder gerecht zu werden. Zu beweisen, dass sich morgen der Erfolg (wieder) einstellen wird, wenn Toyota sich heute anstrengt.

Eine Menge Unternehmen hätten diese Geduld nicht aufgebracht und versucht, der Krise auf der Produktebene entgegenzuwirken. Also das „What" auf der „What"-Ebene zu retten. Sie hätten versucht, sich mit der Behauptung, alles Menschenmögliche für die Sicherheit der Kunden und der Produkte getan zu haben, so rasch als möglich aus dieser Situation zu befreien. Immer wieder hören wir nach Rückholaktionen das in diesen Fällen zumeist von den Rechtsabteilungen der Konzerne verordnete Krisen-Statement: „Die Sicherheit unserer Kunden ist uns das oberste Ziel". Im Regelfall dient dieses Statement dazu, vermeintliche Wiedergutmachungszahlungen fürs Erste abzuwenden. Diese Reaktion ist allerdings ein Hinweis auf wenig Bereitschaft, sich aktiv bemühen und verloren gegangenes Vertrauen zurückgewinnen zu wollen – in der Annahme, Vertrauen würde vom Publikum ohnehin automatisch entgegengebracht.

Anders bei Toyota: Als das Produkt (das „What") angeschlagen war, zeigte das Unternehmen auf der weiter im Inneren, etwas verborgener liegenden „How"-Ebene, „wie" es sich in so einer schwierigen Situation verhält. Das Unternehmen produzierte auf dieser Ebene aktiv und glaubwürdig neues Vertrauen in das Produkt. Es war sich seiner Bringschuld bewusst. Und drei Jahre nach der Affäre hat Toyota die Krise überwunden: Im August 2012 berichtete die FINANCIAL TIMES DEUTSCHLAND, das Unternehmen stünde kurz davor, der weltgrößte Autobauer zu werden.

### Der „Goldene Kreis": Vom "What", vom „How" und vom "Why"

Der britische Marketingexperte Simon Sinek entwarf in seinem 2009 erschienenem Buch „Start With Why! – How Great Leaders Inspire Everyone To Take Action" ein einfaches und wirkungsvolles Überzeugungsmodell, das er den „Golden Circle" nannte, den „Goldenen Kreis". Das Modell besteht aus drei Kreisen mit verschiedenem Umfang und einem gemeinsamen Mittelpunkt. Also ähnlich einer Zielscheibe. Der äußere Kreis bezeichnet das „What", also „was" durch das Handeln eines Unternehmens hervorgebracht, sprich produziert wird. Im Falle von Toyota wären das Autos. Im Falle von Apple das iPad oder der iPod. Im Falle von Coca-Cola wäre es schlicht Coca-Cola.

Der mittlere Kreis bezeichnet das „How", also „wie" und auf welcher Art und Weise das Unternehmen diese Produkte produziert. In Rekordzeit oder im Sinne ökologischer oder sozialer Belange. „Fair Trade"-Produkte geben uns einen deutlichen Hinweis auf das „How". Nicht dass der Kaffee um Klassen besser schmeckt, wenn er fair gehandelt wird, aber er macht ein gutes Gewissen, denn vor unserem geistigen Auge schüttelt der amerikanische Unternehmer dem südamerikanischen Kaffeebauern die Hand und überreicht ihm einen fetten Scheck, sobald wir ins Regal fassen. Auch die im „Mimikry"-Zeitalter von vielen Firmen in vorauseilendem und teilweise notwendig gewordenem

Gehorsam eingerichteten Compliance-Richtlinien sind ein Zeichen für das „How"-Bewusstsein einer Company. Compliance-Richtlinien regeln den korrekten Ablauf von Geschäften und Geschäftsbeziehungen. Jede Versuchung, sich durch Aufmerksamkeiten und Geschenke für Partner und Kundinnen Vorteile zu erwirken, soll dadurch unterbunden werden. Selbst wie viel ein Business-Lunch kosten darf, wird darin festgehalten. Oder auch wie hoch der Preis für ein Gastgeschenk im Zuge eines Auslandsbesuchs sein darf. So soll jeder Verdacht der Korruption von vornherein vermieden werden.

Der innerste Kreis kennzeichnet das „Why", „warum" ein Unternehmen herstellt, was es herstellt. Dieser Kreis benennt, was die Firma antreibt. Welches Motiv sie hat. Das „Why" ist die im Innersten liegende Instanz eines Konzerns. Die Seele, wenn Sie so möchten. Dieses „Why" findet sich als Mission Statement auf zahlreichen Homepages, Foldern und Flyern von Unternehmen. „Das Leben von Menschen in Not und sozial Schwachen durch die Kraft der Menschlichkeit verbessern." – So lautet zum Beispiel das Mission Statement des Roten Kreuzes. Oder: „Für die Mehrzahl der Menschen ein besseres Alltagsleben schaffen", das Mission Statement von IKEA. Oder: „Wir bringen das Funkeln in den Alltag der Menschen", das Mission Statement von Swarovski.

Sineks „Golden Circle"-Modell findet sich in vielen Darstellungsformen von Unternehmen wieder. Wenn Sie die Homepages von Unternehmen oder Organisationen öffnen, finden Sie dort in der Registerkarte „Über uns" all jene Informationen, die über das „What" dieses Unternehmens sprechen, zum Beispiel: „Die *Pharmacare AG* gehört zu den weltweit führenden innovativen Unternehmen in der Gesundheitsversorgung mit Arzneimitteln und medizinischen Produkten. Ziel des Konzerns ist es, innovative Produkte zu erforschen, zu entwickeln, zu produzieren und zu vertreiben. Unser operatives Geschäft ist in vier Divisionen aufgeteilt: usw. ..." Oder: „*Oneworld* ist eine internationale Umweltschutzorganisation, die globale Umweltprobleme aufdeckt, die Verantwortlichen beim Namen nennt und Änderungen durchsetzt. Ziel der seit 1970 tätigen Organisation ist es, die Vielfalt aller Lebewesen zu erhalten und zu schützen." In beiden Beispielen wurden die Namen geändert . Es sind dennoch Beschreibungen von tatsächlich existierenden Unternehmen, die auf diese Art und Weise der Öffentlichkeit bekannt machen, was sie hervorbringen bzw. anzubieten haben. Im „What-Circle" beschreiben Unternehmen ihre Tätigkeit, nennen ihre Produkte, geben Pläne und Projekte bekannt.

Das ist wichtig und richtig. Wirklich tiefes Vertrauen wird durch eine Sachinformation jedoch noch nicht aufgebaut. Wenn Menschen lesen, dass Sie das weltweit führende Unternehmen in der Gesundheitsversorgung, der Telekommunikation oder der Herstellung von Tiefkühlpizza leiten, ist es noch keine vertrauensbildende Maßnahme, sondern eine Grundvoraussetzung, die lediglich Information zur besseren Orientierung im Sinne von Vergleichsmöglichkeiten mit anderen Anbietern möglich macht. Es gibt mit Sicherheit mehrere Unternehmen, die von sich behaupten, ein führendes Unternehmen in der Gesundheitsvorsorge, in der Autoindustrie oder in der Herstellung von Tiefkühlprodukten zu sein. Und die in ihren mündlichen oder schriftlichen öffentlichen Auftritten mit unterschiedlichen Worten dasselbe behaupten: „Wir sind die Besten", „Wir haben, was Sie suchen."

Um die Entscheidung für einen Deal herbeizuführen, braucht es mehr aktive Vertrauensarbeit. Den zukünftigen Kunden und Kundinnen muss ein genauerer Einblick in tiefer liegende Ebenen des Unternehmens gestattet werden. Unternehmen müssen in ihrer Kommunikation aktiv werden und ihre Tore öffnen, damit sich Interessenten ein klares Bild vom „Wesen" des Unternehmens machen können. Je größer und somit undurchschaubarer ein Konzern ist, desto weiter müssen diese Tore geöffnet werden. Der „How-Circle" ist eine Möglichkeit dafür: Er lädt die Konsumentinnen und Konsumenten ein, sich ein Bild von Prozessen, von internen Abläufen, aber auch dem Miteinander in einer Firma zu machen. Am Beispiel der Pharmacare AG klingt das so: „Science for a better life: So lautet unser Versprechen an die Gesellschaft. Wir arbeiten nachhaltig und stellen uns unserer Verantwortung als sozial und ethisch handelndes Unternehmen. Eine zentrale Rolle spielen dabei unsere Werte: Leadership, Integrität, Flexibilität und Effizienz, zusammengefasst unter dem Begriff LIFE." Oder das Beispiel der Oneworld-Organisation: „Ein zentrales Element der Oneworld-Arbeit ist die Aktion. Hierbei begeben sich Aktivisten an einen Ort, der ihrer Auffassung nach symbolisch für Umweltzerstörung steht. Mittels spektakulärer Maßnahmen direkt am Ort des Geschehens versucht die Organisation, die Öffentlichkeit aufmerksam zu machen, um Industriekonzerne oder Regierungen durch öffentlichen Druck zum Einlenken zu bewegen."

Wenn sie erfahren, „wie" ein Unternehmen seine Ziele erreicht, lernen Konsumenten etwas über sein Verhalten, seine Mentalität. Dadurch steigt in der Regel das Vertrauen in sein Produkt oder seine Dienstleistungen. Umgekehrt kennen Sie den Effekt bestimmt: Wenn, wie es öfter im Zuge von Pressekonferenzen oder Interviews der Fall ist, ein Konzern die aktuellen Kennzahlen nicht offenlegt, weil es sich, so die Begründung, um ein börsennotiertes Unternehmen handelt, entsteht in derselben Sekunde Misstrauen. Auf Skandale, Bestechungsaffären und Verdächtigungen im Bereich des Verhaltenscodex einer Firma reagieren Aktienkurse und Produktnachfrage äußerst empfindlich. Als die Deutsche Bank am Wochenende des 19. und 20. Oktober 2013 bloß in Verdacht geriet, in die Manipulation des Libor-Zinssatzes [„*London Interbank Offered Rate*": *Zu diesem Zinssatz borgen sich die Banken untereinander Geld., Anm.*] verwickelt zu sein, sank deren Aktie am darauf folgenden Montag um 1,5 Prozent und gehörte damit zu den größten DAX-Verlierern dieses Tages.

Das „Why", die „Seele" eines Unternehmens, liegt hinter dem letzten Tor, das es zu öffnen gilt, in seinem innersten Kern. Simon Sinek rät in letzter Konsequenz, und das bestimmt nicht zufällig, in dieser Zeit des erhöhten Misstrauens Präsentationen, welcher Art auch immer, sofort mit dem „Why" zu beginnen. Das Innere gleich zu Anfang nach außen zu kehren. Keinen Zweifel aufkommen zu lassen, mit wem die anderen es zu tun haben. Welche Grundhaltungen das Unternehmen auszeichnet und welche Motive es antreibt. Und somit die Frage, ob das Unternehmen unser Vertrauen und unsere damit verbundene Gefolgschaft verdient, sofort zu beantworten.

„Unser Unternehmen Pharmacare lebt durch den ungebrochenen Erfindergeist seiner Gründer. Schon vor 175 Jahren hat Max Mustermann den Grundstein gelegt. Es ließ ihm keine Ruhe ... Diese Lust an der Erforschung ist unser Schlüssel zu Geheimnissen und zu Innovationen." Die Organisation Oneworld bewegt der feste Glaube, dass „wenige Menschen Wesentliches verändern können, wenn sie über Missstände wirkungsvoll Zeugnis ablegen".

### Das „Why" und die Stabilität Ihres Kerns

Warum stehen Sie eigentlich jeden Tag in der Früh auf?
 Wofür setzen Sie sich ein?
 Mit welchen Problemen befassen Sie sich?
 Was sind Sie bereit, für ihre Ziele zu tun?

Was der „Golden Circle" für Unternehmen und Organisationen ist, ist für Personen und Funktionen die

Kommunikation in drei unterschiedlichen Distanzen zum Publikum: in der öffentlichen, der persönlichen und der intimen Distanz. Anstelle Tore zu öffnen, müssen sich Präsidenten, Bundeskanzlerinnen, Wirtschaftskapitäne und Prominente auf den Weg machen. Auf den Weg hin zum Publikum. Auf die Menschen zu.

Ein sehr einfaches Beispiel ist der Wahlkampf: Politiker und Politikerinnen aller Parteien mischen sich unter die Leute. Lassen sich von Blasmusikkapellen anhupen, in Kleinbetrieben auf die Schulter klopfen, zeigen sich interessiert an persönlichen Schicksalen und Alltagsproblemen. Im Kampf um die Stimmen der Wählerschaft nehmen die Politikerinnen und Politiker Kontakt auf. Kommen ganz dicht ran. Je näher, desto besser. Viele Präsidenten versuchen, trotz hoher Gefahr von Attentätern in der Menge Hände zu schütteln. Jemand zu sein, der den Kontakt sucht, der zum Anfassen nah ist. Auch wenn die Absicht durchschaubar ist, bleibt dieser hautnahe Kontakt für viele Menschen eine bleibende Erinnerung.

Jeder Mensch hat persönliche Beziehungen zu anderen Menschen. Das macht uns auch ein gutes Stück als Menschen aus. Manche begegnen sich offener, manche etwas vorsichtiger. Und in jeder einzelnen Begegnung, ob persönlich, also Face to Face, ob als Speaker oder Speakerin am Podium vor einem großen Publikum oder über Medien, in jeder Form der Begegnung liegt die Möglichkeit, mehr Vertrauen aufzubauen und zu schaffen, als vorher bestand.

Viele Menschen beschäftigt das Problem des mühelosen Näherkommens, ohne dabei distanzlos zu wirken. Bekanntschaften zu machen, mit jemandem vertraut zu werden, ohne dabei Grenzen zu verletzen. Besonders Geschäftsleute, die durch ihr Business gezwungen sind, zu Kongressveranstaltungen, zu Empfängen oder auf Dinnerpartys zu gehen, obwohl es nicht ihrem Naturell entspricht, sind in dieser heiklen Situation gefordert. Geht es doch bei diesen Veranstaltungen zumeist darum, Kontakte zu knüpfen und Vertrauensverhältnisse herzustellen. Aber während Simon Sinek Unternehmen empfiehlt, mit dem „Why" zu starten, also das Innerste nach außen zu kehren, und das am besten gleich zu Anfang, wäre das im persönlichen Bereich bereits der Anfang vom Ende eines Vertrauensverhältnisses.

Beim Vertrauensaufbau von Person zu Person gehen Sie, im Sinne der Worte, am besten Schritt für Schritt vor, um sich dem Gegenüber langsam anzunähern. Aus der sogenannten „öffentlichen Distanz", über die „persönliche Distanz" hin zur „intimen Distanz". Also aus der Entfernung in die Nähe. Auch hier besteht eine Bringschuld bei derjenigen Person, die Vertrauen erwirken möchte. Noble Zurückhaltung ist zu defensiv für Menschen, die in der Öffentlichkeit stehen und aktiv Vertrauen aufbauen müssen. Wem es darum geht, mit vielen Menschen vertraut zu werden, der muss etwas dafür tun und darf sich nicht erwarten, dass ihm das Vertrauen wie von selbst entgegengebracht wird.

Bleiben wir kurz in der Vorstellung, wir wären auf einer Dinnerparty, einer Veranstaltung mit etwa 100 Leuten, am Abend und in halbentspannter Atmosphäre. Würden wir uns das erste Mal sehen, einander vorgestellt werden und eine Unterhaltung beginnen, würden wir höchstwahrscheinlich vorerst in der „öffentlichen Distanz" bleiben. Wir würden darüber reden, wie toll das Buffet schmeckt, wie großartig das Ambiente und wie interessant der Anlass der Veranstaltung ist. Wir würden uns an den realen, aktuellen Zu- und Umständen orientieren. Am Außen. Und unsere Funktion als Gäste erfüllen. Die „öffentliche Distanz" bedeutet, darüber zu sprechen, was real und aktuell zur Diskussion steht, und die im Moment gefragte Rolle einzunehmen. In der Politik oder der Wirtschaft bedeutet das, in der Rolle zu bleiben, die die Funktion vorgibt. Damit meine ich, dass im Interview oder am Podium der Finanzminister und die Kanzlerin als Finanzminister und Kanzlerin sprechen. Und das über Themen, die im Moment politisch dringlich und gefragt sind.

Wenn wir alles Nötige zum Essen, zu den Tapeten und zum gegebenen Anlass besprochen hätten, wäre es wahrscheinlich, uns für den jeweils anderen als private Person, auch abseits des Events, zu interessieren. Wir würden vielleicht die Familienverhältnisse klären, nachforschen, ob wir gemeinsame Bekannte haben, oder ob uns nur der Gastgeber verbindet. Vielleicht würden wir über Vorlieben und Neigungen reden, über Bücher, über Interessen – und dabei feststellen, dass uns manches verbindet und manches klar unterscheidet. Dass wir in einigen Belangen wie Filme und Bücher übereinstimmen, und dass wir in anderen Bereichen sehr unterschiedliche Ansichten haben. Wir würden uns innerhalb der „persönlichen Distanz" befinden. Wir würden klären, wie wir leben und das Leben sehen. Noch immer außen, doch einen gewaltigen Schritt näher als noch in der „öffentlichen Distanz". Die „persönliche Distanz" in Politik oder Wirtschaft beginnt dort, wo wir als Publikum Einblick in das private Leben von Prominenten erhalten. Wenn die, die wir lediglich aus den Medien und in deren Funktion kennen, plötzlich über ihr Leben Auskunft geben. Portraits von bekannten Personen werden dadurch spannend, dass wir uns mit ihnen vergleichen können. Was verbindet uns und was trennt uns? Viele Zeitungen berichten in Wochenendausgaben darüber, was Stars und Promis zum Frühstück essen, wohin sie in den Urlaub fahren und wie sie sich entspannen. Der Kick und die Emotion entstehen durch die Annäherung. Als würde eine bis dahin unerreichbare Person plötzlich begreifbar, menschlich, ähnlich. Sie kommt uns nahe, oder zumindest näher. Ob wir die Person mögen oder nicht, spielt dabei keine Rolle.

Zurück zur Party. Falls wir uns auch auf der persönlichen Ebene sympathisch und anziehend finden würden, könnte so viel Sicherheit von der neuen Bekanntschaft ausgehen, dass wir nach und nach Themen innerhalb der „intimen Distanz" berühren könnten. Die „intime Distanz" bedeutet nicht, dass wir uns ungeachtet des Geschlechts und Alters über unsere bevorzugten Sexualpraktiken austauschen sollten, sondern dass wir unsere inneren Vorgänge und Gedanken zum Thema machen würden. Wir könnten uns darüber unterhalten, was wir empfinden, wenn wir neuen Menschen vorgestellt werden. Wie wir denken, wenn wir einen Saal mit 100 Personen betreten und uns fremd fühlen. Und vielleicht auch, dass wir beim ersten „Hallo" weitaus nicht so selbstsicher waren, wie wir uns den Anschein gaben. Menschen sind sich dann am nächsten, wenn sie sich anvertrauen. Das können Gefühle sein oder innere Einstellungen oder Gedankengänge. Das Thema in der „intimen Distanz" sind innere Vorgänge. Der innerste Kern unserer Persönlichkeit.

Näher können sich Menschen nicht kommen, als dass sie ihre Gefühle und Gedanken austauschen. Auch in der Politik und in der Wirtschaft sind das die großen Sternstunden, wenn uns „Funktionen" diesen großen Schritt näher kommen und uns einen Blick auf ihren inneren Kern erlauben, der uns zu Vertrauten macht. Diese Menschen bringen sich ein und werden transparent und durchschaubar. Sie bieten aktiv Vertrauen an. Wenn einem Helmut Schmidt oder einem Joachim Gauck „das Herz auf der Zunge" liegt, sind das oft sehr berührende und damit intime Momente. Wenn das Einverständnis mit dem inneren Kern einer anderen Person, einer Unternehmenssprecherin oder eines Opinionleaders gegeben ist und somit ein Vertrauensverhältnis besteht, werden selbst Fehler und Unzulänglichkeiten entschuldigt. Zumindest sind die Fehler nicht unverzeihlich. Sie schaffen sich mit diesem „Angebot" einen Bonus, der Ihnen in unangenehmen Situationen gute Dienste leistet.

Jeder von uns kann nachvollziehen, dass wir auf Menschen unterschiedlich reagieren, obwohl sie genau dasselbe getan oder gesagt haben. Dass wir auf das gleiche Verhalten unterschiedlich reagieren. Angeblich gibt es ja auch diejenigen, denen wir einfach nicht böse sein können. Oder die sich dafür zumindest sehr anstrengen müssen. Zurückzuführen ist das auf unsere Bauweise. Wir sind zwar nicht alle gleich, haben aber einen gemeinsamen Nenner, nämlich die Erfahrung mit der besten Form von persönlichem Vertrauen. Wenn zwei einander zwar gerade nicht so gut verstehen, sprich: es auf der Sachebene Schwierigkeiten gibt, und dennoch die Qualität der Beziehung nicht in Frage gestellt wird.

Um uns diesen Aggregatszustand einer „soliden" Beziehung im innersten Kreis, also innerhalb der „intimen Distanz" näher anzusehen, tun wir kurz einen gewaltigen Schritt zurück – an Ihren Lebensbeginn. Und sehen wir nach, was Sie damals so draufhatten. Was dieses Wunder Mensch nach der Geburt so faszinierend macht. Von der ersten Sekunde Ihres Lebens an waren Sie in Schwierigkeiten. Konnten sich weder verständlich machen, noch die Angelegenheiten des Lebens selbst in die Hand nehmen. Sie waren aufgeschmissen. Wären da nicht am Windelende Ihres Lebens Mama und Papa gewesen. Sie haben sich Ihr Geschrei angehört, Ihre Proteste, Ihr Glücksglucksen und alles, was Sie sonst noch zu bieten hatten. Durch die verlässliche Zuwendung, die permanente Nähe, Feedback in Form von Anerkennung und das Riesenherz Ihrer Eltern haben Sie Vertrauen in die Welt, zu sich selbst und zu anderen erlangt. Nun gibt es im Laufe des Lebens auch in dieser Beziehung Hochs und Tiefs, keine Frage. Doch wenn die Richtung stimmt, kann dieses Vertrauen kaum erschüttert werden.

Sehen wir uns die gleiche Beziehung noch einmal einige Jahre später an. Im jugendlichen Alter von 16. Das mit dem Rundum-Vertrauen ist so eine Sache geworden. Manches können Sie den Eltern noch zumuten, andere Dinge behalten Sie für sich. Sie halten Mama und Papa teilweise für „okay", zumindest partiell, aber auch für total daneben. Die Zeit verbringen Sie in der Regel mit anderen wichtigen Bezugspersonen. Freunden und Freundinnen, die Sie inspirieren, Ihr Lebensgefühl teilen, mit Leuten, die genauso drauf sind wie Sie selbst und die wissen, wo es lang geht. Mama und Papa stehen auf der Warteliste eher unten, wenn es um gemeinsame Stunden geht. Die Nähe gehört nun anderen. Dennoch: In der Regel wissen Sie, in letzter Konsequenz würden diese beiden Menschen für Sie da sein. Dann, wenn es ums Eingemachte geht. Wenn die Not am Größten ist. Genau wie früher.

Was hat sich also im Sinne der Kommunikation geändert? Was ist gleich geblieben?

Anscheinend können Sie Inhalte, Botschaften, Nachrichten nicht mehr ganz unter einen gemeinsamen Hut bringen. Die Ansichten, Meinungen und Einstellungen gehen auseinander. „Was" angesagt ist, unterscheidet sich in diesem Alter in der Regel von dem, was die Eltern gut finden. Und somit gibt es auf der äußeren Ebene, innerhalb der „öffentlichen Distanz", dem „What" kaum gemeinsame Urteile. Auch das „Wie", in der „persönlichen Distanz" also die Art, in der die oder der Einzelne ihr oder sein Leben lebt, geht mehr und mehr in andere, eigene Richtungen. Der Lebensstil und die Gestaltung der Tage entsprechen den eigenen Interessen, den eigenen Neigungen und den Gewohnheiten und Vorlieben des Freundeskreises. Kurz gesagt: Sie machen den Tag zur Nacht und versuchen durch Kleidung, Umgangsformen und Ausdrucksweisen eine Persönlichkeit zu definieren und nach außen sichtbar zu machen. Was Sie meinen und wie Sie leben möchten, hat sich mit der Zeit verändert.

Doch der innerste Kern der Beziehung ist unverändert geblieben. Sie haben, wenn zu Beginn Ihres Lebens alles einigermaßen gut gelaufen ist, nach wie vor Grundvertrauen zu Ihren Eltern, also innerhalb der „intimen Distanz", dem „Why". Je stabiler der Kern, desto unzerbrechlicher oder unverletzlicher ist die Schale. Sprichworte, oder Redewendungen, wie: „Im Kern ist er ein guter Kerl", sind keineswegs ohne tiefen Sinn. Die Chance, sich selbst, einer Funktion oder einem Unternehmen eine sichere Schale zu schaffen, besteht, wenn Sie sich um den Kern der Beziehung zu den Kundinnen und Kunden bemühen.

## Die Leiden des jungen Tony Hayward

Doch wo sich große Chancen bieten, besteht auch immer erhöhtes Risiko. Ähnlich einer die Kräfte potenzierenden Hebelwirkung im Bereich der Physik. Ein Phänomen, das ein hohes Maß an Gutem hervorbringen kann, kann sich bei falschem Einsatz, mit fataler Wirkung, ins Gegenteil verkehren. Die sukzessive Annäherung an das Publikum bis in die „intime Distanz" kann kontraproduktiv sein und dramatische Folgen haben, wenn sich im innersten Kern zeigt, dass die Person den charakterlichen Anforderungen einer zu bewältigenden, schwierigen Situation nicht gerecht wird. Sie können noch so überzeugende Strategien verfolgen – wenn Sie bei der Frage, „warum" Sie etwas tun, nicht entsprechen, misslingt die gesamte mediale Kommunikation, besonders in der Realität des „Mimikry"-Zeitalters. Es gibt in den letzten Jahren viele Beispiele von hoch angesehenen, erfolgreichen Menschen, die aus diesem Grund gescheitert sind und Funktion und Position verloren haben.

Erinnern Sie sich noch an den ehemaligen CEO der Ölfirma BP, Tony Hayward? Wenn nicht, erinnern Sie sich bestimmt an die „Ölpest", die den Golf von Mexiko heimsuchte, nachdem die von BP betriebene Ölplattform „Deepwater Horizon" im April 2010 in Brand geraten und im Meer versunken war. Dieses Ereignis war nicht nur eine schreckliche Katastrophe für Mensch und Natur in diesem Gebiet, es war auch eine schwere Krise für das Unternehmen, denn BP verlor nach Bekanntwerden des Unglücks zwischenzeitlich an die 23 Milliarden Dollar an Börsenwert. Kein leichter Job also für den CEO, der mehreren Zielgruppen Rede und Antwort stehen musste: den betroffenen Fischern an der Küste, die ihre Existenzgrundlage zu Recht in Gefahr sahen und wissen wollten, wie lange es denn dauern würde, bis das Pipelineleck in etwa 1500 Metern Meerestiefe geschlossen werden konnte. Der amerikanischen Regierung, die das Unternehmen für die Folgeschäden haftbar machen wollte. Den Aktionären, die ihr Geld im Golf von Mexiko versinken sahen und Rechenschaft forderten. Und natürlich den Angehörigen der elf Arbeiter, die bei dem Unglück ums Leben gekommen waren. Eine solche Situation ist für jeden der blanke Alptraum. Denn natürlich hatte niemand das Unglück gewollt oder durch eine Entscheidung absichtlich herbeigeführt. Und doch war eine unglückselige Verkettung von Fahrlässigkeiten nicht von der Hand zu weisen. BP war zu dieser Zeit, in diesem April 2010 mit einem Schlag zum wahrscheinlich unbeliebtesten Unternehmen des gesamten Planeten geworden.

Tony Hayward warf sich zunächst mit viel Engagement in die kommunikative Schlacht: Er richtete in Alabama eine „Kommandozentrale" ein, von der aus er persönlich jeden Tag darüber berichtete, wie BP gerade an der Eindämmung der Katastrophe arbeitete. Er ließ Informationen über die Ölpest auf die Website von BP stellen und eröffnete eine eigene Homepage, die auch heute noch aktiv ist und die Maßnahmen des Unternehmens zur Wiedergutmachung des Schadens veröffentlicht. Hayward sprach in Interviews für amerikanische und britische Zeitungen davon, die Verantwortung zu übernehmen, die Kosten zu tragen und angemessene Entschädigungszahlungen leisten zu wollen. Das „What" und das „How" waren in der Kommunikation von Tony Hayward beispielhaft abgehandelt. Und auch wenn er in den Live-Einstiegen nie ganz seinen technokratischen Tonfall ablegen konnte, war aus rein kommunikationsstrategischer Sicht für das Unternehmen vieles richtig angelegt. Es war jedenfalls viel mehr, als das Publikum bei Ölkatastrophen der Vergangenheit wie den Havarien der Tanker „Amoco Cadiz" oder „Exxon Valdez" gewohnt gewesen war – dort hatten die Verantwortlichen mit aller Kraft und Konsequenz zu mauern versucht.

Doch dann traf der Ölteppich auf die Küste. Die Bilder von leblosen, ölverschmierten Seevögeln am Strand eroberten die Titelseiten der Zeitungen und waren Aufmacher der Fernsehnachrichten. Den Ingenieuren wollte es einfach nicht gelingen, das Leck zu schließen. Und Ende Mai musste BP schließlich einräumen, dass die Katastrophe nicht unter Kontrolle sei. Der Druck auf den CEO Tony Hayward wuchs beträchtlich. Und es reichte plötzlich nicht mehr, auf der „What"- und „How"-Ebene zu kommunizieren. Tony Hayward wurde persönlich gefordert. Als Person unter Druck gesetzt. Die Öffentlichkeit wollte wissen, was in diesem Mann vorging. Welche Emotionen er mit dem Versagen des Unternehmens und dessen Experten verband. Am 30. Mai 2010 stellte ein Reporter des Senders FOX NEWS eine dahin abzielende, naheliegende Frage: „Was sagen Sie den Menschen in Louisiana, wenn das Öl die Küste erreicht?" Und fragte damit nicht nach einem Unternehmens-Statement für die Menschen in Louisiana, sondern nach dem Mitgefühl und der Anteilnahme des CEOs Tony Hayward mit und an den Menschen in dieser verzweifelten Lage. Er fragte im Grunde nach dem, was in Hayward vorging, während die Katastrophe auf die Menschen an der Küste zusteuerte. Und Hayward antwortete: „*Wir* (das Unternehmen BP) bedauern die gewaltige

Zerstörung, die die Katastrophe angerichtet hat. Es gibt niemanden, der lieber hätte, dass diese Sache beendet ist, als *ich* (ich, Tony Hayward). Wissen Sie: *Ich* (der innerste Kern in mir) will mein Leben zurück." „I want my life back!"

Damit wurde mit einem Mal klar, was viele vermuteten. Dass es Tony Hayward in erster Linie um sich selbst ging. Dass er alle Energie aufbrachte, um sein eigenes Leben wieder in Ordnung zu bringen und bestenfalls in zweiter Linie an jene dachte, die eigentlich betroffen waren. Tony Hayward hatte in seiner Tätigkeit als Krisenkommunikator bis zu diesem Zeitpunkt unzählige Sätze in diverse Kameras und Mikrophone unterschiedlichster TV-Stationen oder Printmedien gesprochen, doch diese eine Aussage wurde ihm zum Verhängnis. „Ich will mein Leben zurück." Dieser Satz löste eine Welle der Entrüstung unter allen Beteiligten aus: Da wollte einer, der mehrere Millionen Dollar im Jahr verdiente, sein Leben zurück, während die Fischer an der amerikanischen Golfküste, vielleicht 20.000 oder 30.000 Dollar im Jahr verdienten und dabei zusehen mussten, wie auch das wenige verloren ging, was sie besaßen. Die Reaktionen kamen heftig und postwendend. Die NEW YORK DAILY NEWS nannte Hayward den „meistgehassten Mann Amerikas". Der GUARDIAN warf ihm „titanische Inkompetenz" vor. Ganz allgemein wurde er in den Medien als das „Gesicht der Ölpest" bezeichnet. Die Aktionäre flüchteten aus ihren BP-Aktien. Kurz danach reihte sich Barack Obama im Weißen Haus mit einer Rede zur Ölpest ein. Eine Rede, die auch deshalb große Beachtung fand, weil sie als Kriegserklärung inszeniert war. Der Präsident sagte vom Schreibtisch des Oval Office dem Unternehmen BP den Kampf an – so, wie seine Vorgänger Bill Clinton oder George Bush Senior es mit Slobodan Milosevic oder dem Irak getan hatten. Nach dieser Demaskierung verdächtigten die Medien Hayward nun, immer schon das wahre

Ausmaß der Katastrophe verschleiert zu haben. Wie auf Befehl schraubten ganze Heerscharen von Experten in den Talkshows ihre Schätzungen darüber, wie viel Öl noch in den Golf von Mexiko austreten würde, in astronomische Höhen. Und der Satz „I want my life back!" wurde im öffentlichen Leben zur stehenden Sentenz. Wenige Zeit später gab Hayward seinen Rückzug als CEO von BP bekannt.

Es ist anzunehmen, dass Hayward einer Sonderform eines „Freud'schen Versprechers" zum Opfer fiel: also einer sprachlichen Fehlleistung, bei der die eigentliche Meinung oder die eigentliche Absicht des Sprechers oder der Sprecherin zutage tritt, ohne dass er oder sie es eigentlich wollte. Dieser Freud'sche Versprecher verriet in einem kleinen Augenblick der Unachtsamkeit die wahren Gedanken des CEOs – und zeigte seinem Publikum ungeschminkt, wofür er bis dahin gestanden war und gearbeitet hatte: für seinen Profit und seine Karriere. Kein Problem – wenn er sich auf einer Aktionärsversammlung befindet und der eigene Profit der Vorteil aller ist. Hier würden die inneren Absichten der Parteien einander nahe liegen. Der Kontext dieser Situation ließ jedoch diese Art der Ehrlichkeit nicht zu. In dieser Situation ist die Wahrheit nicht anzuraten! Das wäre ein Missverständnis. Es wäre vielmehr darauf zu achten, sich gar nicht in die „intime Distanz" ziehen zu lassen, sondern besonnenen Abstand zu bewahren und so für einen kleineren kommunikativen Hebel zu sorgen. Gerade dann, wenn die öffentliche Meinung den inneren Vorgängen zuwider läuft.

### Ein vorbildlicher Wanderer auf dem Weg von außen nach innen

Das Gegenteil zu dieser ökologischen Tragödie, dem damit verbundenen Medienspektakel und dem Untergang des Protagonisten Tony Hayward bietet die Geschichte von

Nelson Mandela, den ich als leuchtendes Beispiel im Sinne der „öffentlichen", „persönlichen" und „intimen Distanz" anführen möchte. Nicht zuletzt, weil seine Geschichte der Realität standhält und den Weg von außen nach innen anschaulich macht.

Im Juli 2013 gleicht das Krankenhaus in Pretoria, in dem der 94jährige Nelson Mandela behandelt wird, einer Festung im Belagerungszustand. Fernseh- und Radioteams aus der ganzen Welt sowie Heerscharen von Printjournalisten verbringen Tag und Nacht vor den Eingängen und Zufahrtstraßen des Krankenhauses und beobachten aufmerksam jede Bewegung von Ärzten, Politikern und Familienmitgliedern, die sich dem Gebäude nähern. Sie versuchen, jeden Vorgang und jede neue Entwicklung in Erfahrung zu bringen, die sich hinter dem Fenster des Raums abspielen, in dem der an einer schweren Lungenentzündung erkrankte Mann vermutet wird. Jedes Detail, jede Nuance seines Gesundheitszustandes ist eine Nachricht oder einen Aufmacher in den wichtigsten Medien des Landes wert. Tatsächlich bekommen die Journalisten Tag für Tag lediglich den Statusbericht des Präsidentensprechers zu hören: „Der Zustand Mandelas ist kritisch, aber stabil."

Zum ersten Mal in der Geschichte Südafrikas ist der Gesundheitszustand eines Menschen Thema der Debatten im Parlament. Südafrikanische Teenager, die sich schulklassenweise aus Bussen auf die Straße vor dem Spital ergießen, rufen in die Mikrophone und Kameras der Journalisten: „Du musst dich erholen – gute Besserung, Papa Madiba!" Papa Madiba ist der Stammesname Nelson Mandelas. Mit diesem angesprochen zu werden, gilt in Südafrika als höchste Ehrerbietung. In diesen Tagen reisten Menschen aus allen Teilen des Landes und Touristen aus nahen und fernen Ländern in seinen Geburtsort Soweto, um seinen „Geist" zu suchen – und fanden dort Menschen, die auf offener Straße dafür beteten, dass Papa Madiba seine schützende Hand nicht von ihrem Land nehmen möge.

Mandela House, Mandela Street, Mandela Square. Er ist der Vater der Nation, ihr Held, ihr romantischer Revolutionär und ihr Symbol für tiefe Menschlichkeit. Und dies ungeachtet der Tatsache, dass Mandela selbst Zeit seines Lebens mit dieser Rolle unglücklich war, weil sie, wie er selbst sagte, „zu viel von einem Menschen verlangt". Nach seiner Haftentlassung wurde Mandela zum Medienstar mit Kultstatus. Seine Autobiografie erklomm weltweit die Bestseller-Charts. Zehntausende feierten im Juli 2008 im Londoner Hyde Park den 90sten Geburtstag ihres Idols, darunter schwarze und weiße Südafrikaner in friedlicher Eintracht. Mandela ist eine Marke. Mandela ist Kult. Auch nach seinem Tod.

Diesen einzigartigen Status hat Mandela dadurch erworben, dass sein ganzes Leben und seine Entwicklung lückenlos bekannt und nachvollziehbar sind. Die Welt weiß um seine Karriere, seine Leistungen und seine Funktionen. Sie sah, wie er die Gefangenschaft meisterte und ungebrochen aus ihr hervorging. Jeder konnte erkennen, dass er in 27 Jahren Gefängnis eine Metamorphose durchlebte: vom aufbrausenden, unbeherrschten Kämpfer zum friedlichen, weisen Revolutionär. Die Menschen lernten, ihm zu vertrauen, weil sie ihn von ganz außen, von der „öffentlichen Distanz", nach ganz innen, in die „intime Distanz" begleiten durften. Und weil seine äußeren Leistungen, also seine öffentlichen Ämter wie das des Staatspräsidenten, des Nobelpreisträgers, des Anführers des ANC und Begründers der Demokratie in Südafrika mit seinem Privatleben, also seiner langen Gefangenschaft (wie makaber das auch klingen mag), übereinstimmten. Mandela war ein Mann, dessen Leben und Denken die ganze Welt bis in die intimsten Winkel beobachten und nachvollziehen konnte. Die Zeitung DIE WELT gab einem Portrait über Mandela anlässlich seines 90sten Geburtstages den Titel „Der Mann, der niemals aufgab". Und angesichts seines auf das Äußerste exponierten Lebens drängte sich dem Publikum die Frage auf: Wie konnte er das ertragen, so daraus hervorgehen, und warum tat er sich das mit knapp hundert Jahren, bis kurz vor seinem Tod, immer noch an? Woher nahm der Mensch Nelson Mandela seine Kraft? – Desmond Tutu, Erzbischof von Kapstadt, langjähriger Freund und Kampfgenosse, sah die Antwort so: „Mandela ist jemand, der weiß, dass er das wunderbare Privileg besitzt, ein Führer zu sein. Aber für ihn ist die herausragende Eigenschaft eines Führers, für das Wohl der Geführten alles zu geben, ganz für sie da zu sein." Laut Desmond Tutu hieß Nelson Mandelas Mission Statement: „Immer für die Sache, immer für die Menschen, nie für dich selbst."

Doch so bedeutend eine derart erfolgreiche Revolutionsbewegung für die unmittelbar Beteiligten auch ist – für die große, weite Welt ist sie noch nichts Besonderes. Würden wir alle Revolutionen und Umstürze zusammenzählen, die die Gesellschaften und Staaten dieser Welt im Laufe ihrer langen Geschichte in Atem hielten, kämen wir mit Sicherheit auf tausende. In Südafrika selbst gab es im letzten Jahrhundert mehrere oppositionelle Gruppierungen, Lobby-Organisationen und Protestbewegungen, die zur gleichen Zeit dieselben politischen Ziele verfolgten wie der ANC – und alle hatten sie ihre Anführer. Da war zum Beispiel die „Industrial and Commercial Workers Union", eine Arbeiterbewegung der südafrikanischen Schwarzen, mit ihrem Generalsekretär Clements Kadalie. Da waren die „Industrial Workers of Africa", eine Organisation, die ebenfalls die Arbeiter der schwarzen Townships organisierte, da war die South African Communist Party mit ihrem Vorsitzenden Senzeni Zokwana, die heute noch aktiv und im südafrikanischen Parlament vertreten ist. Sie alle waren – genau wie der ANC – unzufrieden mit der Gesetzgebung der jungen, weißen, südafrikanischen Union und begehrten mehr oder weniger gewaltsam dagegen auf. Und dennoch sind deren Ruhm und deren Bekanntheit sehr begrenzt.

Es ist also zweifellos nicht das „What", also die Leistung, die in der „öffentlichen Distanz" sichtbar ist, dafür verantwortlich, dass Millionen, wenn nicht Milliarden Menschen auf der ganzen Welt Nelson Mandela kennen und schätzen, sondern die transparente, einsehbare Übereinstimmung der Leistungen und der Handlungen mit dem innersten Kern der Persönlichkeit. Und die Möglichkeit für das Publikum, in der „intimen Distanz" – durch die vielen Briefe und Schreiben von Nelson Mandela – erkennen zu können, dass seine Motive, seine Gedanken, seine Gefühle mit seinen „Werken" übereinstimmen.

Tony Hayward wäre besser auf der Unternehmenslinie geblieben: Hätte also als Speaker und Verantwortlicher des Unternehmens agiert und „What" und „How" nicht verlassen. Während Nelson Mandela, um es kitschig auszudrücken, seiner Person wegen verehrt wird. So unterschiedlich sich die kommunikativen Leistungen und die persönlichen Schicksale dieser beiden Menschen auch darstellen – ihre Beispiele zeigen dem Speaker und der Speakerin des „Mimikry"-Zeitalters einen gemeinsamen Nenner. Erstens: Das Vertrauen in die eigenen Worte wird gestärkt, wenn alle drei Distanzen für das Publikum einsehbar sind. Und zweitens: Das Vertrauen in die eigenen Worte wird gestärkt, wenn alle drei Distanzen konsistent, das heißt widerspruchsfrei, dargestellt werden.

Wenn, wie es bei Tony Hayward der Fall war, Ihr innerster Kern eine andere Botschaft aussendet als Ihr sachlicher oder strategischer Inhalt, kann Ihre Absicht noch so gut sein – Sie werden das Vertrauen Ihres Publikums verspielen, denn es wird das Gefühl haben, Sie hätten mit Ihren gut klingenden Sachinhalten nichts weiter getan als Ihre böse Natur zu tarnen. Sie hätten sich, um wiederum einen Vergleich aus der Tierwelt zu gebrauchen, mit einem Schafspelz bekleidet, um den Wolf zu verstecken. Wenn sich allerdings Ihr ganzes „What" und Ihr ganzes „How"

zweifelsfrei auf eine innere Absicht beziehen, die um die
Sorgen und Nöte Ihres Publikums Bescheid weiß und sein
Leben aufrichtig zu verbessern trachtet – dann haben Sie
für den Aufbau von Vertrauen im „Mimikry"-Zeitalter Ihr
Menschenmöglichstes getan.

# KAPITEL 12

# Herstellung von Vertrauen durch die Person und ihr Image

Der Inhalt ist einer von zwei zentralen Bestandteilen einer Botschaft. Das andere Element zur Herstellung von Vertrauen sind Speaker und Speakerinnen selbst: Ihre Person ist es, die die Glaubwürdigkeit Ihrer Nachricht maßgeblich mitbestimmt. Diese Tatsache war bereits in der Antike bekannt und wurde in der Rhetorik durch die Begriffe „Logos" und „Ethos" als entscheidende Wirkprinzipien beschrieben. „Logos" meint den Umstand, dass ein Mensch durch die Plausibilität seiner Argumente wirkt. Diese können die *Glaubhaftigkeit* seiner Aussage untermauern und stärken.

„Ethos" behauptet: Ein Mensch wirkt ebenso durch die Eigenschaften, die er als Mensch zu einem Auftritt mitbringt. Was das Publikum von ihm kennt und kennen lernt und ihm deshalb an Charakterzügen zuschreibt. Damit geht es für „Ethos" nicht darum, ob ein öffentlich behaupteter Inhalt glaubhaft oder anzuzweifeln ist, sondern ob der Mensch dahinter *Glaubwürdigkeit* besitzt. Für „Ethos" brauchen Sie deshalb persönliche Eigenschaften, Fähigkeiten, Kenntnisse, die es gilt, in Ihrem Auftritt sichtbar zu machen und so für Ihre Botschaft zu nutzen. Und

Sie brauchen den richtigen Ton und die richtige Darstellung bzw. Inszenierung Ihrer Persönlichkeit, die zu Ihrem Publikum und zum Skript Ihres Zeitalters und Kulturraums passt.

Lassen Sie uns die beiden Wirkprinzipien „Logos" und „Ethos" und ihre zeitliche und kulturelle Verknüpfung am Beispiel der beiden – nach dem Wirtschaftsmagazin FORBES – mächtigsten Menschen der Welt des Jahres 2013 ansehen. Angela Merkel und Barack Obama. Beide in vielerlei Hinsicht faszinierende historische, soziale und kulturelle Erscheinungen. Die erste Frau. Der erste Schwarze. Physikerin. Sozialarbeiter. DDR und Hawaii. BRD und USA. Beide durch Wiederwahl in ihren Ämtern bestätigt. Die perfekte Verführung, sich in den Personen und ihren Biografien zu verlieren. Doch diese Inhalte füllen andere gute Bücher. Gender- und Anthropologie-Aspekte außer Acht: Wir konzentrieren uns hier auf ihre mediale Wirksamkeit im Zuge öffentlicher Auftritte.

### Angela Merkel und das Skript „Mimikry"

22. März 2009, die Finanzkrise ist gerade ein paar Monate alt. Die Wahl zum deutschen Bundestag im September ist noch einige Monate entfernt, der Wahlkampf hat bereits begonnen. Angela Merkel ist zu Gast bei Anne Will in der ARD. Neben der Kanzlerin sind keine weiteren Gäste geladen, sie bestreitet also 60 Minuten Sendezeit allein. Ausnahmsweise wurde die Sendung um 17.00 Uhr aufgezeichnet, und Anne Will kommt in ihrer Anmoderation darauf zu sprechen: „Wir zeichnen sonst nie auf", erklärt sie dem Publikum im Studio, „Und wenn doch, dann muss

schon viel passieren. Und heute, das darf ich Ihnen versprechen, wird viel passieren."

Der Hintergrund: Angela Merkel war für ihr politi-
sches Management der Wirtschaftskrise in den Wochen und
Monaten zuvor heftig kritisiert worden. Von Spitzenkräften
aus den eigenen Reihen ebenso wie von Horst Seehofer (CSU)
und Frank-Walter Steinmeier und Franz Müntefering vom
Koalitionspartner SPD. Der allgemeine Tenor: die „Teflon-
Strategie der Kanzlerin" – eine Metapher für das scheinba-
re Abperlen-Lassen sämtlicher politischer Ratschläge und
Kritik. Was als Stärke des gleichnamigen Kunststoffes in der
Beschichtung von Bratpfannen gesehen wird, schien für das
politische Umfeld der Kanzlerin der Verlust ihrer Autorität
in der Krise. Die Kanzlerin, so der SPIEGEL, ist in jenen
Tagen „das beliebteste Jagdobjekt der Republik".

Anne Will eröffnet die Talkshow. „Man sagt, die Größe
einer Kanzlerschaft erweise sich in Krisenzeiten, weil dann
echte Führungsstärke gefordert sei. Nun haben wir eine
schwere Wirtschaftskrise und wir haben eine Kanzlerin,
doch deren Führungsstärke wird immer gnadenloser in
Zweifel gezogen. Ist Angela Merkel die Richtige, um dieses
Land durch die Krise zu führen? – Frau Kanzlerin, sind Sie
für diese Krise die Richtige?"

Merkels Antwort: „Ja, ich glaube schon."

Es folgt die Einblendung eines geschnittenen Beitrags
mit der gesammelten Kritik der politischen Konkurrenz:
Steinmeier verlangt – „endlich" – eine mutige Führung.
Westerwelle schimpft: „Sie können sich nicht immer verstecken! Wie soll Deutschland nach außen Führung zeigen, wenn es nach innen nicht geführt wird?" Müntefering
fragt: „Weiß die Kanzlerin überhaupt, was sie will?" In
einem zweiten Beitrag werden Menschen auf der Straße gefragt, was ihnen zu verschiedenen Kanzlern der deutschen
Vergangenheit einfällt. Schröder, Kohl, Adenauer – zu
jedem fallen den Leuten ein paar erinnerte Eigenschaften

ein. Nur zu Merkel nicht. Wofür steht diese Frau? „Ja, das frage ich mich auch", ist im Wesentlichen der Tenor in der Reaktion der Befragten. Während der eingespielten Beiträge zeigt ein kleines Fenster am Bildschirm das Mienenspiel der Kanzlerin im Studio. Meist bleibt es ernst, an manchen Stellen lächelt sie. „Wenn selbst der CDU-Ortsverband aus dem Schwarzwald nicht genau weiß, wofür Sie stehen, wie viel Bauchschmerzen macht Ihnen das dann?", fragt Will.

Und Merkel? – Sie pariert die Kritiker aus den Reihen der SPD. Sie schont Horst Seehofer von der CSU. Sie kritisiert Guido Westerwelle für seine Kritik am Enteignungsgesetz der Hypo Real Estate. Zur Kritik aus der eigenen Partei meint sie: „Ich habe sie einfach gern, die CDU. Sie ist meine Heimat." Sie nimmt Anteil an der Situation der Mitarbeiterinnen und Mitarbeiter der Firma Opel, die von Schließungen bedroht sind, ohne eine staatliche Übernahme der Firma in Aussicht zu stellen. Zu den eben bekannt ge-wordenen fortlaufenden Bonus-Ausschüttungen an das Bankenmanagement mitten in der Krise sagt sie: „Das Irre an Boni ist, dass wir früher dachten, die gebe es nur für Erfolg. Und jetzt stellen wir fest, dass es sie für Misserfolg gibt."

„Und was muss denn eigentlich passieren, dass Sie mal richtig zurückschlagen?", fragt Anne Will. „Jeder hat seine Art zurückzuschlagen, … es kann auch mal das Schweigen sein", antwortet Merkel. Lachen und Applaus im Publikum. Nach einer Prognose für den Ausgang der Bundestagswahl gefragt, will sich Merkel auf Zahlenspiele nicht einlassen. Darauf Will: „Ich lasse Sie aus der Prognosefrage nicht raus" Merkel lächelnd: „Das hängt ja von mir ab, ob ich da rauskomme."

„So schlagfertig, ja, so witzig hat man die Kanzlerin selten gesehen", kommentierte am nächsten Tag die FAZ. „Angela Merkel hat Führung gezeigt", meinte der SPIEGEL, und weiter: Merkel fand zusehends „ihr Gesicht der Gelassenheit, ihr Gesicht der Abgeklärtheit, ihr Gesicht für die Krise."

Bei der Bundestagswahl im September 2009 kam die CDU auf 33,8%. Das bedeutete zwar einen Verlust von 1,4% gegenüber der Wahl 2005, andererseits jedoch einen gewaltigen Ausbau des Stimmenvorsprungs zur SPD, die mit 23% Stimmenanteil 2009 im Vergleichszeitraum 11,2% ihrer Wählerschaft verloren hatte. Und doch – in der historischen Rückschau nur ein Vorspiel zur Bundestagswahl 2013: Mit 41,5% Wählerzuspruch und einem Zuwachs von 7,7% erreichte die CDU unter der Führung Merkels ein Wahlergebnis, das in den Viel-Parteien-Systemen Europas vorab kaum jemand überhaupt mehr für möglich gehalten hätte.

Nicht schlecht für eine, zu der den Menschen auf der Straße im März 2009 kaum etwas eingefallen war.

Seit ihrem für viele unerwarteten Aufstieg von „Kohls Mädchen" zur Bundeskanzlerin Deutschlands im Jahr 2005 umgab Angela Merkel der Verdacht der „Führungsschwäche". Ihr für Kritiker viel zu langes Abwägen vor Entscheidungen brachte ihr den Beinamen „Zauderin der Nation" ein, der SPIEGEL erfand für ihren Führungsstil die Metapher vom „stillen Segeln durch die Kanzlerschaft". Für die Öffentlichkeit sprach also offenbar nicht viel dafür, dass Merkel die ideale Person war, Deutschland durch die schlimmste Wirtschaftskrise seit den Dreißigerjahren zu steuern. Schließlich ging es um jenes Amt, von dem Helmut Schmidt einmal befunden hatte, die Last der Verantwortung sei an der „Grenze dessen, was ein Mensch überhaupt ertragen kann".

Und trotzdem. Seit dem Auftritt bei Anne Will 2009 sind mehr als fünf Jahre vergangen, und Angela Merkel sitzt fester im Sattel denn je. Gemeinsam mit Helmut Kohl und Konrad Adenauer ist sie in der Zwischenzeit zur am längsten dienenden Kanzlerin der Bundesrepublik geworden. Das Wirtschaftsmagazin FORBES wählte Merkel seit 2006 mit nur einer Unterbrechung jedes Jahr auf Platz 1 der „mächtigsten Frauen der Welt". Im Jahr 2012 erreichte sie hinter Barack Obama den zweiten Platz in der Rangfolge der „mächtigsten Personen der Welt", der höchste Rang, den eine Frau in dieser Liste bisher erreichen konnte.

In Deutschland selbst ist Angela Merkel längst zur unbestrittenen „Landesmutter der Deutschen" geworden. Und anders als 2005, als die BILD während des Wahlkampfes zu einem unvorteilhaften Foto Merkels titelte: „Darf DAS Kanzler werden?", klingen Schlagzeilen von Tageszeitungen und Magazinen im Herbst 2013 zum Beispiel so: „Merkel plant Reform-Offensive in Europa" (SÜDDEUTSCHE ZEITUNG, 23. 10.) oder „Merkels Europakurs: Rückkehr der Zuchtmeisterin" (SPIEGEL, 21. 10.). Und natürlich Bücher: „Das Phänomen Merkel" von Judy Dempsey, Korrespondentin der INTERNATIONAL HERALD TRIBUNE oder „Angela Merkel – Die Kanzlerin und ihre Welt" von Stefan Kornelius, Außenpolitik-Chef der SÜDDEUTSCHEN ZEITUNG. Mit Angela Merkel haben wir also einen Menschen vor uns, der vordergründig anscheinend gar nichts von dem mitbringt, was gemeinhin mit erfolgversprechendem Verhalten in der Öffentlichkeit in Zusammenhang gebracht wird. Und doch schenken die Deutschen ihr seit nunmehr fast einem Jahrzehnt ihr Vertrauen.

Welche Eigenschaften würden den Menschen wohl 2013 zu ihrer Kanzlerin einfallen? – Lesen wir Presseartikel des Jahres quer, gewinnen wir den Eindruck, dass der Kanon der Eigenschaften, die der Kanzlerin von der Presse zugeschrieben wird, sowohl überschaubar als auch eindeutig ist – und dass, je nach Standpunkt und Perspektive der Autoren, im Prinzip die gleichen Eigenschaften für Lob wie für Kritik eingesetzt werden: kontrolliert, abwägend, verlässlich (für Lob) versus risikofeindlich, zögerlich, pragmatisch (für Kritik).

Auch von „Markenzeichen" ist die Rede: vom „verschmitzten Merkellächeln" (FAZ) oder dem „Merkelizer" (HAMBURGER ABENDBLATT), der typischen Handhaltung, bei der sie aus beiden Daumen und Zeigefingern eine Raute formt, und für die unter dem Namen „Merkel-Raute" inzwischen sogar ein eigener Wikipedia-Artikel zu finden ist. Und die laut Wikipedia bereits „von verschiedenen Personen aufgegriffen und nachgestellt (wurde): So kopierten beispielsweise Recep Tayyip Erdogan, Guido Westerwelle und Gordon Brown die Geste." Die Wachsfigur Angela Merkels bei Madame Tussauds wurde bei einer Erneuerung 2013 um die charakteristische Merkel-Raute ergänzt.

Es ist anzunehmen, dass Angela Merkel dieses Detail ein „Merkellächeln" entlockt hat, denn ihr öffentliches Verhalten ist über fast zehn Jahre so stringent, dass sie es Rezipienten damit fast unmöglich macht, ihr *nicht* zu vertrauen. Und die ihr zugeschriebenen Eigenschaften werden ihr Einverständnis finden, denn sie wurden mit Sicherheit nicht dem Zufall überlassen. Julia Encke schrieb dazu in der FAZ: „In den Jahren ihrer Regierungszeit hat Angela Merkel das Bild, das wir von ihr als privater Person haben, so perfekt kontrolliert wie wohl kein deutscher Bundeskanzler vor ihr."

Der Auftritt der Kanzlerin bei Anne Will im Jahr 2009 ist ein Musterbeispiel für die Art und Weise, wie Merkel durch ihre öffentlichen und medialen Auftritte Vertrauen herstellt. Wenig charismatisch, abwägend, in der Regel ohne Angriffe auf politische Gegner. Angela Merkel bleibt oft still und fängt Stimmungen ein, bevor sie sich selbst äußert. Nur wer schweigen könne, könne klug reden, sagt sie selbst dazu. „Ich mag das nicht, wenn jemand an einem Tag so spricht und am nächsten so, aber dabei immer entschieden ist." Sie glaube, einen Teil ihrer Kraft daraus zu beziehen, dass sie ein „stilles Kind" gewesen sei. Und wenn sie heute manchmal „dazwischenplappert", wenn jemand etwas Witziges oder Nachdenkliches erzählt, „bin ich ärgerlich über mich, dass ich das nicht stehen lassen konnte."

Die Reden der Kanzlerin entsprechen ihrem Gesprächsverhalten: Auch sie sind sachlich, selten kämpferisch, meist nicht wirklich mitreißend, doch immer klar aufgebaut, und sie vermitteln den Zuhörern auch dadurch wiederum die Eigenschaft „Verlässlichkeit". Selbst ihre Gestik wird dahingehend interpretiert. DIE WELT analysierte: „Die Merkel-Raute soll Besonnenheit ausdrücken und die Fähigkeit, die Dinge zusammenzuführen." Und Körpersprachenforscher sprechen vom „Merkel-Dach". Dies sei ein Symbol für Brücken und für Nachbarschaft. Merkel selbst sagt: „Es war immer die Frage, wohin mit den Armen. Und daraus ist das entstanden." Ihre Geste zeige „vielleicht eine gewisse Liebe zur Symmetrie".

Bis zum Wahlkampf 2013 reduzierte sich das Wissen der Öffentlichkeit über die „Privatperson Merkel" auf sehr wenige Geschichten und Anekdoten, die eher über Pressestellen als durch Merkel selbst verbreitet wurden. Und jede unterstreicht die Eigenschaften, die heute das Image der Kanzlerin bilden. Zum Beispiel die Schlafgeschichte: Stimmt es wirklich, dass Angela Merkel mit nur drei Stunden Schlaf auskommt? – Merkel: „Kurzzeitig komme ich mit sehr wenig Schlaf aus. Ich habe gewisse kamelartige Fähigkeiten. Ich habe eine gewisse Speicherfähigkeit. Aber dann muss ich mal wieder auftanken." – Das schafft Vertrauen für Brüsseler Verhandlungsnächte.

Oder die Geschichte zur Spontanität: „Ich wollte immer wissen, was auf mich zukommt, auch wenn das womöglich ein wenig auf Kosten der Spontanität gegangen ist. Mein Leben zu strukturieren und Chaos zu vermeiden, war mir wichtiger." – Chaos vermeiden, Struktur schaffen. Eine wichtige Fähigkeit für die Führung der größten Wirtschaftsmacht Europas. Und vermutlich kennen Sie eine der wenigen Geschichten über das „stille Kind": Beim Weg in die Schule habe sie, wenn sie auf den Bus warten musste, an der Haltestelle Russisch-Vokabeln gepaukt. Ehe sie sich langweilte, wollte sie lieber die Zeit, die ihr zur Verfügung stand, sinnvoll nutzen. – Seien wir ehrlich: Die meisten von uns hätten mit Freunden gequatscht oder wenigstens zur Unterhaltungslektüre gegriffen. Ist das der kleine Unterschied, der letztlich unser Vertrauen in die besonderen Fähigkeiten und die Effizienz der Kanzlerin stärkt?

Darüber hinaus gab es wenige Fotos: Merkel in Begleitung ihres Gatten Joachim Sauer bei den Festspielen in Bayreuth, ein gemeinsamer Spaziergang im Urlaub in Italien. Erst im Frühjahr 2013, fünf Monate vor der Bundestagswahl, dann der mediale Bruch: „Angela Merkel – endlich privat!", jubelte die NEUE POST zu Fotomaterial des Familienurlaubs auf Ischia. Mit Ehemann, dessen Sohn, der Schwiegertochter und Stiefenkel, „in Schlabberklamotten und Mützchen statt Haarspray-Frisur": beim Fußballspiel, Sandburgenbauen, in Jeans und Pulli über italienische Wiesen. Und beim Schieben des Kinderwagens. Doch damit lange nicht genug: In CDU-Wahlprospekten konnten Sie jetzt erfahren, dass Angela Merkel für den Geschmack ihres Mannes „zu wenig Streusel auf den Kuchen macht". Im Gespräch mit der Zeitschrift BRIGITTE im Berliner Gorki Theater gab sie preis, dass „schöne Augen" Männer für sie attraktiv machen. Und dass diese manche Dinge einfach besser könnten. Holzhacken nämlich. Und sie erzählt, wie sie Entscheidungen trifft: Sie will sich „die gesamte Breite der Möglichkeiten vor Augen führen. Wenn ich mir etwas Zeit nehme, um zu meiner Meinung zu kommen, muss ich hinterher damit nicht hadern." Auf die Frage, was den Mythos nähre, dass sie nächtelange Verhandlungen durchhalte und danach noch fit aussehe: „Den Mythos nährt, dass es passiert." Und zur

Babypause der gerade ernannten Bundesfamilienministerin Schröder: „Man soll sich um die Dinge kümmern, die man ändern kann."

„Jetzt will sie auch noch geliebt werden", titelte angesichts der plötzlichen Fülle an privaten Informationen daraufhin die ZEIT, doch wenn wir an die Stelle dieser Vermutung „Logos" und „Ethos" setzen, tut sich ein ganz anderes Bild auf: Neben wertfreier persönlicher Details wie der Vorliebe für „schöne Augen", finden wir – gerade in der Zeit des Wahlkampfs – ausschließlich Fotos und Geschichten, in denen die private Angela Merkel durch Aussagen zu ihrer Person politische Inhalte stützt. Mit Eigenschaften, die perfekt in das europäische Zeitalter „Mimikry" passen und das Skript der Rezipienten nützen: Fotos einer intakten Familie – der Inbegriff von Stabilität und Beständigkeit. Wie das Kuchenbacken. Oder die Vorliebe für das Wandern. Und sehr vernünftig, es in „Schlabberklamotten und Mützchen" zu tun, anstatt im Businesskostüm. – Jedes Foto, jede Geschichte, jede Anekdote, kolportiert oder von Merkel selbst zum Besten gegeben, unterstreicht die Haltungen, für die Merkel auch politisch steht. Dafür muss sie keiner lieben, und schon gar nicht ihre Politik unterstützen (58,5 % der Deutschen haben bei der Bundestagswahl 2013 die CDU *nicht* gewählt), doch die Kongruenz von „Logos" und „Ethos" ist bestechend und macht die Kanzlerin jederzeit glaubwürdig – mit Eigenschaften, die sich im Skript „Mimikry" perfekt bewähren.

„Man kann sich nicht vorstellen", schreibt Marcus Jauer in der FAZ, „dass Merkel ihre Doktorarbeit abgeschrieben hat, ihr Wochenendhaus in der Uckermark von einem örtlichen Klempnermeister vorfinanzieren ließ oder die Karten für die Bayreuther Festspiele nicht selbst bezahlt. Man kann sich auch nicht vorstellen, dass ihr schweigsamer Mann sich einen Forschungsauftrag von ihr zuschanzen lässt, damit er sich häufiger mit ihr in der Öffentlichkeit zeigt. Sie gibt sich nicht den Anschein, so muss sie auch keinen Abstand zum Sein überbrücken. Es ist, wie es ist und was es ist."

Im „Mimikry"-Skript, in dem Tarnung und Täuschung uns Angst bereiten und unser Misstrauen als Rezipienten stets auf Verdachtsmomente gegen mediale Sprecherinnen und Sprecher lauert, zeigt Merkel deutliche Charakterzüge: als Politikerin und Privatperson. Damit gibt sie uns die Gelegenheit, sie zu erfassen. So kann das Vertrauen in ihre Eigenschaften die Oberhand über das grundsätzliche Misstrauen der Zeit gewinnen.

### Barack Obama – und das Skript „Ilinx"

Während die deutsche Kanzlerin seit acht Jahren in großer Perfektion das gegenwärtige europäische Skript „Mimikry" bespielt und damit die Zustimmung ihres Publikums, der deutschen Bevölkerung, beständig vermehrt, ist der Weg, den der amerikanische Präsident in Bezug auf die Gestaltung seines Images ging, ein deutlich anderer. Denn im Amerika der ausgehenden Bush-Regierung herrschte ein anderes Skript.

Denken Sie kurz an den Wahlkampf zur amerikanischen Präsidentschaft 2008 zurück, die in diesem Jahr am 4. November stattfinden sollte. Wären Ihnen im September 2008 Eigenschaften zum demokratischen Kandidaten Barack Obama eingefallen? – Selbst wenn Sie kein explizites Interesse an internationaler Politik haben, ist mein Tipp: Zumindest an den Wahlslogan „Yes, we can!" haben Sie sich sofort erinnert. Oder war es „Change!", das Ihnen als Erstes eingefallen ist? Möglicherweise sind auch gewisse Eigenschaftszuschreibungen in Ihrem Gedächtnis aufgetaucht: charismatisch, kraftvoll, visionär.

Wenn es jemals einen Kandidaten gab, der sich auf Grund seiner rhetorischen Fähigkeiten zum politischen Hoffnungsträger einer Weltmacht machen konnte, dann ist dies Barack Hussein Obama. Denken Sie an die Grundsatzrede, die der damalige Senator von Illinois am 27. Juli 2004 bei der Democratic National Convention hielt, die John Kerry zum US-Präsidentschaftskandidaten kürte. Er zeichnete damals ein Bild der amerikanischen Gegenwart: die missbrauchte Verfassung, die weltweite Verachtung für Amerika, Arbeitslosigkeit, Wohnungsnot, horrende Arztkosten, das unzulängliche Bildungssystem, die verkrüppelt heimkehrenden Veteranen, die in „Gewalt und Hoffnungslosigkeit" versinkende Jugend. Dann schilderte er seine Familiengeschichte, die seinen Glauben an den amerikanischen Traum begründet habe, und plädierte zum Schluss für nationale Einheit: „Es gibt nicht ein liberales Amerika und ein konservatives Amerika – es gibt die Vereinigten Staaten von Amerika. Es gibt nicht ein schwarzes Amerika und ein weißes Amerika und ein Latino-Amerika und asiatisches Amerika – es gibt die Vereinigten Staaten von Amerika. Es gibt Patrioten, die gegen den Krieg im Irak waren, und es gibt Patrioten, die ihn unterstützten. Wir sind ein Volk, wir alle schwören dem Sternenbanner Gefolgschaft, wir alle verteidigen die Vereinigten Staaten von Amerika."

Diese Rede machte Obama in den USA landesweit bekannt. Und bereits ab diesem Zeitpunkt galt er in den USA als der erfolgreichste politische Aufsteiger der Demokraten und möglicher künftiger Bewerber um das Präsidentenamt. Er hatte seinen Ton gefunden – und damit das Gefühl, das innere Skript seiner Rezipienten in der lähmenden, ohnmächtigen Stimmung der USA der ausgehenden Bush-Ära erreicht. Einem Land in politischer Agonie. Einer gespaltenen amerikanischen Gesellschaft, deren republikanische und demokratische Lager während der Präsidentschaft

George W. Bush in scheinbar unüberwindbare Gegensätze auseinanderdrifteten, sagte er: „Ich kandidiere nicht für das blaue Amerika, nicht für das rote Amerika, sondern für die Vereinigten Staaten von Amerika."

In seinen Reden stellte der Präsidentschaftskandidat seinem Publikum große Fragen: Wie könne man die großen weltpolitischen Fragen lösen? Wie Gerechtigkeit, Wohlstand, Weltfrieden schaffen? Er plädierte für eine „Politik der Hoffnung" und „die Vision eines Amerika, das die Unterschiede von Hautfarbe, Klasse und Partei überwindet und dem Land, zerrissen unter einer Regierung, die sich von den Grundprinzipien der Nation entfernt hat, zu neuer Eintracht verhilft." (FAZ, 13. 1. 2008) Obama entfachte nicht nur Begeisterung, er schien Ohnmacht in Euphorie zu verwandeln. Er versetzte sein Publikum in einen rauschartigen Zustand, der auch nach Europa wirkte. Am 24. 7. 2008 hielt Obama eine Rede zur Außenpolitik in Berlin – nicht als Präsidentschaftskandidat, wie er betonte, sondern als amerikanischer Bürger und „Weltbürger". Er stellte den Mauerfall in eine Reihe mit dem Ende des Ost-West-Konflikts, der Apartheid, mit der Handelsliberalisierung und der modernen Informationstechnologie – den großen Veränderungen der vergangenen Jahrzehnte. Und er sprach die Störungen in der Beziehung zwischen Amerika und Europa der letzten Jahre an:

„Lasst uns vereinbaren, dass wir unsere Kinder nicht in einer Welt zurücklassen, in der Ozeane anschwellen, in der sich Hungersnöte ausbreiten und furchtbare Stürme unsere Länder verwüsten. Lasst uns vereinbaren, dass alle Nationen – einschließlich meiner eigenen – mit der gleichen Entschlossenheit wie Ihre Nation das Kohlendioxid verringern, das wir in die Erdatmosphäre ausstoßen. Bürger Berlins, Völker der Welt – dies ist unser Moment. Dies ist unsere Zeit. Die Straße vor uns wird lang sein. Aber ich stehe vor Ihnen, um Ihnen zu sagen, dass wir die Erben eines Freiheitskampfes sind. Wir sind Menschen mit unwahrscheinlicher Hoffnung. Lasst uns mit einem Blick auf die Zukunft, mit Zuversicht in unseren Herzen uns an diese Geschichte erinnern, dem Schicksal antworten und die Welt wieder erneuern."

Unter dem Titel „Jetzt ist die Zeit, Brücken zu bauen" kommentiert der SPIEGEL am nächsten Tag: „Beifallstürme für Barack Obama: Mit seiner Grundsatzrede zur Weltpolitik begeisterte er sein Publikum. Jetzt sei der Moment, den Planeten zu retten, neue Brücken zu bauen, den Terrorismus zu besiegen, den Verlierern der Globalisierung zu helfen, rief der US-Präsidentschaftskandidat den Berlinern zu", und schreibt weiter: „Jubel, Sprechchöre, viele Fans rufen ‚Yes, we can!'. Barack Obama muss am Ende sehr oft ‚Danke' sagen, bis der Beifall der 200.000 Menschen abgeklungen ist."


## Das Skript „Ilinx"

200.000 Menschen. 200.000 Deutsche, die einem amerikanischen Weltbürger in Begeisterungsstürmen und Sprechchören zujubeln, der an der Siegessäule in Berlin über internationale Politik spricht. Unweigerlich fragen wir uns: Wie ist so etwas möglich? Die Antwort lautet: Weil Obama neben den Skripts „Agon" und „Mimikry" ein weiteres mächtiges Skript ins Spiel brachte: „Ilinx".

Das Wort „Ilinx" kommt aus dem Griechischen und bedeutet „Rausch", wobei damit nicht nur der rauschhafte Zustand gemeint ist, der unter Alkoholeinfluss entsteht, sondern auch der Rausch ohne künstliches „Doping", der sich dann einstellt, wenn wir von der Zuversicht auf ein durch und durch erstrebenswertes Leben erfüllt werden. Das Skript „Ilinx" ist wie eine Kommunikations-Droge, die uns beinahe orgiastische Gefühle bereitet. Es versetzt uns in Euphorie und Ekstase. Es gibt uns eine Idee von uns selbst und der Welt, in der wir leben wollen. Gestattet uns den Kick, zu anderen zu werden, als wir am Boden des Alltags klebend in Wahrheit sind. Egal, ob im Fußballstadion, wo wir mit unserer Mannschaft verschmelzen. Oder bei Großdemonstrationen wie dem Lichtermeer in Wien, um ein Zeichen der Menschlichkeit zu setzen. Es braucht dazu Menschen und klare Vorstellungen von einer Welt, wie sie sein könnte, um in diesen rauschartigen Zustand zu geraten.

Jeder Mensch möchte etwas aus sich machen. „Entfaltungstendenz" nennen dies die Psychotherapeuten. Sie ist uns Menschen naturgegeben. Das Gefühl, in dieser Hinsicht recht gut unterwegs zu sein, stellt sich in der Regel dann ein, wenn das Selbstbild mit dem eigenen Idealbild übereinstimmt. Einfach ausgedrückt: All das, was wir gerne hätten und wären, haben wir und sind wir – im Idealfall *beinahe*. Ein wenig Luft nach oben sollte stets da sein, sonst kann die natürliche Kraft der Selbstentfaltungstendenz nicht wirksam werden. Wenn wir schon alles haben und wenn alles erreicht ist, ist salopp gesagt „Ende der Fahnenstange". Wenn wir also im besten Fall der Fälle *fast* alles haben und *beinahe* alles aus uns gemacht haben, was uns von innen zieht und schiebt, dann braucht es bloß noch ab und zu ein Hochgefühl. Ein Glas Wein mit Freunden, eine Fahrt ins Blaue, guten Sex oder die richtige CD im Auto!

Ich weiß natürlich nicht, ob Sie Hip-Hop hören, Jazz, Country, Rock, Punk oder Klassik, doch ganz bestimmt gibt es Musik, die Sie in Stimmung versetzt. Ganz bestimmt gibt es *den* einen Song, der Sie glückselig und übermütig macht ... der das Beste in Ihnen hervorzaubert. Denken Sie nur mal an eine lange, zu Ende gehende Autofahrt durch die Nacht. Ihr Ziel im Süden liegt nur noch wenige Kilometer entfernt. Gleich haben Sie es geschafft. Langsam arbeiten sich die ersten Konturen der Felsenlandschaft durch die Morgendämmerung. Sie fahren schnurgerade. Kein Fahrzeug, kein Mensch weit und breit. Nur Möwen kreuzen am Horizont. Dort, wo langsam die Sonne aus dem Meer wächst. Und aus den Lautsprecherboxen dröhnt *Ihr* Song ... Sollte sich in diesem oder in ähnlichen Momenten kein Hochgefühl einstellen, bräuchten Sie entweder ein neues Antidepressivum oder ein neues Ziel. Einen guten, neuen Traum vom Leben, das noch vor Ihnen liegt. Eine Fiktion.

„Fiktion" bedeutet, im positiven Sinne und getreu den Fakten eine Welt zu erfinden, die lebenswerter und voller ist als die Welt, in der wir zurzeit leben. Science Fiction im Kopf. Positive Fiktion heißt, Gedanken an eine bessere Zukunft in die größtmögliche, machbare Spannung zur derzeitigen Situation zu bringen. Das heißt, die Welt für sich und natürlich auch für andere neu zu erfinden. Das ist „Ilinx": Die pure, berauschende Fiktion vom Leben ab morgen.

Dass „Ilinx" auch dunkle Seiten kennt, ist gerade in Europa und besonders in Deutschland und Österreich seit dem Nationalsozialismus auf das Entsetzlichste bekannt. Auch der Rausch, den Adolf Hitler mit seiner Vision vom 1000-jährigen Reich entfachte, basiert auf der Fiktion einer Zukunft, die die hoffnungslose Ohnmacht der Bevölkerung in der Weltwirtschaftskrise der Dreißigerjahre ablösen sollte. Heutigen Schätzungen zufolge, die Verbrechen, Vernichtung und auch Kriegsfolgen einbeziehend, kostete dieser entfachte Rausch insgesamt bis zu 80 Millionen Menschen das Leben.

Heute bedienen in Europa vor allem rechte Propheten die Ängste der Menschen in wirtschaftlich schwierigen Zeiten mit negativen „Ilinx"-Skripts, also schlechten Prognosen für die Zukunft und einem dazu passenden Bild der Schuldigen. Mediale Themen und deren Aufbereitung unterstützen sie dabei oft im „Wahl-Fang". Eine gefährliche Zeit, denn besonders empfänglich sind jene Teile der Bevölkerung, die es in der Gegenwart nicht so gut getroffen haben – und dies vor allem in Gesellschaften, die jedem und jeder (scheinbar) alle Möglichkeiten zur Selbstentfaltung bieten. Da, wo es keinen augenscheinlichen, systemimmanenten Grund für das individuelle Versagen gibt, werden Schuldige gesucht, und nicht selten helfen Medien, wenn auch in den meisten Fällen indirekt durch aktuelle Berichterstattung bei einer breit angelegten Suche nach vermeintlichen Verursachern. Da sind dann die Griechen, die uns mit hineinziehen in den Schuldenstrudel. Da gibt es die Zyprioten, die unser Geld mittels hoher Zinsen auf die Konten russischer Oligarchen überweisen. Da gibt es Angst vor Arbeitslosigkeit, Inflation und Verlust der eigenen erworbenen Güter und Ersparnisse.

## Die helle Seite von „Ilinx"

Ein Afroamerikaner als mächtigster Mann der Welt.

Ein Afroamerikaner als Präsident einer weißen Mehrheit.

Noch 2006 wäre bei ähnlichen Äußerungen im öffentlichen Raum von eingeschränktem Realitätsbezug die Rede gewesen. Von Fantasterei abseits jeglicher faktenbezogener Grundlagen. Aber 2008 wurde Barack Hussein Obama Präsident der Vereinigten Staaten. Martin Luther King hatte zirka 45 Jahren zuvor öffentlich „visioniert". Genauer gesagt: im Sommer 1963, indem er eine Welt fernab der damaligen realen, gesellschaftlichen Verhältnisse beschrieb. Er träumte, oder besser: Er hatte die Idee einer Nation, die die Überzeugung leben würde, dass alle Menschen gleich geschaffen sind. Er sah im Traum, wie in einer Weissagung, dass die Söhne von Schwarzen (einst Sklaven) und Weißen (einst Sklavenhalter), brüderlich an einem Tisch sitzen würden. Und er sah im Traum seine vier Kinder zwanglos in einer Nation aufwachsen, in der Menschen für ihren Charakter beurteilt werden und nicht nach ihrer Hautfarbe.

„I have a dream that one day this nation will rise up, and live out the true meaning of its creed: ... that all men are created equal ...

I have a dream that the sons of former slaves and the sons of former slave owners will be able to sit down together at a table of brotherhood ...

I have a dream that my four little children will one day live in a nation where they will not be judged by the color of their skin but by the content of their character.

I have a dream today."

Es ist Ihnen wahrscheinlich vertraut, dass sich Musik stimulierend auf ihre Hörerinnen und Hörer auswirkt und somit ein gesetztes Ziel erreicht. Nämlich innere Anregung, sich je nach Situation in eine bestimmte, gewünschte Richtung zu bewegen. Denken Sie nur mal an Hymnen oder an Kuschelrock. Genauso ist es mit dieser Rede von Martin Luther King geschehen. Seine Rede hat bewegt. Wörtlich. Sein Traum ist Wirklichkeit geworden, und seine Rede hat dazu beigetragen. Er hat die Realität mit seiner Vorstellung von der Zukunft infiziert. Er hat durch seine Rede eine selbsterfüllende Prophezeiung ausgelöst. Für diesen für viele Weiße bedrohlichen Traum hat Martin Luther King mit seinem Leben bezahlt, wie viele Visionäre vor und nach ihm. Doch der Übertrag von Fiktion auf Realität hat funktioniert. Niemand wollte oder *konnte* sich die Zukunft ohne die „Erfindungen" des Redners vorstellen. Auch seine Feinde sahen diese Fiktion als realistisches Modell nur allzu deutlich vor sich und auf sich zukommen. Einen Spinner hätte man nicht ermordet.

Dies gilt sowohl für Martin Luther King, als für den späteren Präsidenten Barack Obama, der mit seinem Visions-Slogan „Yes, we can" eine Nation aus ihrer Lethargie riss und ihr eine neue und wünschenswerte Identität erfand. Der die amerikanische Nation motivierte, etwas zu werden, was sie angeblich schon früher einmal war: eine Gesellschaft mit edlen Prinzipien. Ein Land mit selbstbewussten, achtenswerten, vorbildhaften Menschen. Eine Klasse für sich. Obama hatte diese Mut- und Motivations-Fiktion im rechten Moment entwickelt und war dabei selbst ihr glaubwürdigster Vertreter. Ein Afroamerikaner, der es wagte, die Nr. 1 anzustreben. Der sich zutraute, Verantwortung für mehr als 300 Millionen Menschen zu übernehmen. Dagegen wirkte der Traum vom Tellerwäscher zum Millionär plötzlich überholt und halbherzig.

Bei beiden, sowohl bei Obama als auch bei King, hatte der notwendige und alles entscheidende Übertrag von der gegenwärtigen Situation auf die erdachte Zukunft stattgefunden und die Entfaltungstendenz amerikanischer Bürgerinnen und Bürger entfacht. Heute schreiben wir das Jahr 2014, und Obama ist für eine weitere Periode bestätigt. Natürlich ist die Inspiration, die Begeisterung, die Euphorie gewichen, und der Alltag ist eingezogen. Doch so ist das mit Räuschen. Es folgt die Ernüchterung. Im Fall Amerikas zu diesem Zeitpunkt auf einem höheren, selbstbewussteren und zuversichtlicheren Niveau.


### Jede Zeit hat ihre Helden

Angela Merkel und Barack Obama sind in ihrem Auftreten und ihrem Image in der Öffentlichkeit grundverschieden. Die eine ist die Beharrlichkeit und Solidität in Person. Der andere ist der Inbegriff des Aufbruchs und einer wünschenswerten Zukunft. War er zumindest. Die eine ist zurückhaltend, ja beinahe verschlossen, wenn es darum geht, Informationen oder Emotionen preiszugeben, die jenseits der „öffentlichen Person", also der Rolle und Funktion ihres Amtes zu finden sind. Der andere lässt kaum eine Gelegenheit aus, sein privates Denken und Fühlen, seine Vorlieben, Eigenschaften und Wünsche unter sein Publikum zu bringen. Die eine wirkt zurückgenommen, der andere meist jovial und seiner Sache durch und durch sicher. Die beiden sind grundverschieden, und doch hatten beide durch das Bespielen des richtigen Skripts und der Übereinstimmung von „Logos" und „Ethos" in ihrem politischen Umfeld nachhaltigen Erfolg.

Bitte schließen Sie kurz die Augen und stellen Sie sich die beiden Politiker in vertauschten Rollen vor. Stellen Sie sich vor, Angela Merkel hätte die amerikanische Präsidentschaftskampagne gegen Hillary Clinton, und später inmitten der Wirtschaftskrise gegen John McCain bestritten. Und stellen Sie sich Barack Obama vor, der versuchen würde, den Deutschen mit „Change" und „Yes, we can" Vertrauen in die Wirtschaft und den gesellschaftlichen Wandel zu geben.

Könnte das funktionieren? Hätte ein Mensch wie Angela Merkel in Amerika Erfolg? Wäre Barack Obama in Deutschland der neue Superkanzler? – Natürlich wissen wir das nicht. Doch vielleicht können Sie bereits an der Fragestellung die Absurdität dieses Gedankens erkennen. Barack Obama war *in Amerika* erfolgreich, weil er durch die Eigenschaften, die er in sein Amt mitbrachte, der Richtige war für die Situation, die Zeit und das Publikum, zu dem er sprach. Angela Merkel ist *in Deutschland* erfolgreich, weil sie durch die augenscheinlichen Wesenszüge und Eigenschaften, die sie in ihr Amt als Bundeskanzlerin mitbringt, die Richtige ist. Die Richtige für das, was die große Mehrheit der Deutschen sich angesichts der Krise und als wirtschaftskräftigstes Land im Konzert der Europäischen Union erwarten und wünschen.

Aus der Gegenüberstellung der mächtigsten Frau und des

mächtigsten Mannes der Welt ergeben sich für Speaker und Speakerinnen zwei grundsätzliche Anforderungen:

1. Verfolgen Sie ausschließlich Ziele, die Sie durch plausible Inhalte stützen und durch passende Beispiele und Vergleiche belegen können (Glaub-haftigkeit).
2. Verfolgen Sie ausschließlich Ziele, die Sie mit nach außen wahrnehmbaren Eigenschaften und Fähigkeiten Ihrer Person erreichen können (Glaub-würdigkeit).

Ziele, die trotz reiflicher Überlegung und Vorbereitung beim besten Willen inhaltlich nicht beweisbar sind, können Sie medial nicht kommunizieren. Genauso können Sie Ziele nicht kommunizieren, wenn Sie keinerlei persönliche Eigenschaften mitbringen, die Ihr Publikum davon überzeugen werden, dass Sie, genau Sie, die geeignete Frau oder der geeignete Mann für die anstehenden Aufgaben sind. Überprüfen Sie Ihr Image und legen Sie Wert auf dessen Pflege. Nicht aus Gründen der Eitelkeit, sondern der Professionalität. Denken Sie darüber nach, wie Sie auf Ihr Publikum wirken und welche Ihrer persönlichen Eigenschaften sich im Sinne der Funktion und der Aufgabenstellung besonders deutlich zeigen sollten.

### Image: die Fassade und der Blick dahinter

Zwischen 2008 und 2013 hat sich der Blick auf Unternehmen und Persönlichkeiten verändert. Das Publikum ist durch die Entwicklungen vorsichtiger und misstrauischer geworden. Es will wissen, was hinter Vorhängen und verschlossenen Türen geschieht, und wer sich hinter Funktionen und Masken tatsächlich verbirgt. Dieser gewünschte und für jeden Einzelnen überlebenswichtig gewordene Blick hinter die Fassaden fördert jedoch gegenüber Unternehmen, die unter Verschluss arbeiten, Annahmen und Vermutungen. Die Öffentlichkeit und auch die Medien richten in vielen Fällen ihren Blick durch eine Brille von schmerzlichen Erfahrungen aus der Vergangenheit auf die Gegenwart. Und da Journalistinnen und Redakteuren die Zeit für lange Recherchen nicht reicht, und daher auch nötige Zahlen, Daten und Fakten fehlen, sind Irrtümer und Vorverurteilungen nicht nur nicht ausgeschlossen, sondern vorprogrammiert.

Das Risiko einer Miss-Interpretation von Aussagen zu gesteckten Zielen und gesetzten Handlungen aufgrund einer „gesunden Paranoia des Publikums", wie der Evolutionsbiologe Jared Diamond sie in seinem sozialhistorischen Fachbuch „Das Vermächtnis" beschreibt, ist extrem hoch. Diamonds These ist, dass eine Gesellschaft durch wiederholte negative Erfahrungen mit Macht lernt, einen der Situation angemessenen und somit vernünftigen Verfolgungswahn zu entwickeln. Das Publikum legt also dementsprechend Aussagen und geplante Handlungen einer Person oder einer Organisation negativ aus. Sowohl schlechte Absichten als auch fragwürdige Motive sind in diesem Zweifelpaket enthalten. Mit allem, was Sie sagen und tun, führen Sie, so der Verdacht, etwas im Schilde, das Ihnen nützt und anderen schadet. Wir können dabei von einem „vorauseilenden schlechten Ruf", einem „Negativ-Image" sprechen.

Für Unternehmen bietet sich im „Mimikry"-Zeitalter paradoxerweise gerade durch den Generalverdacht und die (gesunde) Paranoia gegenüber Konzernen eine „notwendige Gelegenheit", etwas zu ändern. Vor den Vorhang zu treten und die Türen weit aufzumachen. Wann, wenn nicht jetzt! Die Alternative hieße absoluter Informationsstopp. Kein Wort mehr nach draußen! Kein Kommentar! Doch erscheint dieser Weg nach der schon thematisierten Regel: „Vertrauen schaffen bedeutet einander vertraut werden" und „Vertrauen ist eine Bringschuld", der diametral falsche Weg zu sein.

Erfolgreiche Unternehmen und Organisationen haben speziell im Social-Media-Bereich bereits reagiert. Dort haben die Beteiligten mittlerweile gelernt, bei Kritik und organisierten, rhetorischen Angriffen nicht lange zuzuwarten, sondern ausgewählte Mitarbeiterinnen und Mitarbeiter des Unternehmens quasi als Gesprächspartner vor die Company zu stellen. Sie heißen John, Margret, Günther oder Maria und „reden" mit den Angreifern. Sie diskutieren, streiten, rücken zurecht, setzen sich auseinander. Sie sind nicht dazu da, Vorwürfe abzuwenden, sondern sich den Kunden zuzuwenden. Eine wichtige Geste und wertvolle Wende im Umgang mit Kritik und dem Aufbau einer Beziehung, denn Kritik gegen einen Konzern ist Kritik gegen anonyme „Graumänner". Durch Margret, John, Günther und Maria bekommen die Konzerne Stimmen und Gesichter.

Ein gutes Beispiel dafür ist „Starbucks" – jene amerikanische Kaffeehauskette, die nach Starbuck, dem Steuermann des Walfangschiffes Pequod aus Herman Melvilles „Moby Dick" benannt ist. Die Seefahrerromantik der ersten Kaffeehändler hat sich mittlerweile weltweit einen Namen gemacht, sodass das Unternehmen heute mit über 15.000 „Coffee Houses" in über 50 Ländern aktiv ist. Starbucks war in den „Neuen Medien" ein Player der ersten Stunde. Spätestens seit dem Jahr 2011 galt das Unternehmen unter Marketingexperten als Paradebeispiel dafür, wie Firmen im Netz erfolgreich Kunden in die Unternehmenskultur einbinden. Zu diesem Zeitpunkt brachte es der Facebook-Auftritt von Starbucks auf knapp 31 Millionen „Likes". Coca-Cola, laut dem Marktforschungsinstitut Interbrand seit 2001 Jahr für Jahr die wertvollste Marke der Welt, brachte es zur selben Zeit auf 32 Millionen „Likes", musste sich aber gleichzeitig Starbucks in der Anzahl der Twitter-Follower bei Weitem geschlagen geben.

Ein Geheimnis dieses Erfolgs ist, dass Starbucks auch auf der Klaviatur der Krisenbewältigung meisterhaft spielt.

Im Oktober 2013 brach in China ein – vom staatlichen TV-Sender CCTV gelenkter – Shitstorm über das Unternehmen herein und brachte es in Bedrängnis. Der Caffè Latte sei in Peking viel zu teuer, stänkerten nach einem Bericht von CCTV tausende Chinesen auf „Weibo", der chinesischen Version von Twitter. Starbucks reagierte wie immer: Die Vertreter der Firma antworteten, wie in den „Neuen Medien" üblich, von Mensch zu Mensch auf einer sehr persönlichen Ebene und setzten sich mit den Anschuldigungen sorgfältig auseinander, stellten eigene Argumente dagegen – und schon nach kurzer Zeit ließen die Vorwürfe nach. Die Menschen beschwerten sich in Folge beim Auslöser der Negativ-Kampagne, beim Staatssender CCTV, der so unwichtige Randthemen wie den Preis eines Bechers Kaffee aufbausche, sich aber um wichtigere Dinge wie überhöhte Mietpreise, fehlende Gesundheitsversorgung und staatliche Willkür zu wenig kümmere.

„Bei Social Media dreht sich alles um Beziehung, nicht um Marketing" – so wird Alexandra Wheeler zitiert, die seit 2009 die Online-Kommunikation von Starbucks leitet. Die Möglichkeit, Kritik zu üben und damit ernst genommen zu werden, schafft Vertrauen. Und der Erfolg gibt den Verantwortlichen von Starbucks recht. Mit dieser Methode haben Gegnerinnen und Gegner plötzlich kein anonymes, gesichtsloses Imperium vor sich, sondern einzelne Menschen, die Charakterzüge zeigen und persönliche Werte einbringen, die mit dem Brand, also den wissentlichen und bekannten Etiketten der Firma, nichts oder nur wenig zu tun haben. Dem Charakter der Company werden so die Wesenszüge und Verhaltensweisen einzelner Mitarbeiterinnen und Mitarbeiter zugerechnet. Es menschelt plötzlich im Milliardenunternehmen. Und dort, wo es menschelt, zeigt ein Unternehmen mehr als es zeigen müsste, verhält sich offen, gibt Einblick und bietet die Möglichkeit, sich vertraut zu machen.

## Image- und Profilebanking für Personen und Unternehmen

Um Vertrauen nachhaltig und auf lange Sicht aufzubauen, braucht es verlässliche und damit wiederkehrende Eigenschaften. Man muss sich sozusagen auf Ihren Charakter verlassen können. Wie sagte schon Einstein: „Der Charakter ist unser Schicksal", und da Ihr Schicksal als Führungsfigur mit vielen anderen verbunden ist, ist Ihr Charakter und der Ihres Unternehmens auch das Schicksal derer, die sie führen oder vertreten.

Verlässliche und wiederkehrende Eigenschaften zu kultivieren, setzt zu allererst voraus, dass wir uns für wenige der vielen Eigenschaften, die uns ausmachen, entscheiden, die im Anschluss daran allen anderen Eigenschaften gegenüber bevorzugt betont werden sollen. Zu zeigen, wer Sie sind und was von dem, was Sie sagen und tun, zu halten ist, kann nur funktionieren, wenn die überwiegende Mehrheit von Menschen Sie auf die gleiche Art und Weise wahrnehmen – Sie von den meisten Menschen auf die gleiche Art und Weise beschrieben werden. Es geht darum, für eine planbare, gewünschte Nachrede zu sorgen, eine Nachrede zu produzieren. Dazu braucht es Konzentration auf klare, benennbare Charakterzüge.

Sie werden unter Umständen schon beobachtet haben, dass es Menschen nicht immer leicht fällt, andere Personen spontan zu beschreiben. Auf die Frage: „Wie ist denn dieser Hannes/Jack/Konstantin/Helmut so?", kommt meist ein unsicher formuliertes Begriffegemenge, das von „Er ist eh recht nett" bis „Na ja, geht so" reicht. Oft wird diese Frage auch mit Redewendungen wie: „Ist irgendwie ein recht netter Kerl, dieser Hannes … da kann man eigentlich gar nichts dagegen sagen!" beantwortet. Das lässt darauf schließen, dass wir im rechten Moment „gar nichts sagen" können, sprich: zu wenige Worte zur Verfügung haben, die uns dabei helfen, genaue Auskünfte über Wesenszüge von Menschen zu geben. Oder dass uns Hannes zu wenig deutlich Aufschluss darüber gegeben hat, was wir über ihn berichten könnten. Wir müssen also im Nachhinein versuchen, uns ein Bild von ihm zu machen, und da wir eben keine Sprachkünstler sind, die es vermögen, Eigenschaften hervorzusprudeln, neigen wir dazu, unsere kurze Unsicherheit mit Phrasen wie „eh nett", „recht sympathisch" oder „nicht so ganz mein Typ" abzukürzen. Sehr beliebt sind auch Sammelbegriffe wie: sympathisch oder unsympathisch. Sammelbegriffe deshalb, weil Sympathie als Reaktion auf etwas oder jemanden zu verstehen ist und keine Eigenschaft darstellt wie: klug, humorvoll oder mitfühlend.

Oft fällt es uns sogar schwer, Menschen zu beschreiben, die uns über viele Jahre bekannt sind, mit denen wir vielleicht sogar zusammenleben und Kinder haben. Dort liegt die Schwierigkeit nicht darin, zu wenige Informationen zu besitzen oder im Moment keine Entscheidung treffen zu können, sondern vielmehr daran, *zu viele* Informationen und persönliche Eindrücke zu einem Menschen zu haben. Ihr Lebenspartner oder Ihre Lebenspartnerin verfügt mit Sicherheit über zahllose Eigenschaften, die sich in verschiedensten Situationen in unterschiedlicher Intensität gezeigt haben. Doch schnell gefragt, bekommen die meisten Menschen die Schlüsselbegriffe nicht auf die Zunge.

Hand aufs Herz: Wenn ich Sie ganz schnell frage, welche drei Eigenschaften die wichtigsten sind, die Ihren Lebensmenschen ausmachen? Können Sie dann ohne nachzudenken, wie aus der Pistole geschossen, antworten? Oder müssen Sie die Begriffe vorerst abwägen, sie hin und her drehen, alle Für und Wider bedenken, bevor Sie mit dem ersten Attribut herausrücken? – Ich selbst sitze gerade an meinem Laptop am Ufer eines Sees und habe zur praktischen Überprüfung dieser Theorie vor wenigen Minuten den Crashtest an meiner Frau durchgeführt. Die einfach Frage war: „Was liebst du an mir?" Nach längerem Zögern fand sie den ersten Begriff, wobei sich das in etwa so anhörte: „... hmm ... hmm ... na ja, ... dass du klug bist und ... hm, dass du ...". Danach, und das liebe ich an meiner Frau besonders, griff sie zu einer sehr empfehlenswerten, rhetorischen Maßnahme und legte den Interessenschwerpunkt der Frage von mir auf sich selbst. Und sagte: „... dass du mir das Gefühl gibst, dass ich nicht allein bin und mich doch frei fühle."

Damit hat sie eine wichtige Image- und Profile-These vorweggenommen, denn außer dass sie sich auf diese Weise hervorragend aus der Affäre zog, hat sie die Sache auf den Punkt gebracht: Eine Eigenschaft ist nicht allein die Sache des Senders oder der Senderin, sondern, wie immer in der Kommunikation, eine Sache zwischen Sender und Empfänger. Eine Eigenschaft entwickelt im wahrsten Sinne des Wortes erst dann ihre spezielle Note, wenn sie im Gegenüber etwas auslöst. Dieser These folgend sind natürlich auch die Begriffe „sympathisch" oder „unsympathisch" zu verstehen, auch „charismatisch" zählt dazu. Das Verhalten anderer Personen hat in uns Sympathie oder auch Antipathie ausgelöst, oder „wirkt auf uns" charismatisch.

So verschieden die Skripten medialer Zeiten sind, so verschieden sind die gefragten und erwünschten Eigenschaften, die wir in uns ausgelöst haben möchten, damit wir uns sicher, inspiriert oder fair und gerecht behandelt fühlen können. In „Ilinx"-Zeiten, in Tagen also, in denen es gilt, eine Fiktion zu kommunizieren, braucht es andere Qualitäten als in „Mimikry"-Tagen. Dort, wo lange Zeit Tarnung und Täuschung herrschten, ist Ehrlichkeit, Transparenz und Verantwortungsbewusstsein gefragt. In „Ilinx"-Tagen hingegen ist Ehrlichkeit und Transparenz auf der Hitliste der Eigenschaften weiter hinten gereiht. Dafür rücken Eigenschaften wie „überzeugend", „fantasievoll" oder „mitreißend" an die Spitze. Jede Zeit verlangt nach anderen Eigenschaften, und somit nach anderen Menschen in Top-Positionen. Jede Zeit hat quasi ihre Typen. Ähnlich wie in der Mode. Manchmal ist der Minirock angesagt oder das ärmellose T-Shirt. Dann wieder das Polohemd und das bodenlange Sommerkleid. Manchmal sind die Bushs dieser Erde gefragt und manchmal die Obamas, manchmal die Kohls und manchmal die Merkels.

## Das Image ist kein Zufall

In jedem Fall sollte sich ein Sprecher, eine Sprecherin für wenige, aber eindeutige Eigenschaften und Verhaltensmuster entscheiden, die ihm oder ihr von Natur aus eigen sind, um auch in der gewollten Darstellung einer Eigenschaft authentisch bleiben zu können. Sich also Eigenschaften wählen, die sich für die betreffende Persönlichkeit auf einfache Art und Weise zeigen lassen und die gewünschte Interpretation auf Seiten der Rezipienten hervorruft. So sind Echtheit und strategische Inszenierung von Eigenschaften, also „Image- und Profilebanking", keine Gegensätze. Die Vorgehensweise ist einfach: Wählen Sie ausschließlich natürlich vorhandene Eigenschaften und kultivieren Sie diese.

Um nun die richtige Interpretation der gewünschten Eigenschaft hervorzurufen, braucht es Methode: Angenommen, Sie sind kompetent, menschlich und humorvoll. Dann hätten Sie die erste Aufgabe bereits perfekt gelöst. Sie hätten nämlich, im Sinne von „reduce to the max", ausschließlich drei Eigenschaften Ihrer vielfältigen Persönlichkeit gewählt. Das erleichtert die Nach-Erzählbarkeit, folglich die Eindeutigkeit der Nachrede. Jede Eigenschaft lässt sich nun auf drei Ebenen zeigen und nachvollziehen:

1. auf der visuellen Ebene
2. auf der sprachlichen, auditiven Ebene
3. auf der inhaltlichen Ebene

Zur *visuellen Ebene*: Wenn man in die Suchmaschine Google den Begriff „Image" eingibt, kommt in 99,9 Prozent der Fälle das Angebot, sich Bilder herunterzuladen. Dahinter verbergen sich der sehnliche Wunsch und das verführerische Angebot, sich ein Bild machen zu können. Von Menschen, aber auch von Dingen und Orten. Von Produkten aller Art. Unter der Nagelprobe der Wirklichkeit sind diese Bilder am Ende zumeist Desillusionierungen. Denken Sie nur einmal kurz an Urlaubskataloge oder an Partnerbörsen. Es ist nie drin, was draufsteht. Auch hier regieren Tarnung und Täuschung. Oder, wenn Sie nicht ganz so hart ins Gericht gehen möchten: zumindest Beschönigung und vorteilhafte Darstellung der Wirklichkeit. Das ist bereits gelernt und längst Allgemeinwissen.

Ein Image zu kreieren, also professionell zu gestalten, bedeutet nicht mehr und nicht weniger, als eine Vorstellung des Charakters einer Persönlichkeit in den Köpfen Unbekannter entstehen zu lassen. Ein „Image" in ein bereits mit Werten und Vorurteilen ausgestattetes Gehirn zu stellen, bedeutet wiederum, bereits vorhandene Vorstellungen mittels der zur Verfügung gestellten Informationen abzurufen. Das für Sprecher oder Sprecherinnen wünschenswerte Bild ist praktisch schon im Netz. Sie müssen die Gehirnbesitzer lediglich richtig anweisen, das entsprechende Bild auszuwählen und zu öffnen.

Ein einfaches Beispiel: Ich schreibe „rote Gummistiefel", Sie sehen vor Ihrem geistigen Auge: rote Gummistiefel. Ich sage: „Meeresbrandung", Sie rufen eine Meeresbrandung in Ihrem Gedächtnisspeicher auf. Je präziser Sie mit Ihren Inputs auf den Ebenen 1, 2 und 3 an das gewünschte Bild herankommen, desto wahrscheinlicher ist ein Interpretations-Volltreffer. Noch ein Beispiel: Wenn Sie jemandem beschreiben wollen, wie Ihr Auto aussieht, wo beginnen Sie Ihre Beschreibung? Am einfachsten bei der Typbezeichnung und der Farbe. Also wahrscheinlich so ähnlich wie: Audi A4

Baujahr 2012, Silber. Wenn Sie jedoch versuchen, jemandem Ihr Auto zu beschreiben, der noch nie einen Audi gesehen hat, wird es schon schwieriger. Am besten wäre es in diesem Fall zu fragen, welche Autos er oder sie schon gesehen hat und sich dann dem einen oder anderen Autotypen anzunähern und lediglich auffallende Unterschiede zu betonen. Dazu gibt es einen ganz netten Witz: Kommen zwei Österreicher in die Wüste. Sagt der eine zum anderen: „Eigentlich wie bei uns zu Hause im Wald. Nur ohne Bäume." Sie merken, worauf ich hinaus möchte. Setzen Sie Mechanismen in Gang, die die Vorstellung erleichtern, indem Sie sich an schon Bekanntem orientieren.

Natürlich ist das in meinen Beispielen etwas leichter als bei Eigenschaften und deren Symbolen, da es sich bei Charakterzügen nicht wie oben um Gegenstände handelt, sondern um Hinweise auf Eigenschaften. Versuchen wir es also mit dem Begriff „kompetent". Wie kann sich allein durch das äußere Erscheinungsbild der Begriff „kompetent" im Rezipienten abrufen lassen? Zu allererst ist zu klären, in welcher Disziplin Sie Kompetenz zeigen möchten. Wenn Sie Ärztin oder Arzt sind, ist das einfach: weißer Mantel, Stethoskop, Arztbericht in der Hand. Fertig. Auch ein ranghoher Offizier oder eine Offizierin des Militärs hat es nicht schwer: Uniform, goldene Sterne und bunte Balken, ein, zwei Orden. Fertig. Es bleibt nicht der geringste „äußere" Zweifel, dass es sich um einen Arzt, eine Ärztin oder um ein Mitglied des Generalstabs handelt.

Auch die Umgebung und der Rahmen des öffentlichen Auftrittes spielt eine erhebliche Rolle. Ein Arztkittel und ein Stethoskop gehörten im Falle eines Interviews ins Krankenhaus oder in die Arztpraxis. Ein ausgewiesener Mediziner wäre auf einem Panzer schlecht aufgehoben bzw. unsauber inszeniert. Im besten Falle könnte durch die Assoziation aller Erfahrungen, die sich im Gedächtnis der Zuseher abrufen lassen, die Kompetenz: „Militärarzt" ergeben. Doch es blieben Zweifel. Die Offizierin im Krankenhaus würde uns ein Militärspital nahelegen. Es reagieren also Outfit und Rahmen stark mit- und aufeinander. Natürlich ist eine „Berufskleidung" und ein bekannter „Ort" ein immenser Vorteil, wenn es darum geht, die gewünschte Kompetenz auf visueller Ebene zu inszenieren.

Für Führungskräfte gibt es hingegen weniger markante Zeichen, da es keine vorgeschriebene „Berufskleidung" gibt. Sie können aber dadurch punkten, dass Sie durch Ihre Äußerlichkeit so wenig wie möglich Störungen verursachen. Das „Businesskostüm", der „Hosenanzug", der „Blazer", die „Krawatte", das „Sakko" machen insofern Sinn, dass ein gewohntes Bild entsteht, das keine weiteren Fragen aufwirft und auf der Inhaltsebene Störungen verursachen könnte. Es gilt also für Expertinnen und Experten der gute Rat: Seien Sie auf der visuellen Ebene „gewöhnlich". Dem Ruf, den Ihre Organisation oder Ihre Funktion hat, nahe. Zusätzlich gilt es den Rahmen, sprich: das Bildetikett passend zur Situation zu wählen. Wenn Sie aus Ihrem Kompetenzbereich berichten, sollte der Rahmen, also die Umgebung immer unterstützend wirken. Wenn Politikerinnen in Sendungen wie „Seitenblicke", die über gesellschaftliche Events und Ereignisse berichten, über die Steuerreform oder Koalitionsvarianten reden, sind sie schlecht beraten. Der zumeist partyhafte Rahmen stünde in starker Konkurrenz zu Kompetenz und zur Erwartung des Publikums und würde der Image-Absicht schaden.

Auch auf der *Ebene der Sprache und Stimme* können wertvolle Indizien geliefert werden, die die gewünschte Eigenschaft „kompetent" schneller und deutlicher erkennen lassen. Hier helfen uns zur besseren Orientierung die Erwartungen des Publikums, also die abgespeicherten „Klischees". Die Vermittlung von wichtigem Know-how, der Transfer von bedeutsamen Inhalten und die Erklärung eines komplexen Sachverhaltes auf kompetente Art und

Weise brauchen drei sprachliche Kriterien: 1. gemäßigtes Sprechtempo, 2. deutliche Zäsuren und 3. wenig melodische Akzentuierung. Einfach ausgedrückt, verstärken ein eher langsames Sprechtempo, ein deutlich gesprochener Punkt am Ende eines Satzes und kurze Denkpausen bei inhaltlichen Wenden den Eindruck, Verständnis erzeugen zu wollen und auf Verständlichkeit Wert zu legen. Durch das gewohnte Sprachmuster und die ausschließlich durch den „Ton" erzeugte Absicht wird Kompetenz hörbar. Zum Vergleich: Wenn Sie einen Witz oder eine Anekdote erzählen, werden Sie automatisch eher den Sprachmodus „unterhaltsam" wählen und die Sprachmelodie bunt und den Duktus abwechslungsreich gestalten. Mit Pausen werden Sie eher die Spannung unterstützen.

Bleibt noch die *Ebene der Inhalte und der unterstützenden Formulierungen,* die ihrerseits starken Einfluss auf die Sprache und die Stimme ausüben. Eines soll klar sein: Wenn Sie den Begriff „kompetent" auf Ihre Fahne schreiben, sollten Sie in Expertinnengesprächen ausschließlich bei Ihrem Kompetenzbereich bleiben. Das ist nicht selbstverständlich. Wir erleben täglich Steuerexperten, Rechtswissenschafterinnen, Ökonomen und Ökologinnen, die in öffentlichen Auftritten ihre Kompetenzgrenzen überschreiten. Das macht auch nichts, solange andere Images im Vordergrund stehen sollen als die Eigenschaft „kompetent". Zum Beispiel – im Falle einer Ökologin – die Eigenschaften „engagiert und kämpferisch". Dann ist es kein Problem, wenn sie über Regionalpolitik spricht, kein gutes Haar an Konzernen lässt und sich Rat gebend an Bürgerinitiativen wendet. Möchte sie jedoch das Vertrauen in ihre Kompetenz erhöhen, müsste sie ihren Bereich stark und deutlich hervorheben und gegenüber Betroffenen und vermeintlichen Verursachern eines ökologischen Schadens abgrenzen. Dabei helfen Speakern Formulierungen, die den eigenen Fachbereich von anderen Bereichen gut sichtbar trennen und dadurch die Glaubhaftigkeit des eigenen Inhalts und der eigenen Kompetenz stärken. Die Ökologin würde also sagen: „Ich spreche hier als Ökologin, die sich seit vielen Jahren fast ausschließlich mit der Qualität des Grundwassers beschäftigt. Aus dieser Erfahrung und aus den Resultaten wissenschaftlicher Untersuchungen im Gebiet ‚Talberg bei Flussblau‘ ergibt sich ein hohes Risiko für Landwirte und Landwirtinnen durch die Abwassertechnik beim Unternehmen XY".

Durch die Abgrenzung entsteht im Publikum der Eindruck eines hohen Bewusstseins im Sinne des eigenen Verantwortungsbereiches und der ebenso hohen Konzentration auf das eigene Fachgebiet. Neben der Abgrenzung zu anderen Bereichen hilft bei der Darstellung von „kompetent" die Auskunft zur eigenen Erfahrung im Tätigkeitsbereich. Um bei unserer Ökologin zu bleiben, könnte sie erwähnen, dass sie bereits Untersuchungen und Expertisen in Island, Japan und Amerika geleitet hat und sie ihren Job mittlerweile seit 27 Jahren ausübt und in Zürich an der Universität unterrichtet. Alles mit Maß und Ziel, versteht sich. Das gesunde Maß an Information über den Hintergrund der eigenen Expertise unterstützt das Publikum, Vertrauen zu Ihnen und in Ihre Funktion aufzubauen. Somit hätten Sie sinnvolles Imagebanking betrieben, das allen Beteiligten geholfen hätte.

Als kleiner Nachtrag: Selbstverständlich dürfte sich unsere fiktive Ökologin in der Bürgerinitiative engagieren und einbringen. Sie müsste, falls sie dieses Engagement betonen will, auch hier die Formulierungen und Inhalte finden und einsetzen, die eine nachvollziehbare Abgrenzung zu ihrer eigentlichen Kompetenz auf Seiten des Publikums möglich machen. Sie könnte also zu oben eingebrachten Formulierungen folgendes sagen: „Abgesehen von meiner wissenschaftlichen Arbeit komme ich seit 15 Jahren regelmäßig als Besucherin nach ‚Talberg bei Flussblau‘. Es ist für mich einer der idyllischsten Plätze im ‚Pflanzgau'. Darum bringe ich mich in dieser Sache als Wissenschafterin ein. Es ist für mich eine Möglichkeit, Expertise mit Umweltschutz zu verbinden."

Somit ist für beide Eigenschaften, also sowohl für „kompetent", als auch für „engagiert" Raum geschaffen worden, in welchem die dazugehörigen Inhalte Platz finden. Und es sind Grenzen gezogen, die dem Publikum helfen zu verstehen, welche Eigenschaften diese Person in dieser Sache auszeichnen. Durch die Formulierungen und Beschreibungen zu den Aufgaben und den Grenzen der Bereiche wird es dem Publikum möglich, ebenso differenziert über die besagte Person zu sprechen. Also in der Nachrede deutlich beschreiben zu können, was die Person ausmacht. Im Skript „Mimikry" ist das kongruente, stimmige Zusammenwirken der drei Ebenen „Äußerlichkeit", „Sprache" und „Inhalt" beim Aufbau eines nachvollziehbaren und glaubwürdigen Images unverzichtbar. Jede Inkongruenz und Abweichung löst „alte Traumata" wie Misstrauen und Zweifel aus.

## Unternehmen profitieren von einem Eigenschaftengemenge aus Hard- und Software

Große Unternehmen haben in der Regel stark fixierte Eigenschaften. Manchmal beinahe unverrückbare. Wenn diese Eigenschaften gerade gefragt sind, ist das eine feine Sache. Denn somit bilden die vorhandenen Eigenschaften eine „Image-Knautschzone". Damit ist gemeint, dass Unternehmen durch einen starken „Charakter" einzelne widersprüchliche oder dem Image gegenläufige Ereignisse verkraften können, ohne dabei in große mediale Schwierigkeiten zu geraten. Würde es zum Beispiel bei Greenpeace einen leitenden Mitarbeiter geben, der aus Geldgründen zu einem Atomenergieunternehmen wechseln würde, würde die Organisation durch ihre klare Ausrichtung und ihren Ruf, also ihr Image nicht unmittelbar in ihrer Existenz erschüttert. Wenn jedoch ein Mitarbeiter eines Bankinstitutes fragwürdige Geldtransferierungen auf die Cayman-Inseln durchgeführt hätte, könnte dies durch das angeschlagene Image des Bankenwesens sehr wohl zu heftigen Diskussionen führen und für erhebliches Aufsehen sorgen.

Zurück zu den stark fixierten Eigenschaften von Unternehmen. Wenn sich die Vorzeichen einer Zeit ändern, wie zwischen 2008 und heute, ist es für große und bekannte Firmen notwendig, über das Image im Vergleich, oder besser gesagt: in der Beziehung zu den neuen Verhältnissen nachzudenken und schon vorsorglich an etwaige, kurzfristig erforderliche Imageverschiebungen nachzudenken. Denn es kann rasch passieren, dass der vorher als Aushängeschild und Knautschzone dienliche Eigenschaftskatalog zur Provokation und zum Ärgernis wird. „Bei uns ist Ihr Geld sicher!" „Bei uns ist Ihr Geld zu Hause!" – Diese Slogans, die wir von Banken aus der Vergangenheit kennen, sind in den Zeiten der Finanzkrise fragwürdig geworden.

Das Image eines ganzen Bereichs lässt sich nicht von heute auf morgen verändern. Sehr wohl können Sie aber den vorhandenen, vorgegebenen Eigenschaften *andere Eigenschaften dazustellen.* Das Image erweitern und somit verschieben. Angenommen, Sie sind Sprecher oder Sprecherin einer Investmentbank, der in den vergangenen Jahren nicht alles geglückt ist und deren Ruf durch Verstrickungen hier und nicht ganz unbegründete Vorwürfe dort ein wenig ramponiert wurde. Natürlich ist es da nicht ganz einfach, vor Anlegerinnen und Anlegern zu sprechen. Sie werden zumindest nicht annehmen dürfen, dass diese Ihnen unvoreingenommen und wohlwollend begegnen, da die Repräsentanz eines Unternehmens automatisch die Merkmale und Wesenszüge der Organisation zugeschrieben erhält. Sie müssen annehmen, dass die Zuhörerinnen und Zuhörer Ihnen das Erwirtschaften von Renditen im eigenen Interesse vorverurteilend unterstellen. Dass Sie im Falle des Falles jeden Einzelnen über die Klinge springen lassen würden, wenn es darum geht, die Schäfchen ins Trockene zu holen. Dass mindestens die Hälfte von dem, was Sie zu sagen haben, leere Versprechungen sind. Sie Ihnen von vornherein nicht vertrauen dürfen, wenn sie ihre eigenen Interessen in einem Geschäft mit Ihrem Unternehmen und Ihnen als Vertretung wahren möchten. Vielleicht möchten Sie einfach nur Ihre neuen, zeitgemäßen Produkte präsentieren und die damit verbundenen Pläne und Ideen, die sich für alle Beteiligten lohnen sollen. Durch die „Image-Cloud" des Unternehmens werden Sie jedoch schwer Zugang und Vertrauen finden. Trotzdem werden Sie auf persönlicher Ebene Beziehung und Vertrauen herstellen können. Nehmen Sie sich kurz Zeit, vielleicht drei Minuten, und versetzen Sie sich in diese Situation. Welche Eigenschaften könnten Sie als Mitarbeiter oder Mitarbeiterin auf welcher Ebene einbringen?

Ein anderes Beispiel zum Vergleich: Wenn Sie als Verkaufschef oder -chefin Ihren Mitarbeitern die schlechten Ergebnisse des vergangenen Quartals präsentieren, müssen Sie davon ausgehen, dass der Verdacht aufkommt, dass Sie den Mitarbeiterinnen und Mitarbeitern das Druck-Monster oder die Angst-Rute ins Fenster stellen wollen. Bestimmt mit Erfolg, denn wie gut trainierte Mitarbeitende wissen, bleibt im Geschäftsleben nichts ohne Konsequenz. Schon gar nicht schlechte Zahlen. Schon gar nicht für den Verkauf oder den Vertrieb eines Unternehmens. Was wäre nun, wenn Sie Ihren Mitarbeitern diese Angst schon im Vorfeld nehmen? Sie aus Ihrem Konzept entfernen? Was, wenn Sie von sich erzählen und Ihrer persönlichen Angst, unter Druck nicht zu den besten Ergebnissen zu gelangen? Dass Sie eigentlich am besten arbeiten, wenn Sie Sicherheit und Stabilität vorfinden? So würden Sie, zu den Annahmen und Erwartungen über die Vorgehensweise und die Denkart des Unternehmens, Ihre persönlichen Eigenschaften und Bedürfnisse dazustellen. Die Belegschaft könnte erkennen, dass die Linie Ihrer Organisation sich nicht mit Ihren Eigenschaften deckt. Dann hätten Sie sich erfolgreich aus der Begriffswolke, der „Image-Cloud" Ihres Unternehmens genommen. Sie wären als Chef oder Chefin weiterhin ein Teil, aber Sie wären auch die Persönlichkeit, die mit den Mitarbeitern spricht. Sie hätten sich als Individuum präsentiert und das Image des Ganzen mit verändert. Und nun stellen Sie sich vor: Es wäre noch dazu die Wahrheit.

Ähnlich der Möglichkeit, als Sprecherin, Sprecher zusätzliche Eigenschaften zu präsentieren als jene, die in der Unternehmens-Etikettierung vorgesehen und erwartbar sind, gibt es die Möglichkeit, als Unternehmen andere Dinge zu tun als bisher. Sie können ja schlecht aufhören, Ihr Produkt zu produzieren und zu vermarkten. Aber Sie können zusätzlich in anderen Bereichen wirken. Also Engagement in Bereichen zeigen, die zusätzlich wünschenswerte Eigenschaften offensichtlich machen. Soziales Engagement ist nur ein Beispiel, das sehr gerne gezeigt wird. Denken Sie zum Beispiel an den milliardenschweren Unternehmer und Gründer des Baukonzerns STRABAG, Hans Peter Haselsteiner, der nicht nur für seinen unternehmerischen Erfolg, sondern auch als Philanthrop bekannt wurde – als Unterstützer des Vinzi-Hauses, einer Obdachlosen-Hilfe in Wien, oder als Förderer von Ute Bock oder der Arbeit des Paters Georg Sporschill für Straßenkinder in Rumänien und Moldawien. Oder denken Sie ganz einfach an den Urvater des Computers, Bill Gates, der mithilfe der „Bill & Melinda Gates Foundation" Gesundheitsprojekte in afrikanischen Entwicklungsländern unterstützt. In „Mimikry"-Zeiten sollte jedenfalls Imagepflege ein fixer Bestandteil Ihrer Arbeit im Bereich „vertrauensschaffende Maßnahmen" sein. Lassen Sie uns wissen, was wir von Ihnen halten dürfen. Zeigen Sie uns deutlich und unverkennbar, aus welchem Holz Sie geschnitzt sind!

KAPITEL 13

# Das Richtige tun zur richtigen Zeit

Als ich vor Jahren als Sendungscoach und Drehbuchautor für Fernsehsendungen gearbeitet habe, ist mir eines ganz besonders bewusst – und im Zuge des Schreibens an diesem Buch wieder deutlich in Erinnerung gerufen – worden: Die Kunst, eine Geschichte richtig zu erzählen, ist nicht dasselbe, wie eine richtige Geschichte zu erzählen. Mein Lehrmeister und gleichzeitig Gott aller dramaturgischen Bögen und Mittel soll an dieser Stelle erwähnt sein: Dr. Erich Dworak. Ein Gigant. Von ihm durfte ich zum Beispiel acht Tage lang erfahren, wie eine Story aufgebaut werden kann, die 1,5 Minuten dauert (klassisches Medienformat), bzw. welche verschiedenen dramaturgischen Möglichkeiten es gibt, eine Geschichte auf 1000 und 1 Weise zu erzählen – und dabei immer richtig. Von ihm habe ich gelernt, dass die nötige Spannung, die Plausibilität des Plots und die Nachvollziehbarkeit der handelnden Personen vorrangig darin liegen, die Inhalte in die richtige Reihenfolge zu bringen. Die Geschichte eben richtig zu erzählen. Denken Sie beispielsweise an einen gelungenen Witz: Diese Erzählform lebt vor allem davon, die Pointe an die richtige Stelle zu setzen. Ein Krimi wiederum ist dann spannend, wenn die Ereignisse und die Geheimnisse, sprich: ungelösten Rätsel, auf einen gemeinsamen Höhepunkt zusteuern. Eine Liebeskomödie ohne wie auf einer Perlenkette aufgereihte Missverständnisse vor dem ersten Kuss ist langweilig. Es macht erst dann Spaß, wenn es Anlaufschwierigkeiten gibt.

Ganz kurz gefasst: Netter Junge sagt: „Willst du mich heiraten?" – Nettes Mädchen sagt: „Niemals!" – Und schon kann es losgehen. Würde das Mädchen gleich „Ja" sagen, wäre die komödiantische Spannung dahin. Das Buch wäre kein Buch. Der Film kein Film. Auch wenn die beiden wie Philemon und Baucis nach dem beidseitigen „Ja" bis in alle Ewigkeit ein Paar blieben, wäre die Spannung mäßig. Es wäre zwar das Ansehen der ewigen Liebe gegeben, doch das Aufsehen, die Spannung ginge verloren. Die nötige Balance für den gelungenen öffentlichen Auftritt wäre dahin.

Was ich Ihnen mit diesen Beispielen sagen möchte, ist einfach: Wenn Sie gelungen, vertrauenswürdig und ernstzunehmend kommunizieren wollen, sagen Sie das, was Sie zu sagen haben, nicht nur unter Zuhilfenahme des richtigen Skripts, sondern sagen Sie es auch zur richtigen Zeit. Denn auch die Wahrheit kann im falschen Moment zur Farce geraten. Es gilt die mathematische Regel: Plus plus Minus ergibt Minus. Sprich: Selbst positiver Inhalt ergibt negative Konsequenzen, wenn er zum falschen Zeitpunkt veröffentlicht wird.

## Die drei Teile einer Erzählung

Um den richtigen Zeitpunkt zu bestimmen, müssen Sie zu allererst wissen, dass jede vollständige Erzählung aus drei Teilen besteht:

1. aus einem „stimulativen Teil", in dem für Aufsehen gesorgt wird (Auslöser)
2. aus einem „kognitiven Teil", in dem die Hintergründe der Aufregung beleuchtet werden (Lesson)
3. aus einem „regulativen Teil", in dem die Konsequenzen aus den Ereignissen gezogen und daraus hervorgehende Entwicklungen deutlich werden (Learning)

Jeder dieser drei Teile verlangt nach ganz bestimmten Inhalten und Ereignissen. Der „stimulative Teil" braucht als Auftakt einer Geschichte und somit als Auslöser naturgemäß aufregende Inhalte. Wer also Aufsehen möchte, muss für Aufsehen sorgen. Journalistinnen und Journalisten sind täglich auf der Suche nach dem Kick, nach dem Besonderen. Denn wie in den vorangegangenen Kapiteln besprochen: Nur bei hohen emotionalen Amplituden ist für hohe Beteiligung und somit für die Quote gesorgt. Das mediale Zeitalter, also das übergeordnete Skript einer Zeit spielt hierbei eine verstärkende Rolle. Wenn, wie dieser Tage beinahe täglich, Politikerinnen und Top-Manager unter Verdacht geraten, korrupt zu sein oder sich der Korruption schuldig gemacht zu haben, ist das im „Mimikry"-Zeitalter das berühmte Sahnehäubchen am morgendlichen Kaffee in den Redaktionen. Auch erfolgreiche Blockbuster-Serien wie CSI Miami, NY, LA, Chicago … und wo auch immer sie spielen, müssen ihr Publikum vorerst durch einen Knall-Effekt in den Bann ziehen.

Im Falle eines Skandals nach dem „Mimikry"-Skript ist es der erste Verdacht, hinter der Maske könnte sich ein ganz anderer Mensch verbergen als vermutet. „Dr. Karl-Theodor zu Guttenberg ist gar kein Doktor!", „Gabi Burgstaller hat immer schon gewusst, dass Salzburg pleite ist!", „Karl-Heinz Grasser und der Geldkoffer!" Im Falle des „Agon"-Skripts ist es der erste Stein, der im Zweikampf geworfen wird. Sind es Flugzeuge, die in Hochhäuser fliegen und todbringende Bomben in Stadtzentren, die den erbitterten Kampf zwischen verfeindeten Gruppen auslösen und begleiten. Beim Skript „Ilinx" lebt die Hoffnung auf, endgültig ein Mittel gegen Krebs gefunden zu haben, oder eine erschütternde Prophezeiung von Wissenschafterinnen und Wissenschaftern zum wirtschaftlichen Niedergang Europas sagt eine verheerende Zukunft voraus. Sprich: die wundervolle Aussicht auf ein besseres Leben, oder der bedrohliche Anfang vom Ende. Im Falle des Skripts „Alea", zu dem wir im folgenden Kapitel kommen werden, ist es der erste Bericht über Katastrophen und schicksalshafte Unfälle, die den anfänglichen Knalleffekt liefern. Es ist der Ausbruch des Vulkans Eyjafjallajökull. Der unvorhersehbare Tsunami in Thailand. Der Orkan auf den Philippinen. Der Atomreaktorunfall Fukushima.

Welchem Skript auch immer sie folgt: Zu Beginn einer Story befindet sich eine Erzählung immer im so genannten „stimulativen Teil". In dieser Phase erhält die Geschichte ihren emotionalen Kick für den weiteren Verlauf der Erzählung. In dieser Phase muss darüber hinaus klar werden, was hier gespielt wird. Ein Thriller, eine Liebeskomödie, ein Sketch oder eine Tragödie. Ein guter Freund und begnadeter Musiker sagte einmal zu mir: „Gute Musik erkennst du am ersten Ton, egal ob Klassik oder Punk."

Erst nach dem gelungenen Auslöser, dem Auftakt, können Sie auf die nötige Aufmerksamkeit bauen und davon ausgehen, dass die Spannung auch im weiteren Verlauf der Story erhalten bleibt. Also auch dann noch, wenn bei CSI die Forensikerinnen damit beginnen, Hautschüppchen zu beleuchten, Stoffrestchen mikroskopisch zu untersuchen und sich ausführlich mit Magen-Darm-Inhalten zu beschäftigen. In diesen Minuten der Serie, in denen die Experten und Expertinnen zeigen, was sie draufhaben, und mit welch ausgefeilten Techniken und Methoden sie arbeiten, befinden wir uns im „kognitiven Teil" der Geschichte. Hier gilt es, systematisch zu identifizieren. Das Mega-Puzzle zusammenzusetzen. Sich ein Bild der Hergänge und Hintergründe zu machen. Es ist bei näherer Betrachtung fast ein wenig seltsam, dass diese im Grunde zähen und unattraktiven Labor-Tätigkeiten Millionen Zuseher und Zuseherinnen vor den TV-Geräten fesseln. Doch die Lösung ist einfach: Die Drehbuchspezialisten fügen in Kenntnis der oben angeführten dramaturgischen Phasen die richtigen Inhalte und Ereignisse an die richtige Stelle.

Im Zuge der Berichterstattung über Pleiten, Pech, Pannen und Skandale ist das ebenso. Redakteure und Redakteurinnen spüren das wachsende Bedürfnis des Publikums nach Aufklärung. Der Medien-Fall muss gelöst werden. Nicht anders als bei CSI, nur dass in Medien weniger Forensiker zu Wort kommen, sondern eher Konzernsprecher, abhängige und unabhängige Expertinnen, jede Menge Betroffene und selbstverständlich Interessenvertreter, wie Politikerinnen oder Führungskräfte von öffentlichen Stellen. Sie können sich als Sprecherin oder Sprecher darauf verlassen, dass, wenn der „stimulative Teil" einer Geschichte abgeschlossen ist, im Publikum automatisch das Bedürfnis nach Klärung und somit nach Expertise entsteht.


## Am Ende steht immer die Regulation

Die Kunst der perfekten Kommunikation im Ernstfall, in einer prekären, krisenhaften Situation, in der Sie und Ihr Unternehmen medial unter Druck stehen, besteht darin, auf den richtigen Moment zu warten und die Story nicht voreilig aus der Welt schaffen zu wollen. Sie werden in einem aussichtslosen Kampf gegen Windmühlen scheitern, wenn Sie sich gegen die Dramaturgie einer Geschichte wenden. Wenn bei Ausbruch einer Krise, also im „stimulativen Teil", die Experten vorgelassen werden, werden Sie nicht den Eindruck erwecken, die Vorfälle lösen zu wollen, sondern im Aufruhr unbesonnen und vorschnell zu agieren. „Eines nach dem anderen" ist die dramaturgische Devise. Alles zu seiner Zeit. Sie werden am Ende als Profi und als vertrauenswürdig dastehen, wenn Sie die dramaturgischen Gesetze bedienen, und damit meine ich: nützen, um Schritt für Schritt wieder für geordnete Verhältnisse zu sorgen.

Natürlich tut es weh, durch diesen anfänglichen medialen Schmerz zu gehen. Doch den müssen Sie für kurze Zeit aushalten, wenn Sie einen vollständigen kommunikativen Heilungsprozess wollen. Ein Happy End, sozusagen. Die Leichen werden auch bei CSI nicht mehr lebendig, doch unsere Heldinnen und Helden verabschieden sich am Ende jeder Serie gut gelaunt ins Wochenende. Wenn Sie die Natur des Erzählens in Ihrer Kommunikation bedenken und berücksichtigen, werden Sie das am Ende auch tun. Und mit Ende meine ich nicht wirklich das Wochenende oder eine Drehpause bis zur nächsten Staffel, sondern vielmehr die dritte Phase einer Erzählung: den „regulativen Teil", den Sie am Ende nutzen können, um Resultate, Neuerungen und Entwicklungen zu präsentieren.

Nun habe ich natürlich keine Ahnung, wie Sie es in Ihrer Kindheit mit Lesen gehalten haben. Ob Ihre Eltern Sie motiviert haben, Ihnen vielleicht sogar Märchen vorlasen. Da Sie jedoch gerade vor einem Buch oder einem E-Book sitzen oder damit auf dem Sofa liegen, nehme ich an, dass Sie es ganz gut getroffen haben. Märchen sind aus verschiedenen Gründen eine interessante Materie, sowohl für Medienmacher, als auch für all jene, die in der Öffentlichkeit stehen dürfen oder müssen. Denn Märchen sind zu allererst frei erfunden. Wie auch so manche Coverstory, die häufig auf Verdachtsmomenten, Vermutungen und Annahmen gebaut ist. Motto: Irgendetwas wird da schon dran sein. Und noch bevor Medienmacher ins Grübeln kommen, beschäftigen sie sich schon mit der Headline des Märchens. Wenn es sich dabei um ein Boulevardblatt handelt, steht: „Skandal bei Y.!" Handelt es sich um eine Qualitätszeitung, steht zum Unterschied dazu: „Skandal bei Y.?" Das Rufzeichen im Boulevard steht für die hohe Konzentration auf die erste Phase einer Geschichte, die Emotionalisierung. In Boulevardblättern wird die Suppe gegessen, solange sie heiß ist. Kaum kühlt sie ab, wird sie ungenießbar und abserviert, oder muss erneut hochgekocht werden. Eine Qualitätszeitung suggeriert durch das Fragezeichen am Ende der Headline die Konzentration auf die Klärung und Beleuchtung der Hintergründe.

Märchen sind in zweiter Linie auch belehrend. Und sie vermitteln schlussendlich ein moralisches Anliegen und Anforderungen an Einzelne. Wir lernen aus Märchen viel über Reinheit, über Mut und über Treue. Der moralische Schlussakkord wurde nicht selten in Reimform hervorgehoben, extra betont und leicht merkbar gemacht. „Und die Moral von dieser G'schicht(e) – blend deine Wähler nicht!", könnte vergleichsweise das Ende in einem modernen Märchen markieren. Der regulative Wert wird im klassischen Märchen sozusagen offengelegt. Es wird noch einmal betont, was das Mädchen oder der Junge aus den vorhergegangenen Ereignissen lernen soll.

Der dritte und abschließende, der „regulative Teil" der medialen Berichterstattung muss ganz ähnliche Leistungen erbringen. Wir müssen als Zuseher, Leserinnen oder Radiohörer am Ende erkennen können, dass sich die Mühe gelohnt hat. Dass die Zeit und Grütze, die wir investiert haben, nicht umsonst waren, sondern sich bezahlt machten. Wir wollen erfahren, welche Veränderungen die Ereignisse nach sich ziehen, und was die Protagonisten und Protagonistinnen daraus gelernt haben. Ob sie sich nun auf Grund ihrer Einsichten zurückziehen, oder ob sie sich gestärkt und motivierter denn je erneut ans Werk machen.

In dieser „regulativen Phase" muss eine Metamorphose durchlaufen worden sein. Hier können sich Speaker und Managerinnen aus Unternehmen um die erneute Aufwertung ihres Images kümmern. Nicht früher! Zuerst müssen Sie einen Prozess durchlaufen, um zu einem Resultat zu kommen. Wer zu früh Resultate, im Sinne von „Lesson Learned" präsentiert, deutet der Öffentlichkeit an, dass er, der Speaker oder sie, die Managerin, nicht bereit ist, Einsicht zu üben und

sich auf eine Art und Weise mit dem Problem auseinanderzusetzen, die der Allgemeinheit dient. Selbst der Blockbuster
muss eine moralische Instanz sein. In CSI wird das Mikro-
Skript: „Crime doesn't pay" erzählt. Natürlich wird dabei
auf unsere intelligente Spezies verwiesen und dem wissenschaftlichen Fortschritt gedankt.

## Alfred Sinowatz und der falsche Zeitpunkt

In Österreich gibt es ein geflügeltes Wort, das gerne in aussichtslos erscheinenden Situationen verwendet wird. Es
handelt sich um ein Zitat, das von Österreichs ehemaligem
Bundeskanzler Fred Sinowatz stammt, und lautet: „Es ist
alles sehr kompliziert!" Nun mag diese Redewendung für
viele Situationen auch wirklich stimmen und wirkt auf den
ersten Blick nicht ungewöhnlich. Gerade politische Prozesse
und Entscheidungsfindungen gehen oft ungewöhnliche und
verschlungene Pfade. In vielen Fällen führen sie zu unlieb-
samen Verstrickungen. Das so gewöhnlich klingende Zitat
„Es ist alles sehr kompliziert!" ist allerdings deshalb ein
Stück österreichische Politikgeschichte geworden, weil es
im dramaturgisch falschen Moment gesagt wurde. Nämlich
im Rahmen der Regierungserklärung zum Amtsantritt von
Fred Sinowatz, der das Amt des Bundeskanzlers von Bruno
Kreisky übernahm, nachdem dieser nach dem Verlust der
absoluten Stimmenmehrheit nach der Nationalratswahl
1983 zurückgetreten war.

Fred Sinowatz läutete gleichsam seine Amtszeit mit dem
Schlachtruf: „Es ist alles so kompliziert!" ein und setzte damit
einem möglichen Erfolg (den er zuvor als Unterrichtsminister
zweifellos hatte) ein jähes Ende, bevor die Amtszeit noch
richtig begonnen hatte. Dieses Beispiel ist signifikant und

gleichzeitig mit Wehmut besetzt, da es sich bei Sinowatz – und ich denke, da werden nur wenige Kenner der österreichischen Politik widersprechen – um einen ehrlichen, fleißigen Politiker und gefühlvollen Mann handelte. Ehrlich, im Sinne von ehrlicher Absicht. Fred Sinowatz trug vor mittlerweile fast genau 30 Jahren sein (zum damaligen Zeitpunkt leicht überfordertes) Herz auf der Zunge. Eigentlich ein schöner Zug eines Politikers. Doch nicht zu einem Amtsantritt. Der Beginn einer Zeitrechnung – und dazu gehört auch der Beginn einer Amtsperiode – ist der richtige Moment, um Weichen zu stellen, eine Richtung vorzugeben, Ziele zu definieren oder Auswege aus schwierigen Zeiten zu zeigen. Es ist zu früh, Bilanzen zu machen und unter noch nicht getaner Arbeit zu ächzen, also zu sagen, alles sei „schwierig und kompliziert". So klingt ein Fazit und damit eine *rückwirkende* Bewertung, die an ein Ende gehört, zu einem Rückzug, oder zu einer Bilanz einer schwierigen Zeit. In unseren von klein auf gelernten Programmen passt dieses Zitat am besten an ein Ende, oder zu einer aussichtslos erscheinenden Situation. Der Ausspruch wirkt auf uns, als würde jemand voreilig die Flinte ins Korn oder schon zu Beginn eines Kampfes das Handtuch werfen, als Zeichen der vorzeitigen Kapitulation. Es ist bezeichnend, dass dieses Zitat in Österreich quer durch die Bank mit dem Ende der Ära Sinowatz im Jahr 1986 verbunden wird und nicht mit seinem Amtsantritt im Jahr 1983. Denn in unserem Gedächtnis ordnen wir wichtigen Inhalten den richtigen „zeitlichen" Platz zu und suchen in unserem Erinnerungsspeicher den dramaturgisch richtigen Ort, um diese Inhalte abzulegen. So finden wir, wenn wir uns erinnern wollen, das Zitat: „Es ist alles so kompliziert!" unter „Amtsende Sinowatz" und keineswegs unter: „Regierungsantritt Sinowatz".

Der Ausspruch kommt, wie gesagt, einer Bilanz gleich und gehört, wenn überhaupt, an das Ende einer Story, in den „regulativen Teil", der für Rückblicke und Konsequenzen gedacht ist. In den Teil, der die Essenz oder die Moral der Geschichte noch einmal auf den Punkt bringt. An den Anfang gestellt, wird dieselbe Aussage zur self-fulfilling prophecy, zur selbsterfüllenden Prophezeiung. Zyniker würden an dieser Stelle sagen: Es hat funktioniert. Denn das Ende der Ära Sinowatz kam im wahrsten Sinne der Worte: „wie gerufen". Zum Vergleich: Der Slogan „Yes, we can!" könnte nie am Ende einer Amtsperiode stehen. „Change!" und „Yes, we can!" waren der richtige Inhalt zur richtigen Zeit („Ilinx"). Der Slogan gab im Wahlkampf und zum Auftakt der ersten Amtsperiode Obama Richtung und Motivation vor. Zu einer Zeit, in der das Selbstvertrauen der amerikanischen Bevölkerung am Boden war. Am Ende seiner ersten Amtsperiode und gleichzeitig zum Wahlkampfauftakt für die zweite Runde zog Obama Bilanz. Er verwies auf Erfolge, aber auch darauf, dass der „Change" noch viele Anstrengungen braucht. Er sprach darüber, welche Erfahrungen er in den letzten Jahren gemacht hatte und wie sie ihn veränderten. Und natürlich auch darüber, wie ihn die neu gewonnen Erkenntnisse für die zukünftigen Amtsgeschäfte trainierten. Er zog damit einen Schlussstrich und konnte mit Teilerfolgen, von den Jahren „belehrt" und „reifer" in die zweite Amtsperiode gehen. Hätte er die Phase eins nicht abgeschlossen, hätte er die Last seiner Versprechen in seiner zweiten Periode weiter tragen müssen.

## Geschichten dramaturgisch gestalten

*Der „stimulative Teil": ein medialer Auffahrunfall*

Stellen Sie sich vor, Sie fahren mit Ihrem funkelnagelneuen Auto durch Ihre Stadt, Ihr Dorf, Ihre Gegend und halten an einer lichtgeregelten Kreuzung. Es ist Rot. Es ist Samstag. Sie haben ein arbeitsfreies Wochenende, und in Gedanken sind Sie bei der Planung Ihres bevorstehenden Urlaubs. Es ist alles in bester Ordnung. Es wird Gelb. Es wird Grün. Es kracht! Ihr Hinterkopf schlägt gegen die Kopfstütze. Ihr Blick verschwimmt kurz, wird wieder klar, und Sie sehen im Rückspiegel Ihren verbeulten, aufgesprungenen Kofferraumdeckel. Im linken Seitenspiegel sehen Sie von rückwärts kommend einen Mann auf Sie zulaufen. Er ist der vermeintliche Verursacher des Auffahrunfalls. Er stoppt an Ihrer Fahrerseite, beugt sich runter ans Seitenfenster, sieht Ihnen aus 30 Zentimetern Abstand ins Gesicht und sagt: „Das Wichtigste ist mir die Verkehrssicherheit!"

Sie werden annehmen müssen, der Mann stehe unter Drogen, hätte den Verstand verloren und wäre gefährlich. Dabei hat er bloß zu viel ferngesehen. Zu viele Newssendungen, in denen Unternehmenssprecher behaupten, dass ihnen die Sicherheit, die Gesundheit, die Versorgung, das geregelte Einkommen und so weiter und so fort das Wichtigste seien. Und dies tun sie just in dem Moment, in dem sich das Gegenteil zeigt. Im schlechtesten Moment. Konzerne, die hunderte oder tausende Mitarbeiterinnen und Mitarbeiter „freisetzen", tun das nicht selten unter dem Vorwand, verbleibende Arbeitsplätze zu schützen, den Standort zu sichern oder die Konkurrenzfähigkeit zu gewährleisten. Sie stellen eine mögliche Konsequenz, ein mögliches Endergebnis einer zuwiderlaufenden Handlung im Hier und Jetzt gegenüber – und noch dazu an den Anfang einer Story. Das sind zu viele dramaturgische Fehler in einem Paket. Und so können wir als Rezipienten sofort spüren, dass hier etwas nicht stimmt. Dass die Inhalte der Realität nicht standhalten.

Darüber hinaus wird durch diese vorschnellen, bilanzierenden Stellungnahmen den Emotionen des Publikums kein Raum geboten. Jeder Mensch, der Rechnungen zu zahlen hat, weiß, wie entscheidend ein geregeltes Einkommen ist. Stellenabbau und Kündigungen bedrohen also nicht nur die Betroffenen, sondern gleichzeitig all jene, die noch Arbeit haben, und bringen sie in Alarmbereitschaft. Wenn nun Firmensprecher und Pressesprecherinnen voreilig beruhigen, wenn sie ausschließlich sachlich argumentieren und nur die positive Aussicht der Maßnahmen betonend in die Zukunft blicken, fehlt dem Unternehmen augenscheinlich das Gespür für seine Belegschaft und das Publikum. Es wird ersichtlich, dass der Führung des Unternehmens die Tragweite des Handelns und damit verbundene Konsequenzen für den Einzelnen nicht bewusst sind und die notwendige Empathie fehlt. Aussagen wie die oben genannten wirken auf die breite Öffentlichkeit provokant und kommen in vielen Fällen einer Verhöhnung gleich, die den realen Zu- und Umständen spotten. Kein guter Start, wenn Sie als Speaker oder Speakerin die Absicht hatten, sich das Okay der Öffentlichkeit abzuholen. Oder zumindest die Notwendigkeit plausibel zu machen, ohne dafür ins Kreuzfeuer der Kritik zu geraten.

Unternehmen oder Organisationen, die ein Datenschutzproblem zu verzeichnen haben, behaupten oft: „Der Datenschutz unserer Bürger und Bürgerinnen steht bei uns ganz oben auf der Liste!" Pharmaunternehmen, die unter Beschuss geraten, weil bei einem Medikament schwere Nebenwirkungen auftreten, fackeln nicht lange und kontern, den Ergebnissen zum Trotz, mit: „Die Patienten-Sicherheit ist uns das Wichtigste!", und verweisen nicht selten auf dahingehende Maßnahmen. Aussagen wie: „Wir investieren rund eine Milliarde Euro in Forschung und Entwicklung eines einzigen Medikamentes", oder „Jedes Produkt durchläuft hunderte Tests, bevor es auf den Markt kommt", sind gewohnte Standards. Das mag auch alles stimmen und seine Berechtigung haben. Doch der Zeitpunkt für solche Aussagen ist an dieser Stelle, zu Beginn einer Krise, eindeutig der falsche und ruft Unverständnis, Misstrauen und Aggressionen hervor. Verkehrt die Absicht ins Gegenteil.

Entsprechend dem Beispiel „Auffahrunfall" („Das Wichtigste ist mir die Verkehrssicherheit!") behaupten viele Unternehmen im denkbar ungeeignetsten Moment, vertrauenswürdig, kompetent und zuverlässig zu sein. Zumeist sind es die Rechtsabteilungen großer Konzerne, die mit dieser Art „Krisenkommunikation" verhindern wollen, voreilige Ein- und Zugeständnisse zu machen, um etwaige Kosten für die Wiedergutmachung im Falle eines Schuldnachweises möglichst gering und möglichst lange hintanzuhalten. Oder es ist der Geschäftsführung schwer erträglich, einen etwaigen kurzen Imageschaden in Kauf zu nehmen, der durch dieselben Argumente an der dramaturgisch logischen Stelle zu einem Imagegewinn führen würde.

Besonders originell und auf eine Art und Weise, die über die Grenzen des guten Geschmacks weit hinausging, erhoffte sich der ehemalige österreichische Innenminister Ernst Strasser im Jahr 2012 Luft zu verschaffen. Er wurde von britischen Journalisten der SUNDAY TIMES im Zuge einer Aufdecker-Story dabei gefilmt, wie er ihnen unmoralische Angebote machte. Der Sachverhalt ist heute in den Medien als „Cash-For-Laws-Affäre" bekannt. Strasser versprach den als Lobbyisten getarnten Journalisten, gegen Geld Gesetze zu beeinflussen und war stolz darauf, dass er als Fraktionsführer der Österreichischen Volkspartei in der EU eine ganze Reihe von Kunden habe, für die er gegen Bezahlung von etwa 100.000 Euro pro Jahr an den richtigen Gesetzesschrauben drehe. Besonders pikantes Detail:

Die Journalisten hatten insgesamt zu 60 Abgeordneten des europäischen Parlaments Kontakt aufgenommen, aber nur drei waren auf die Anfrage eingegangen, neben Strasser auch ein Parlamentarier aus Rumänien und einer aus Slowenien. Als Strasser schlussendlich mit den Aufnahmen konfrontiert wurde, die auf YouTube mittlerweile zu den Krachern gehörten, ging er so weit zu behaupten, er sei nur scheinbar auf das Angebot eingegangen, weil er von Anfang an vermutet habe, hinter den „dubios erscheinenden Lobbyisten" stehe ein Geheimdienst, und er herausfinden wollte, welcher das sei. Er sei bloß aus Termingründen nicht dazu gekommen, die Leute anzuzeigen. Ernst Strasser wurde vor Gericht gestellt und angesichts seines einigermaßen unglaubwürdigen Alibis in erster Instanz zu vier Jahren unbedingter Haft verurteilt. Darüber hinaus wurde er vom leitenden Richter als Mensch bezeichnet, der dem österreichischen Staat nachhaltig Schaden zugefügt habe.

Natürlich ist dieser Fall ganz besonders drastisch und, ganz ehrlich gesagt, mit erhobenem, moralischem Zeigefinger geschrieben, nach dem Motto: „Wehe dem, der lügt" – und noch dazu im falschen, folgenreichsten Moment. Doch selbst wenn Sie die Wahrheit sagen, doch dabei das Gefühl für den richtigen Moment vermissen lassen, gerät Ihre Glaubwürdigkeit und das Vertrauen in Sie sofort ins Wanken. Es kann natürlich sein, dass Ihr Unternehmen Sicherheit ganz groß schreibt, obwohl gerade fünf Angestellte bei einer Explosion schwer verletzt wurden, oder dass die Verantwortung für die Verträglichkeit Ihrer Produkte an erster Stelle kommt, obwohl eine Reihe von Patienten mit starken Nebenwirkungen in Spitäler eingeliefert werden mussten. Nicht Zahlen, Daten und Fakten, die das Gegenteil von dem beweisen sollen, das gegen Sie vorgebracht wird, zählen im Moment der höchsten Aufregung, sondern die Anteilnahme und das Verständnis für die Aufregung, die in diesem Moment steckt. Die Übereinstimmung in Gefühl und Werteverständnis, mit der Sie von sich und Ihrem tadellosen Agieren überzeugen wollen.

## Speaker-Tipp für den „stimulativen Teil"

Speaker und Speakerinnen sollten sich dringlich fragen, was dieser Moment braucht. Und was gesagt werden muss, um die unliebsame Geschichte auf einen wünschenswerten Weg zu bringen. Denken Sie daran, dass Sie ganz am Anfang einer Story stehen. Stellen Sie sich, besonders in Bedrängnis, die folgenden drei Fragen:

1. In welcher Phase, und damit in welcher Verfassung befindet sich meine Zielgruppe *derzeit*?
2. Was braucht sie *jetzt* am dringendsten?
3. Welche Erwartungen stellt sie *in diesem Moment* an mich bzw. an meine Funktion?

Rufen Sie sich eine wichtige Kommunikationsregel in Erinnerung: Reden ist Handeln! Stellen Sie sich als Hilfe vor, wie Sie handeln würden, wenn jemand, der Ihnen wichtig ist, in Aufruhr, in Panik oder in Not wäre. Würden Sie Ihrem Kind, das gerade mit dem Rad gestürzt ist und sich hilfesuchend und weinend an Sie wendet, erläutern, wie sicher und umweltfreundlich das Radfahren gegenüber dem Autofahren ist? Oder würden Sie
a) Ihrem weinenden Kind beistehen. Es halten und trösten.
b) sich seine Schürfwunden zeigen lassen, drauf pusten und
c) die Wunden so rasch wie möglich mit Pflaster versorgen?

Wenn Sie eher zu a), b) und c) neigen als zum Impulsreferat über die Vorteile und Errungenschaften der Radfahrerei, sind Sie ganz nah am professionellen Verhalten in der „stimulativen Auftaktphase" einer medialen Krisensituation. Für den „stimulativen Teil", also die Anfangsphase, den Ausbruch eines Skandals, einer Krise oder einer Notsituation, gelten drei Verhaltensregeln, die sich als Antwort beziehungsweise als Handlungsauftrag hinsichtlich der drei dringlichen Fragen (siehe oben) verstehen und sich im Ablaufschema des elterlichen Beistandes im Falle des mit dem Rad gestürzten Kindes (a, b, c) wieder erkennen lassen. Wenn Sie vertrauensvoll kommunizieren möchten, sollten Sie:

1. die Realität anerkennen
2. Anteilnahme zeigen
3. besonnen reagieren

Sie sollten also als Vater oder Mutter keine Reden schwingen oder gar Faxen machen, um das Kind wieder zum Lachen zu bringen, sondern sich den Verletzungen zuwenden. Das ist nicht mehr oder weniger, als sich dem zu stellen, was ist. Sie sollten es halten und trösten, sprich: Anteilnahme zeigen. Und besonnen reagieren, wie es sich für einen kompetenten Erwachsenen gehört, und Pflaster auf die Wunde kleben. Damit haben sie die erste Phase des Unglücks im Kleinen hervorragend gemeistert.

In der Krisenkommunikation verhält es sich nicht anders: Wenn Menschen zu hunderten entlassen werden, müssen Sie Verständnis und Mitgefühl zeigen. Sie sollten sich dem entstandenen Schaden und dem Geschädigten zuwenden. Nicht dem für die Zukunft abgesicherten Teil der Mannschaft. Sagen Sie, was jetzt Sache ist. Nennen Sie die Dinge beim Namen und zeigen Sie, dass Sie die Situation realistisch einschätzen. Nennen Sie die betroffenen Bereiche und die damit verbundenen Mitarbeiterinnen und Mitarbeiter. Sind es mehr Frauen oder mehr Männer? Mehr junge Mitarbeitende oder eingesessene Fachkräfte? Zeigen Sie, dass Sie wissen, um wen es hier geht. Die Entlassungen als Maßnahme zur Sicherung der verbleibenden Arbeitsplätze darstellen können Sie später. Zum richtigen Zeitpunkt. Und der wird, durch das natürliche

Bedürfnis nach Aufklärung und Einsichten, ganz bestimmt kommen.

### Der „kognitive Teil": Wie konnte das passieren?

In diesem Sinne kehren wir zurück zu Ihrem fiktiven Unfall an diesem bis dahin so glänzend laufenden Samstag. Sie starren also immer noch ungläubig in das Gesicht des vermutlich geistesgestörten Autolenkers, der gerade behauptet hat, dass ihm die Verkehrssicherheit das Wichtigste sei, nachdem er Ihnen wenige Momente zuvor von hinten ins Auto gekracht war. Ihr Herz schlägt durch den vorangegangenen Schock wie verrückt, Ihre Hände zittern, Ihre Knie sind weich wie Butter. Sie sind, im übertragenen Sinne, eindeutig im falschen Film. Doch dann passiert völlig unerwartet das Richtige im richtigen Moment: Der Unglücksfahrer lässt seine per Medien gelernte Rhetorik hinter sich, hört auf seinen „Bauch" und schreit emotional intelligent: „Scheiße! Verdammt! Fuck!" – Er sieht Ihnen abermals aus 30 Zentimetern Abstand in die Augen und fügt mit gedämpfter Stimme hinzu: „Sorry! Tut mir so leid! Ihr neuer Wagen ist komplett im Arsch!"

Auch wenn es hier sprachlich ein wenig rustikal zur Sache gegangen ist: Sofort können Sie merken, wie Ihre Verwirrung angemessenen Gefühlen weicht. Jetzt ist alles wieder am richtigen Platz. Jetzt können Sie getrost in den allseits bekannten Unfallkanon einstimmen. Ihre Wut kann endlich hochkochen. Ihre Enttäuschung über das versaute Wochenende und die Einsicht, dass die Momente und Lebensphasen, in denen alles in Ordnung ist, zwar wunderschön sind, doch in der Regel nur von kurzer Dauer, kann den nötigen Raum bekommen. Endlich haben Sie einen Gesprächspartner vor sich, der zwar wie der letzte Mensch Auto fährt, der aber weiß, was Sie fühlen, worum es Ihnen geht und der die Realität richtig einschätzt.

Nach lauten Klagen, Vorwürfen und Beleidigungen geht man in der Regel im Falle eines Zusammenstoßes dazu über zu eruieren, wie groß und wo Schaden entstanden ist, und natürlich auch, wie es zu dem Unfall kommen konnte. Sie verschaffen sich Übersicht und Einblick. Klären und rekonstruieren den Hergang der Ereignisse gemeinsam. In den meisten Fällen füllen die Parteien A und B einen gemeinsamen Unfallbericht aus oder Sie lassen die Polizei kommen, da Sie durch die anfängliche Irritation: „Das Wichtigste ist mir die Verkehrssicherheit!" doch noch nicht ganz sicher sind, ob mit dem Lenker auch wirklich alles in Ordnung ist. Im Großen und Ganzen sind Sie zwar nach wie vor ein bisschen zittrig, doch wie es scheint wieder bei Sinnen.

Sie befinden sich nun, nach Abklingen der hohen Emotionen im „stimulativen Teil", gemeinsam mit dem Unfallpartner im „kognitiven Teil" der Geschichte. Erst nachdem sich die Wellen der Aufregung gelegt haben, ist es uns Menschen möglich, Argumenten anderer Gehör zu schenken, logisch zu denken und vernünftige Schritte zu setzen. Unfallopfern ist es in der Regel nicht möglich, den Unfallhergang zu eruieren, solange sie unter zu großer emotionaler Belastung stehen. Es braucht zum einen Zeit und zum anderen Zuwendung, bis der emotionale Stress weicht, und bis sich unser Großhirn zum Dienst zurückmeldet. Solange also die Emotionen am Kochen sind, macht es für Sprecher und Sprecherinnen gar keinen Sinn, Erklärungen abzugeben, Analysen und Studien zu nennen und große Zusammenhänge herzustellen. Sie werden nicht gehört. Und wenn Sie gehört werden, werden Sie dennoch nicht verstanden. Auch dann nicht, wenn Sie recht haben sollten, die Wahrheit sagen und in guter Absicht handeln.

Wir Menschen brauchen eine gewisse Zeit, um mit den Eindrücken einer spektakulären Situation fertig zu werden. Wir brauchen Zeit, emotionale Eindrücke zu verarbeiten. Und wir entwickeln von selbst den richtigen Moment des Interesses für die Hintergründe. Denken Sie an 09/11, den berühmten 11. September 2001 zurück. Bei den ersten Aufnahmen waren wir geschockt. Wir sahen Menschen, die aus brennenden Türmen sprangen. Menschen, die wie wir am Morgen zur Arbeit gegangen waren. Wir sahen Männer und Frauen, wie sie orientierungslos durch ihre Stadt rannten. Weinend, verdreckt, in elender Verfassung. Etwas im ersten Moment Unbegreifliches, Unfassbares war passiert. Es hat Tage gedauert, bis sich in New York und der Welt das Interesse für die Hintergründe der Anschläge entwickeln konnte. Zu gebannt waren alle vom „Horror" der Bilder.

Erst wenn die großen Emotionen genug Platz erhalten haben, ist die richtige Zeit für Erklärungen gekommen. Nun ist jedes stichhaltige Argument herzlich willkommen. Jetzt ist die Zeit der Expertinnen und Experten angebrochen. Und je plausibler, attraktiver und nachvollziehbarer Sie Einblick in die Hintergründe geben, desto mehr Kompetenz wird Ihnen zugeschrieben, ob Sie nun für das Schlamassel verantwortlich sind oder nicht. Erst wenn die natürliche Spannung der „Bad-News-Situation" an Kraft und Attraktivität verliert und die Fragen nach dem „Was" langweilig werden, werden die Fragen nach dem „Warum" und dem „Wie-konnte-das-passieren" laut. Je aufsehenerregender der Anlass der Aufregung ist, desto länger dauert der „stimulative Teil" einer Story, desto länger müssen sich Verantwortliche und Expertinnen in Geduld üben. Doch wenn diese Zeit gekommen ist, legen Sie sich so richtig ins Zeug. Nun können Sie Kompetenz zeigen. Jetzt ist die Zeit reif für Erklärungen und Expertisen. Nun sind all jene Inhalte gefragt, die zum Verständnis der Situation beitragen.

Im „kognitiven Teil" sollten Speaker und Speakerinnen:
1. über Inhalte Vertrauen schaffen
2. Einsicht in die Hintergründe geben
3. Ihre fachliche Kompetenz zeigen

Ein anschauliches Beispiel für einen gut absolvierten „kognitiven Teil" finden wir im Jahr 2011, als ein unscheinbarer, aber äußerst gefährlicher Erreger namens EHEC (Enterohämorrhagische Escherichia Coli) in Norddeutschland eine Epidemie auslöste, bei der über 800 Menschen erkrankten und 53 starben. Gewöhnlich befällt die Durchfallerkrankung, die von diesem Erreger ausgelöst wird, ausschließlich Babys und Kinder. Diesmal waren vor allem Erwachsene betroffen, und der Verlauf der Krankheit war dermaßen bedrohlich, dass die deutschen Gesundheitsbehörden reagieren und Warnungen ausgeben mussten. Das Problem war allerdings, dass die Wissenschafter und Wissenschafterinnen nicht herausfinden konnten, welche Lebensmittel von den Bakterien befallen waren. Die ersten Studien des Robert-Koch-Instituts identifizierten Tomaten oder Blattsalate aus norddeutscher Erzeugung als Erreger. Zwischendurch standen auch Gurken spanischer Herkunft im Verdacht. Dann tauchte wieder eine große Anzahl von Neuerkrankungen bei Menschen auf, die in einem besonderen Restaurant in Lübeck gespeist hatten, also wurde dieses Restaurant medial unter Beschuss genommen. Zuletzt wurden Gemüsesprossen eines Landwirtschaftsbetriebs in Niedersachsen verdächtigt.

Der „stimulative Teil" dieser Story war aufsehenerregend, beunruhigend und unverhältnismäßig lange. Nicht nur, weil die Krankheit gefährlich war, sondern auch, weil von Expertenseite immer neue Verdächtigungen ausgesprochen wurden, obwohl die Grundlage für Auskunft und Erklärungen fehlte. So gossen sie mit immer neuen, falschen Verdächtigungen Öl ins Feuer. Die Warnungen der Gesundheitsbehörden betrafen an einem Tag dieses, am nächsten Tag jenes Gemüse, am dritten Tag alle zusammen, sodass der unbedarfte Konsument im besten Fall verwirrt, im schlechtesten desorientiert war. Bis sich nach tagelangem, zuletzt ermüdendem Hin und Her, nach Irrtümern und Falschmeldungen ein Mann namens Udo Pollmer, seines Zeichens wissenschaftlicher Leiter des Europäischen Instituts für Lebensmittelwissenschaften in München per Videobotschaft zu Wort meldete und die „kognitive Phase" aktiv einläutete. Er gab nicht vor, mehr über EHEC zu wissen als andere, gewann jedoch das Vertrauen seines Publikums damit, dass er in einfachen und verständlichen Worten den aktuellen Stand zum vorliegenden Problem erklärte. Er beendete die Reihe der Spekulationen und stellte sich dem Ist-Zustand: Lebensmittelvergiftungen gebe es im Augenblick vor allem bei pflanzlichen Produkten wie Obst und Gemüse, weil viele diese Produkte roh verzehrt würden. Und Keime seien auf rohem Obst und Gemüse etwas vollkommen Normales. Rohe Lebensmittel enthielten in ganz und gar natürlicher Art und Weise Bakterien, Viren oder Parasiten. Jemand, der rohe Produkte verzehre, gehe grundsätzlich ein Risiko ein. EHEC sei zum Unterschied zu vielen anderen Bakterien und Viren äußerst aggressiv, und woher der Erreger komme, und wohin er gehe, wüssten wir alle nicht. Wie sollten wir Konsumentinnen und Konsumenten uns verhalten? Wie unsere Kinder schützen? Udo Pollmer wusste auch hier Antwort: „Wenn Sie Ihre Tomaten zur Zeit nicht roh essen, ist das überhaupt kein Problem – ich denke da an so wunderbare Erzeugnisse wie zum Beispiel Ketchup. Tun Sie ein paar Pommes dazu oder eine Currywurst; das ist erhitzt, und dann haben Sie somit logischerweise keine Probleme. Bei Kindern achten Sie bitte darauf, dass sie in den Kindergärten und so weiter nicht irgendwelche großen Rohkostplatten mit biologischem Gammelgemüse angeboten bekommen."

Die Menschen sollten doch bitte das Gemüse einfach kochen oder braten, so der Tipp des Fachmanns. Der Pragmatismus und der trockene, mitunter zynische Humor Udo Pollmers waren in Deutschland bereits bekannt. Er setzte ihn ein und löste damit ein wenig die bis dahin bestehende Anspannung und wissenschaftliche Verbissenheit. Ich bringe dieses Podcast-Beispiel auch, um Ihnen zu zeigen, dass manchmal eine einzige sachorientierte Aussage, die sich direkt an betroffene Menschen richtet, hilfreich sein kann, auch wenn das eigentliche Problem (nämlich EHEC) damit noch nicht gelöst ist. Diese Klärungen zur „Selbsthilfe" und zur „Einsicht in die Grundproblematik" kamen genau zum rechten Zeitpunkt: erst nachdem die Aufregung am Höhepunkt war. Erst nach Abklingen des dramaturgischen Auftakts, der „kognitiven Phase".

### Der „regulative Teil": Was lernen wir daraus?

Zu Anfang des Kapitels habe ich mich an meine Zeit als Sendungscoach und Drehbuchautor erinnert und die damit einhergehende und bleibende Einsicht, dass Dramaturgie nichts anderes ist, als die richtigen Inhalte in eine bestimmte, passende Reihenfolge zu bringen. In jedem Skript: ob „Mimikry", ob „Agon", ob „Ilinx" oder „Alea, zu dem wir gleich kommen, zeigt sich am Prinzip „das Richtige tun zur richtigen Zeit", ob Sie genug Empathie, Kompetenz und Verantwortungsgefühl besitzen, sodass das Publikum Ihnen gerade in schwierigen Situationen vertrauen kann. Und ganz ehrlich, es gibt kaum eine bessere Gelegenheit, Vertrauen aufzubauen und zu erwerben, als in Bewährungssituationen. Hier können Sie alles richtig machen, hier können Sie 100 Punkte holen – oder die Karre an die Wand fahren. Siehe den CEO Tony Hayward mit seinem Statement „I want my life back": Sinngemäß hatte der Mann zu Ihnen gesagt: „Ich will mein eigenes, schönes Auto unbeschadet wieder haben und ein tolles Wochenende dazu", nachdem er Ihnen an der Ampel hinten reingekracht ist. Und es wäre im Grunde auch hier nicht die Aussage selbst, sondern ebenfalls ausschließlich der Zeitpunkt, der diese Botschaft zum kommunikati-ven Desaster machen würde.

Angenommen, es wäre Ihnen wirklich Tony Hayward hinten ins Auto gekracht, hätte aber Schuldeinsicht gezeigt und danach Ihr Auto in die Werkstatt bringen lassen. Ihnen ein Leihauto besorgt, den Schaden mit der Versicherung ab-gewickelt und dann gesagt: „So, nun will ich mein eigenes Auto wieder und einen netten Samstag dazu." Ganz ehr-lich: Ich denke, Sie wären einverstanden gewesen. Hayward hätte es im übertragenen Sinne mit dem Sager: „I want my life back" einfach in den „regulativen Teil" der Story schaf-fen müssen. Dann wäre alles erledigt gewesen. Der Schaden wäre eingegrenzt, und die Betroffenen wären entschädigt worden, und Tony Hayward hätte dann gesagt: „So, jetzt will ich mein Leben wieder zurück." Das Zitat hätte seinen dramaturgisch richtigen Platz eingenommen.

Aber kehren wir ohne Tony Hayward kurz an den Auffahr-Unfallort zurück, wo zuletzt Unfallberichte ausge-füllt und Hergänge rekonstruiert wurden. Dort ist mittler-weile nichts mehr zu sehen. Kein Splitter, weder Glas noch Kunststofffteilchen. Es ist bereits eine Woche her, dass Ihnen, wer auch immer, hinten in Ihr Auto krachte. Der Leihwagen aus der Werkstatt, den zum Glück die Versicherung zahlt, ist Ihnen schon ein bisschen ans Herz gewachsen, und dennoch freuen Sie sich wieder auf Ihren Wagen. Den bekommen Sie bereits übermorgen, also noch zeitgerecht vor Ihrem Urlaub zurück. Auf Ihrer Mobilbox haben Sie eine Nachricht von Unbekannt. An der Stimme erkennen Sie den miserablen Autofahrer, dessen Bekanntschaft Sie letzte Woche machen mussten, nennen wir ihn einfach Herrn T. H. Der Mann hat Ihnen eine Nachricht hinterlassen, in der er sich noch einmal in aller Form bei Ihnen entschuldigt. In der er sich erkundigt, ob mit der Versicherung alles in Ordnung ging, und ob er noch etwas für Sie tun könne. Er verbleibt mit den besten Wünschen für Ihren Urlaub und sagt am Ende leicht verschmitzt: „Wissen Sie, das Wichtigste ist mir die Verkehrssicherheit."

Ich nehme an, Sie könnten nun auch schmunzeln. Oder zumindest eine Woche später, im Urlaub. In jedem Fall würden Sie annehmen, dass es sich bei diesem Sonntagsfahrer um jemanden mit Anstand und Charakter handelt. Um eine Person, die Verantwortungs- und Pflichtgefühl besitzt. Um jemanden, den Sie eigentlich lieber unter anderen Umständen kennengelernt hätten. Denn Sie mögen Leute, die sich nicht einfach umdrehen und denken: „After Me The Flood!" Herr T. H. nutzte die beste Zeit, um sein Image wieder aufzupolieren. Denn genau dazu ist die „regulative Phase" da. Nämlich um:

1. Entwicklungen deutlich zu machen
2. positive Wesenszüge zu zeigen
3. neue Erkenntnisse zu präsentieren

Natürlich ist es im Falle des Herrn T. H. schwer, alle drei dramaturgischen Phasen umfassend zu diskutieren und zu behandeln. So einschneidend war das Erlebnis nun auch wieder nicht, um Erkenntnisse für ein ganzes Leben gewonnen zu haben, oder glaubwürdig vertreten zu können, er habe seinen Fahrstil auf alle Zeiten geändert und sei zu neuen Erkenntnissen gelangt, Bremswege nun schneller und auf Millimeter genau zu berechnen. Doch im Falle Guttenbergs, Wulffs, Strassers und vieler anderer in diesem Buch „mitwirkenden" Personen könnte es ohne Weiteres zu Veränderungen und zu Einsichten gekommen sein. So mancher hat bereits ein Buch darüber geschrieben, wie sehr ihn die Ereignisse prägten, um sein Image wieder zu verbessern. Guttenberg hat aus seinem Fehler kaum gelernt. Im November 2011 veröffentlichte er ein Buch mit dem Titel „Vorerst gescheitert", in dem er den Vorwurf der vorsätzlichen Täuschung – einer der Hauptgründe für seinen Rücktritt – nach wie vor leugnete und die Universität

Bayreuth beschuldigte, in der Untersuchung des Falles gegen ihn Partei ergriffen und dabei finanzielle Interessen verfolgt zu haben. „Ich bin kein Blender und Betrüger", sagte Guttenberg Presseleuten bei seiner Buchpräsentation.

„Klarer Fall von Realitätsverlust." – Der Kommentar von Guttenbergs Doktorvater Oliver Lepsius sprach dem Großteil des Publikums aus der Seele. Wie wären die Reaktionen gewesen, wenn er in seinem Buch geschrieben hätte, dass er damals als Dissertant, hoffnungsvoller Jungpolitiker und frischgebackener Familienvater überfordert war, und dass er, um beruflich schneller weiterzukommen, einen Fehler begangen und für seine Dissertation Inhalte abgeschrieben und aufgepeppt habe, ohne an die Konsequenzen in der Zukunft zu denken? Dass er diesen Fehler natürlich bereue und nicht zuletzt durch seine augenblickliche Tätigkeit als EU-Berater für „Digitale Agenda" wieder deutlich vor Augen geführt bekomme, dass die Reputation eines Menschen vor allem durch seine eigenhändig errungenen Leistungen zustande komme?

Im Grunde ist eine Katharsis in schriftlicher Form eine gute Idee. Ein verschriftlichtes Eingeständnis und Learning als Zugeständnis und Vermächtnis an das Publikum. Damit wir alle gemeinsam weiterkommen und nicht noch einmal dieselben Fehler machen und erleben müssen. Doch leider wird diese Möglichkeit in vielen Fällen zu zeitnah an die Vorwürfe oder Verfehlungen gerückt und ist somit als Reputation nur mäßig oder gar nicht tauglich. Es braucht Zeit, bis die Wellen verebbt sind. Es braucht Geduld. Es braucht eine Metamorphose. Eine nachvollziehbare Veränderung des Protagonisten oder der Protagonistin.

Damit Sie im Krisenfall heil durch die Irrungen und Wirrungen der öffentlichen Emotionen steuern können, hier noch einmal der Leitfaden in Kürze: Jede Geschichte hat drei Erzählteile. Diese drei Teile brauchen ganz bestimmte Inhalte. Ein Inhalt im falschen Teil führt zu Misstrauen und Missgunst. Alles an seinem richtigen Platz erzeugt Vertrauen. Dramaturgen sprechen bei diesen drei Teilen einer Erzählung vom klassischen, epischen Bogen einer Geschichte. Die drei Teile des epischen Bogens heißen:

1. der „stimulative Teil"
2. der „kognitive Teil"
3. der „regulative Teil"

Im „stimulativen Teil" bricht die Story aus. Je spektakulärer der Auslöser, desto länger die gesamte Geschichte. Danach kommt die Zeit für Erklärungen. Jetzt können Sie Kompetenz unter Beweis stellen. Erst sehr spät, wenn schon alles gesagt scheint, wird es erforderlich, die Geschichte als Lehrmeisterin und Katalysator für neue Entwicklungen und Veränderungen zu nutzen.

# KAPITEL 14

# Wenn die Natur selbst Spannung erzeugt: das Skript „Alea"

Das Spannungskonzept „Tension by nature" bezeichnet jene Inhalte, die „von Natur aus", also aufgrund ihrer natürlichen Eigenschaften, für Menschen spannend sind. Vielleicht erinnern Sie sich an den Spätsommer des Jahres 2010, als in der chilenischen Kupfermine San José, in der Atacama-Wüste, nach einem Bergschlag 33 Grubenarbeiter in etwa 700 Metern Tiefe eingeschlossen und in einer dramatischen, mehr als zwei Monate dauernden Rettungsaktion wieder ans Tageslicht zurückgeholt wurden. Dieses Grubenunglück ist vielen Menschen bis heute durch seine Superlativen und seine Dramatik im Gedächtnis geblieben. Noch nie zuvor waren so viele Menschen in so großer Tiefe über einen so langen Zeitraum eingeschlossen und konnten am Ende gerettet werden.

Der Medienrummel während und nach der Rettungsaktion war gewaltig. Die TV-Teams mussten vom chilenischen Militär am Betreten des Geländes gehindert werden. Sie zogen daraufhin in einiger Entfernung zehn Meter hohe Beobachtungstürme hoch, auf denen sie ihre Kameras postierten. In der benachbarten Bergstadt Copiapó wurde eine Leinwand aufgebaut, auf der jede einzelne Minute der

Rettungsaktion live übertragen wurde. Das ZDF und N24 lieferten Live-Streams des Geschehens in die deutschen Wohnzimmer. Das Wunder von Chile: eine Realitysoap für die ganze Welt.

Über 1700 Journalistinnen und Journalisten waren bei der Bergung anwesend. So viele, wie sonst bei Olympischen Spielen oder bei G20-Gipfeln, und das wohlgemerkt, obwohl die Atacama-Wüste einer der menschenfeindlichsten Orte der Erde ist, und obwohl in diesen Tagen in Pakistan der Indus nach einem ungewöhnlich starken Monsun über die Ufer getreten war, wobei mehr als 1500 Menschen starben und mehr als 1,5 Millionen Häuser verwüstet wurden. In Bagdad starben zur selben Zeit beinahe täglich dutzende unschuldiger Menschen und doch berichteten die Medien in diesem Spätsommer 2010 vor allem über Chile statt über den Irak oder über Pakistan. Dafür gibt es unterschiedliche und aus journalistischer Sicht gute Gründe, einen praktischen und einen ökonomischen: einen ökonomischen, weil Ereignisse, die sich an einem Ort beobachten lassen, billig zu produzieren sind. Und einen praktischen, wenn sich eine Story noch dazu wie von selbst erzählt, und es kaum Aufwand für Recherchen und langwierige Nachforschungen braucht.

Damit sich eine Geschichte „wie von selbst" erzählt, muss sie einige Kriterien erfüllen. Die Story muss ein sogenanntes „Mikro-Skript" aufweisen, wie zum Beispiel: „Wettlauf gegen die Zeit". Im Unterschied zu „Makro-Skripts" wie „Mimikry", „Agon" oder „Ilinx", die wir schon kennengelernt haben, lösen „Mikro-Skripts" kurzzeitig hohes Interesse aus, da sie ebenso wie „Makro-Skripts" innere Programme (in uns gespeicherte Werte, Einstellungen und Erfahrungen) anstoßen, jedoch nur über kurze Zeiträume. Darum sind eine Kriegserklärung und der Ausbruch eines Krieges auch in großer geografischer Distanz von hohem Interesse. Nach vier Wochen Berichterstattung wird der Krieg jedoch „langweilig" und muss sich durch

Superlativen aufs Neue interessant machen. Entweder durch ein noch nie dagewesenes Blutbad oder eine angsteinflößende Drohung gegen „die westlichen Länder" bei einer Einmischung durch deren Streitkräfte. Also durch die Zuhilfenahme eines Skripts wie „Agon", das uns in Freunde und Feinde splittet und uns so in den Konflikt involviert. Ganz gleich, ob dieser Konflikt in Afghanistan, im Irak, in der Ukraine, oder in Nordkorea stattfindet.

Ein „Mikro-Skript", wie zum Beispiel die moralischen Skripts „Verbrechen lohnt sich nicht", „Jeder kriegt, was er verdient", „Am Ende siegt die Liebe", lässt sich vielleicht am besten mit einem Strohfeuer vergleichen. Es liefert über kurze Zeit sehr helles Feuer, aber eben nur kurz. Das „Mikro-Skript" in Chile hieß, wie oben erwähnt: „Wettlauf gegen die Zeit". Ein bewährtes Thriller-Konzept für Actionfilme, in denen rechtzeitig Hilfe eintreffen muss oder „die Bombe tickt". Wenn es in diesem Wettlauf gegen die Zeit in der chilenischen Wüste noch dazu um das Leben einfacher, ehrlicher, arbeitsamer Grubenarbeiter geht, die als Familienväter, Söhne und Brüder ausgewiesen werden können, kommt eine hohe Identifikation der Seherinnen und Seher hinzu, vor allem mit den bangenden und hoffenden Familienmitgliedern an der Oberfläche.

Dieser Effekt nennt sich „mediale Antizipation". Damit ist der direkte Übertrag von Gefühlen der Betroffenen auf das Publikum gemeint. In diesem Falle das Leid und die Hoffnung in Form von gefilmten Gebeten der Kinder von verschütteten Vätern und der in Interviews und Portraits dargestellten verzweifelten Eltern, Brüder und Schwestern. Antizipation hält die emotionale Verbindung zur Story aufrecht, direkt über die „Mitwirkenden". Dass am Ende nach 69 Tagen alle 33 Minenarbeiter gerettet werden konnten, war ein immenser Glücksfall. Nicht nur für die Geretteten und deren Familien, sondern ebenso für die Zuseher und Zuseherinnen, und natürlich auch für die Medienleute.

Dieses denkwürdige Happy End brachte dem Spektakel am Ende den Titel „Das Wunder von Chile" ein.

Neben der medialen „Antizipation" und einem funktionierenden „Mikro-Skript" spielt in der Medienberichterstattung „das Superlativ" eine ebenso bedeutsame Rolle, wenn es darum geht, sich die Aufmerksamkeit des Publikums zu sichern. Durch die Berichterstattung über noch nie Dagewesenes, über extreme Spitzenleistungen und Rekorde, wie den Sprung des Österreichers Baumgartner aus der Stratosphäre, dürfen die Redaktionen mit einer hohen Zuschauerquote rechnen. Überall dort, wo über „das Größte", „das Erste", „das Kleinste", „das Furchtbarste" berichtet werden kann, ist ohne viel dramaturgisches Zutun ein Erfolg zu erwarten. Medien, die sich beinahe ausschließlich auf diese Art der Berichterstattung konzentrieren, sind im Bereich Sensationsjournalismus tätig.

Eine Verbindung oder ein Zusammenspiel verschiedener Kriterien in einer Story machen aus einer Geschichte ein Medienspektakel. Wir hatten in Chile das Mikro-Skript „Wettlauf gegen die Zeit", es ging darüber hinaus um Leben und Tod. Wir hatten hohe Antizipation, denn neben den nervenden Schaulustigen waren die verzweifelten Angehörigen der verschütteten Minenarbeiter zu beobachten. Und auch die Superlativen ließen sich dokumentieren, denn noch nie waren so viele Menschen so lange Zeit auf so engem Raum von der Außenwelt abgeschnitten. Noch nie wurde eine Rettungsaktion aus so großer Tiefe durchgeführt. Auch nicht in der obersteirischen Gemeinde Lassing, wo im selben „Mikroskript", dem „Wettlauf gegen die Zeit", am Ende ein Mann gerettet werden konnte und zehn Grubenarbeiter den Tod fanden.

Insider der medialen Berichterstattung verleihen einem Ereignis wie dem Grubenunglück in der chilenischen Mine San José das Prädikat „Tension by Nature". Dabei geht es um Ereignisse, die aufgrund ihrer dem Vorfall innewohnenden dramaturgischen Natur Aufmerksamkeit erhalten. Journalisten und Medienmacherinnen müssen keinerlei dramaturgischen Kniffe anwenden, um ihre Berichterstattung für das Publikum interessant und spannend zu machen. Sie müssen lediglich abbilden, und die Welt zeigt Interesse. Ein Musterbeispiel dafür ist auch der 11. September 2001. Zwei Flugzeuge sind in zwei Wolkenkratzer in New York geflogen. Fertig. Aus. Mehr an Information braucht es nicht, um die ganze Welt in Spannung zu versetzen. Gerade bei diesem Ereignis ist auffallend, dass die größten amerikanischen Zeitungen in den Tagen darauf nur ganz knappe Headlines generierten: „U.S. under attack", „U.S. attacked", „Terror", „Who did this?", „Bastards!", „War on America" und so weiter. Die Schlagzeilen mussten nicht länger sein, denn ein einziger Hinweis genügte – und in den Augen der gesamten Welt stand die Büchse der Pandora weit offen. Der Inhalt ist spannend, ohne dass der Erzähler etwas dazu tun muss – das ist „Tension by Nature".


### Das Skript „Alea": die Macht des Schicksals

„Tension by Nature"-Geschichten dauern, wie schon gesagt, in der Regel nur kurz an. Der Auffahrunfall mit 22 Schwerverletzten, der Flugzeugabsturz über dem Pazifik mit 192 Toten, der Großbrand in einer Moskauer Diskothek mit dutzenden Leichen bleiben nur kurz auf den Titelseiten der Zeitungen und in den Schlagzeilen der Nachrichtensendungen. Die Ermordung John F. Kennedys, der Tod von Lady Diana, der erste Schritt von Neil Armstrong auf den Mond, die Kernreaktorunfälle in Tschernobyl oder Fukushima zeichnen sich hingegen dadurch aus, dass sie sowohl von Natur aus aufregend, erschütternd, euphorisierend oder beklemmend waren, als auch, dass sie von Dauer sind. Kennedys Ermordung wird immer wieder aufs Neue diskutiert (zuletzt anlässlich seines 50. Todestages am 22. November 2013) und gilt immer noch als ungeklärt. Die Mondlandung und das berühmte Bild vom Setzen der amerikanischen Flagge auf dessen Oberfläche kennt jedes Kind. Der Satz: „Es ist ein kleiner Schritt für mich, doch ein großer Schritt für die Menschheit" gehört zum Allgemeinwissen. Der Tod von Lady Di kam wie aus dem Nichts und drückte auf die Gemüter von Millionen Menschen. Ihr Leben und damit das Glück, einen Prinzen zu heiraten, danach ihr Unglück, als Prinzessin im goldenen Käfig zu leben, und ihr tragisches Ende – all dies kennt beinahe jeder Erwachsene.

Immer dann, wenn eine „Tension by Nature"-Story das Skript „Alea" auslöst, wird ein „Mikro-Skript" zum „Makro-Skript". Das kurzfristig Aufsehen erregende Ereignis wird zum durchdringenden Phänomen. Zum Auslöser eines „Makro-Skripts", das alle Menschen im gleichen Maß betrifft und lebenslang begleitet. Das Skript vom unberechenbaren Schicksal. Das schicksalhafte Ereignis, das sich unserer Kontrolle entzieht und uns unvorbereitet trifft. Im Guten wie im Bösen. Ob wir einen Millionengewinn im Lotto machen oder bei einem Unglück das Leben verlieren.

Wir schreiben das Jahr 49 vor Christus. Nachdem die Soldaten des römischen Heeres an den Rubikon, den Grenzfluss zwischen Gallien und Italien, gelangt sind, hat sich Julius Cäsar in der Frage seiner Überschreitung zu einer Entscheidung durchgerungen: „Eatur quo deorum ostenta et inimicorum iniquitas vocat. *Iacta alea est.*" Übersetzt: „Dorthin soll es gehen, wohin der Götter Zeichen und der Feinde Unrecht ruft. *Geworfen ist der Würfel!*" Damit machte Caesar deutlich, dass seine Entscheidung „der Götter Wille" und damit unwiderruflich sei – in den Folgen jedoch keinesfalls absehbar. Dieses Bild des geworfenen Würfels und der damit verbundenen Schicksalhaftigkeit ist der Rhetorik bis heute erhalten geblieben und als gültiges Gesetz in unserem Bild vom Leben und der Welt verankert. Jedes Mal, wenn Würfel entscheiden, sind wir dem „Willen der Götter" oder dem Schicksal unterworfen und ausgeliefert.

Auch die Geschichte von 36 wehrhaften Oberösterreichern ist mit dem Spielglück der Würfel auf makabre Weise verbunden. Im Mai des Jahres 1625 sollte in der protestantischen Pfarrei Frankenburg ein katholischer Pfarrer eingesetzt werden. Es kam zum Aufstand der Landbevölkerung, und der Pfarrer wurde verjagt. Doch nach drei Tagen verließ die Aufständischen unter dem Druck und der Überlegenheit der Obrigkeit der Mut. Nachdem ihnen der bayerische Statthalter, Adam Graf von Herberstorff, Gnade versprochen hatte, gaben sie auf. Am 15. Mai 1625 wurden die Aufständischen entgegen dem ihnen gegebenen Versprechen zum Tode verurteilt; aber im selben Atemzug wurde die Hälfte von ihnen „begnadigt", indem die Verurteilten paarweise um ihr Leben würfeln mussten. Der Verlierer der jeweiligen Würfelrunde Mann gegen Mann, Freund gegen Freund, Nachbar gegen Nachbar, wurde sofort gehängt. Wer weniger Augen würfelte, wurde hingerichtet. Der Sieger blieb am Leben. Auch das ist bis heute ein anschauliches Beispiel für die unerbittlichste Form von glücklichem oder unglücklichem Zufall geblieben. Das daraus resultierende Grauen für die Betroffenen, der Schauer beim Gedanken an dieses schreckliche Ereignis und die damit verbundene Angstlust verbinden sich zu einem Skript, das Erzählern höchste Aufmerksamkeit garantiert: „Alea".

Die jüngste, dramatische Geschichte der unglücklichen Verquickung von Zufällen schrieb das Jahr 2011 mit der japanischen Unfallserie Erdbeben-Tsunami-Atomreaktorunfall. Die Unfallserie begann am 11. März 2011 um 14:47 Uhr Ortszeit. Um 14:46:23 Uhr bebt der Meeresboden vor der Ostküste der japanischen Hauptinsel

Honshu. Das Epizentrum liegt 163 Kilometer nordöstlich des Kraftwerks Fukushima. Die ersten Bebenwellen erreichen das Kraftwerksgelände nach 23 Sekunden. Die Seismometer reagieren und lösen eine Schnellabschaltung der Reaktoren 1 bis 3 aus. Danach fällt die externe Stromversorgung aus. Zum Glück ist vorgesorgt, und zwölf Notstromdieselgeneratoren starten. Alle sechs Blöcke schalten problemlos auf Notkühlung um. Doch ab 15:35 Uhr treffen am Kraftwerk Tsunamiwellen mit einer Höhe von 13 bis 15 Metern ein. Am meerseitigen Teil des Geländes stehen 5,70 Meter hohe Schutzmauern. 2,5 Meter höher, als die Vorschrift verlangt. Dennoch: Das Wasser rinnt in verschiedene Gebäude und überschwemmt fünf der zwölf laufenden Notstromaggregate. 400 Mitarbeiter der Betreiberfirma Tepco werden für den Notfalleinsatz mobilisiert. Doch gleichzeitige Unfälle in mehreren Blöcken sind im Notfallplan nicht vorhergesehen. Angeschwemmte Trümmer, Wasserlachen, Straßenschäden und beschädigte Tür- und Toröffner behindern die Arbeiten. Die meisten Kommunikationseinrichtungen sind ausgefallen. Die Nachbeben beginnen. Die Folgen der Katastrophe sorgen noch im Herbst 2013 für Schlagzeilen – während ich hier schreibe, schließt Japan erstmals eine Rückkehr der Bevölkerung in das betroffene Gebiet aus – und wirken auch in der Auseinandersetzung zwischen Atomenergiebetreibern und Gegnern weiter. Und natürlich in den Schicksalen der Betroffen.

Der „mediale Fall" Fukushima stellt mit einer Naturkatastrophe eine sehr reine Form von Spannung dar. Fukushima ist, wie San José oder New York am 11. 9. 2001, ein klarer Fall von „Tension by Nature", wird jedoch nicht nur kurz beleuchtet, sondern durch die weltweite Verbreitung von Atomkraftwerken in einem Moment zur Bedrohung für die Menschen auf allen Kontinenten. Dieser Unfall in Fukushima schlägt in uns allen Alarm und löst das Makro-Skript „Alea" aus. Storys unter diesem Skript holen uns ins Bewusstsein, dass wir unser Dasein nicht in der eigenen Hand haben. Auch wenn noch so viele von Selbstgestaltungswillen, Zielorientierung oder strategischer Lebensplanung sprechen. Durch „Alea"-Storys wird uns immer wieder aufs Neue klar: Das Leben ist unberechenbar. Wir sind vom Glück genauso weit entfernt wie vom Unglück. Und jegliche liebgewonnene Gewohnheit kann in der nächsten Sekunde unwiederbringlich verloren sein.

Denken Sie an den Patienten, der sich nach langem Zögern und nur unter gutem Zureden seiner Familie einer Knieoperation unterzog, und dem versehentlich das linke Bein amputiert wurde. Fälle, die über den Daumen gepeilt eine Wahrscheinlichkeit von 1:10.000.000 haben und gerade deshalb in der Berichterstattung extrem wirksam sind. Es gilt: Während der eine, Christoph Columbus, auf der Suche nach Indien über Amerika stolpert, wird der andere, Ödön von Horváth, auf den Champs-Élysées von einem herabstürzenden Ast erschlagen. Sowohl im Kleinen wie im Großen des Lebens spielen das Pech und das Glück sehr oft die Hauptrollen.

### Alles ist möglich!

Ebenso „faszinierend" wie die plötzlich aus dem Nichts über uns hereinbrechende Katastrophe ist die helle Seite von „Alea". Denn wo „Würfel" draufsteht, kann natürlich auch Glück drin sein. Im wöchentlichen Lotto stehen unsere Chancen nicht besonders günstig. Die Wahrscheinlichkeit, einen österreichischen Jackpot zu knacken, liegt bei 0,000012277 Prozent. Die Chancen zu gewinnen sind also astronomisch unrealistisch. Und dennoch geben viele von uns Woche für Woche Geld aus, um dabei zu sein. Denn es geht nicht nur ums Gewinnen, sondern auch darum, einige Tage lang mit der Möglichkeit zu leben, dieses Mal das große Los gezogen zu haben. Dem Leben mit einem Mal eine Wende zu geben. Der oder die Auserwählte zu sein!

„Lotto – Alles ist möglich!" In diesen Werbespots werden meist unterbezahlte, arbeitsame Leute vom Schicksal belohnt und können sich mit dem Gewinn alle noch so kuriosen Träume erfüllen. Wir finden dieses helle „Alea"-Skript aber auch in anderen Sparten, wie zum Beispiel der Liebe. Die so oft gestellte Frage: „Wie und wo habt ihr euch kennengelernt?" zielt darauf ab, den glücklichen Zufall zu betonen. Viele Menschen, Frauen und Männer, die den Internet-Singlebörsen entsagen, obwohl sie sich nach einer Beziehung sehnen, wollen eine Liebe ohne das schicksalhafte Glück nicht haben. Sie hoffen und warten lieber geduldig auf den Richtigen oder die Richtige.

Die Spannungsamplitude, sprich: die Stärke der Emotionalisierung der jeweiligen Zielgruppen, hängt von der einfachen Klammer „Je mehr, desto" ab. Also: Je unwahrscheinlicher und unberechenbarer der Zufall ist, desto größer wird die Anziehung. Denken Sie wiederum an die Traum- und Albtraumfabrik „Hollywood". Sowohl im Katastrophenfilm als auch in der Liebeskomödie wird das Zusammenfallen von nicht vorhersehbaren Ereignissen thematisiert. Es führt bei dem einen in die unvermeidbare Katastrophe, beim anderen zum vollkommenen Glück.

Besondere Aufmerksamkeit bekommt „Alea" von den Medien und in der sensibilisierten Öffentlichkeit, da es seit 2008 ständig den Weg des bestimmenden Skripts „Mimikry" quert. Denn der Umstand, dass wir geblendet wurden und nun ständig auf der Suche nach der Wahrheit sind, dass wir also stets wissen wollen, wer von den Entscheidungsträgerinnen und Entscheidungsträgern nun eine Maske trägt und wer es ehrlich mit uns meint, verbindet sich aktuell mit der durch die Wirtschaftskrise aktualisierten Einsicht, dass nichts im Leben sicher und schon gar nicht für immer ist. Einige von uns haben in den 2000ern versucht vorzusorgen. Haben nach Beratungsgesprächen mit Banken und Beratern X gemacht und fest damit gerechnet, dass Y herauskommt. Menschen kauften mitunter griechische Staatsanleihen, hatten Spareinlagen auf Zypern, Aktien bei Goldman & Sachs und konnten ihr Eigenheim billig über Schweizer Franken finanzieren ... doch dann: ein plötzlicher Crash!

Und Gott sei Dank scheint dann doch alles wieder ins Lot zu kommen.

Doch dann: der wirtschaftliche Niedergang Griechenlands!

Und Gott sei Dank scheint dann doch alles wieder ins Lot zu kommen.

Doch dann: Zypern, wo erstmals solide Spareinlagen als Pfand genommen werden!

Und dann scheint doch wieder alles ins Lot zu kommen.

Einer deutschen Bundeskanzlerin sei es gedankt, die abermals verspricht:

„Das Geld der deutschen Sparer ist sicher!"

Und auch wir Österreicher fühlen uns dann gleich wieder sicherer und wohler in unserer Haut.

Wie Sie wahrscheinlich bemerkt haben, erinnert der Verlauf der Wirtschaftskrise im dramaturgischen Sinne an den Verlauf der Katastrophe von Fukushima. Es wurde auch in diesem Falle alles Menschenmögliche getan, um das Kraftwerk gegen etwaige Eventualitäten abzusichern. Und für kurze Momente durfte im Zuge der furchtbaren Geschehnisse kurz aufgeatmet werden, schien es für den einen oder anderen Moment so, als könnte die Katastrophe in ihrem letztendlichen Ausmaß doch noch verhindert werden. Am Ende konnten jedoch weder Dieselnotstromgeneratoren noch meterhohe Schutzmauern und Notkühlsysteme das Schicksal abwenden. Ob Europa die finanzielle und mittlerweile kulturelle Zerreißprobe „glücklich" übersteht, bleibt immer noch fraglich.

## Das Skript „Alea" aktivieren

Um das Skript „Alea" auszulösen und dessen natürliche Spannung zu nutzen, brauchen wir nicht gleich eine Springflut, ein Jahrhundertbeben oder einen wütenden Orkan, der alles mit sich reißt. Es genügt bereits ein kleiner Hinweis auf „die Würfel in der Götter Hand", um eine Reaktion der Marke: „Was für ein Pech! Was für ein Zufall! Was für ein Glück!" auszulösen. Zum Beispiel das in der Medienberichterstattung erwähnte Schicksal eines 39-jährigen Sportlehrers, der an einem ganz gewöhnlichen Morgen plötzlich, ohne geringste Vorzeichen, während des Turnunterrichts einen Herzinfarkt erlitt und noch auf dem Weg ins Krankenhaus verstarb. Sein individuelles Unglück sensibilisiert uns und macht uns aufmerksam und offen gegenüber medizinischem Rat aus dem Fernsehapparat. Es reißt uns, wenn auch nur für wenige Momente, aus unserer Wohnzimmer-Sicherheit. Dann befürworten wir die Installation von Defibrillatoren in öffentlichen Ämtern und nehmen uns den guten Rat des Moderators, zur Routineuntersuchung zu gehen, zumindest für die nächsten 30 Sekunden zu Herzen.

Auch eine Reportage in gespielten Szenen, wie jene über Carola, ein 17-jähriges Mädchen aus Wien, erfüllt diesen Zweck. Die Jugendliche begleitet „zum Spaß" ihre Freundin zum Frauenarzt, und während die Freundin einen negativen Befund erhält, wird bei Carola Krebs im Frühstadium diagnostiziert. Carola hatte, wie die Wiener gerne sagen, „ein

Schutzengerl" und wird durch ein kleines Wunder gerettet. Womit wir wieder bei den Göttern wären. Diese Beispiele sollen verdeutlichen, dass sowohl die helle als auch die dunkle Seite des Skripts „Alea" denselben Effekt erzielen. Beide hier beschriebenen Versionen propagieren den regelmäßigen Arztbesuch, auch „wenn man noch nichts spürt". Diese Art der Suggestion mittels des Skripts „Alea" ließe sich in verschiedensten Bereichen fortsetzen. Denken Sie nur kurz an Versicherungsgesellschaften und deren Werbespots. Durch die Darstellung einer Welt, die so nicht existiert, wird suggeriert, dass Kontrolle machbar ist. Ein Beispiel! Durch den „... macht's wieder gut"-Effekt entsteht der Eindruck, es ließe sich alles wieder in Ordnung bringen. Im Gegenspiel zu unserer Lebenserfahrung und unserer unterbewusst existierenden Angst, alles könne mit einem Mal verloren sein, fühlen wir uns besonders angezogen. Vorsorgeprodukte zeigen gesunde, glückliche, aktive Senioren, die fern jedes Schlaganfalles, Herzinfarktes, jeder vaskulären Demenz und jeder Krebsdiagnose ihren Herbst in vollen Zügen genießen. Unbeeindruckt von den Prüfungen im hohen Alter.

Das Tückische an dieser Vorgehensweise ist, dass Zuschauerinnen, Leser und Hörerinnen zwar sensibilisiert werden für Angebote aus der Medizin, der Pharmaindustrie, dem Finanzbereich oder dem Versicherungswesen, dass jedoch die Unsicherheit der Rezipientinnen und Konsumenten dadurch verstärkt wird. Während die Medien oder Speaker mit solchen Beispielen und den damit verbundenen Services auf kurze Sicht beruhigen können, wächst auf lange Sicht die Beunruhigung des Publikums. Denn in beiden Fällen wird uns der unbeherrschbare Zufall (Carola, Krebs), oder der unausweichliche Einzelfall (Mann, amputiertes Bein) klarer und eindringlicher in Erinnerung bleiben als das dadurch propagierte Beratungsangebot. Auch der umgekehrte Fall, also die Idylle im Alter, ist mit der Unsicherheit aufgeladen, in der wir derzeit ohne Versicherungsschutz leben.

Beide Fälle, sowohl die angstmachende Version als auch die augenscheinlich angstlindernde Version, nähren unser inneres Programm „Alea". Den Anschein zu erwecken, dass der „Götter Wille" zähmbar sei, dass es möglich ist, das Glück vorherzusehen oder den Schicksalsschlag abwenden zu können, ist kontraproduktiv und konfrontiert uns Menschen mit unserer inneren Ungewissheit und auch mit der Erfahrung, dass das Leben lebensgefährlich ist.

Ganz im Sinne des Titels „Das Ende der Blender": Fügen Sie sich auch als Speaker oder Speakerin dem Schicksal und „unterwerfen" Sie sich dem Skript „Alea". Machen Sie dem Publikum nicht weis, dass es sich zu Unrecht fürchtet, denn es ängstigt sich trotzdem vor jeder Art des Kontrollverlustes und wird in diesen Ängsten immer wieder bestätigt werden. Oder haben Sie je die Angst vor der Dunkelheit in fremden Gassen verloren, weil man Ihnen von klein auf gesagt hat, dass Sie sich nicht zu fürchten brauchen? Oder, um auch die helle Seite von „Alea" anzuführen: Haben Sie jemals die lebhafte Hoffnung auf die Erfüllung Ihrer Wünsche aufgegeben, nur weil Ihnen zur Bescheidenheit geraten wurde?

„Es ist keine Schande, *nicht* perfekt zu sein. Es ist die Zier des Überlegenen!" Gerade im Modus „Alea". Speakerinnen und Speaker versuchen in der Regel, perfekt zu sein. Perfekt auszusehen, perfekt zu präsentieren, unentwegt souverän zu wirken, wie schwierig und unberechenbar die Situation auch sein möge. Das verunsichert zuweilen zusätzlich. Denn das Publikum ist nicht perfekt, und jeder und jede Einzelne weiß beziehungsweise spürt das. Speakerinnen und Speaker sollten uns das Einverständnis mit unserer eigenen Unvollkommenheit möglich machen und uns die beängstigende Unsicherheit nehmen, indem sie offen, vorbildhaft und beispielgebend mit eigenen Unsicherheiten umgehen wenn „die Würfel" Regie führen. So wird zum Ersten Verständnis und zum Zweiten Vertrauen aufgebaut. Die Unberechenbarkeit des Lebens anzunehmen, ist eine Stärke.

Sie zeugt von Realismus, einer guten Selbsteinschätzung und von Lebenserfahrung.

Udo Pollmer, der bereits ausführlich zitierte deutsche Ernährungsexperte, brachte dies 2012 im Zuge der EHEC-Epidemie auf den Punkt. Er sagte sinngemäß: „Uns Wissenschafter eint, dass wir keine Ahnung haben, woher der Virus kam, und wohin er verschwunden ist. Und wir alle, Wissenschafter und einfache Menschen, müssen akzeptieren, dass das einfach manchmal so ist. Da kommen die Seuchen und verschwinden wieder. Und keiner weiß wohin!" Durch sein ehrliches und unprätentiöses Bekenntnis auf der einen Seite und seine sehr wohl auf wissenschaftlichen Erkenntnissen basierende Zuversicht, dass Seuchen wie Schweinepest, Vogelgrippe oder EHEC wieder vorbeigehen werden, auf der anderen, erreichte er mehr als viele Experten und Expertinnen, die zu früh und wider besseren Wissens mit Thesen und Einschätzungen zur Verfügung standen.

KAPITEL 15

# Weniger vom selben
# und mehr vom anderen:
# Ändern Sie das System!

Im September 2012 sendete das Deutschlandradio Kultur in seiner Reihe „Europa heute" einen kuriosen Beitrag des Türkei-Korrespondenten Gunnar Köhne: Eine neue Verordnung verbot den Verkäufern auf großen Märkten wie dem Istanbuler Basar das Schreien. Bei Zuwiderhandeln drohte ab sofort Bußgeld oder überhaupt die Verbannung vom Markt. – Stellen Sie sich das vor: Der Marktschreier, *die* Jahrhunderte alte, kulturelle Institution des orientalischen Basars, stand vor dem Aus! Die Stimmen, die Tomaten, Oliven, Paprika, exotische Gewürze, Kleider, Armreifen, Taschen, Teppiche, Messingkrüge, Kerzenständer und Souvenirs seit jeher anpriesen, sollten von heute auf morgen verstummen. Das Rufen und Anpreisen, das die Aufmerksamkeit der Kunden und Kundinnen auf die Produkte und Dienstleistungen ziehen sollte, würde ein jähes Ende haben.

Der Beitrag zeigte die Meinungen zu vermutlichen Folgen dieses Verbots aus unterschiedlichen Perspektiven. Neben Touristinnen und einheimischen Käufern wurden selbstverständlich auch die Händler selbst um ihre Stellungnahme gebeten. Die dringlichste Frage dieser Menschen blieb:

„Wenn ich nicht mehr schreien darf, und wenn sich meine Konkurrenten nicht an das Verbot halten, wird sich meine Ware dann überhaupt noch verkaufen?"

In eben diesem Dilemma stecken Medienmacherinnen und Medienmacher im Kampf um Einschaltquoten unter ständig wachsendem Konkurrenzdruck. Lautstark und in fetten Lettern wird weiterhin skandalisiert und mit hoher Bereitschaft über Schicksalsschläge und Katastrophen berichtet. Die Relevanz für die jeweilige Zielgruppe und der wirkliche Bedarf an klärender Information werden im Ringen um Aufmerksamkeit hintangestellt.

„Achtung! Achtung! Killer-Tomaten! Skandal-Armreifen! Bedrohliche Gewürze!", dröhnt es aus Fernsehstudios, Radioanstalten und Zeitungsredaktionen – und es wäre naiv anzunehmen, dass sich diese „Verkaufs-Strategien" ändern könnten. Zu groß ist die Befürchtung Einbußen zu erleiden, wenn man sich nicht lautstark und mit grellem Licht am so genannten, medialen Alarmismus beteiligt. Der Personalmangel, damit verbundene Zeitnot für Recherchen und die wirtschaftlich zwingenden Zu- und Umstände für Sender und Verlage bieten hier wenig Spielraum.

Sich als Speakerin oder Speaker lediglich zur Wehr zu setzen – wenn auch gekonnt – oder mit aggressiven rhetorischen Mitteln durch diesen Lärmpegel an die gewünschte Zielgruppe gelangen zu wollen, ist verständlich und nachvollziehbar, doch am Ende ein trügerisches Mittel. Denn es stärkt das bestehende und beherrschende System. Es folgt dem Prinzip „mehr vom selben". Die Auseinandersetzungen werden dadurch noch radikaler, die Sucht des Publikums nach Duellen zwischen Journalisten und Politikerinnen, Redakteurinnen und Managern wird genährt.

Der Einsatz von Taktiken und Techniken, um Angriffe abzuwehren, unangenehmen Themen auszuweichen und die eigenen Botschaften zu platzieren, komme, was wolle, ist effektiv. Zugegeben!

Der Wunsch und die Absicht, die eigenen Interessen am kritischen Journalisten, oder an den angriffigen Fragen von Journalistinnen vorbei zu manövrieren, sind legitim. Doch letztendlich führt dieser Weg auch am Publikum vorbei. Denn der mit dieser Vorgehensweise verbundene Eindruck der Ignoranz und der Selbstgefälligkeit verstärkt das generelle Misstrauen und die ablehnende Haltung des Publikums gegenüber Speakerinnen und Speakern. Das gesamte mediale Beziehungssystem leidet. Die Medienvertreterinnen und Macher. Die Speakerinnen und Speaker. Und auch das Publikum.

Als Leiter von Intomedia, einem führenden Medientrainingsinstitut im deutschsprachigen Raum, war die Suche nach methodisch anwendbaren Auswegen für mich auch die Suche nach der Möglichkeit, das Verhältnis zu Medien und zum Publikum maßgeblich und nachhaltig zum Positiven zu verändern. Und zuletzt war das eine das Produkt des anderen.

Denn, wenn sich auch nur ein Teil des Dreiecks „Medien – Publikum – Speaker/Speakerin" verändert, verändert sich zwangsläufig das ganze System. Das ist keine Behauptung, sondern ein Naturgesetz und gilt für unseren Organismus genauso wie für menschliche Beziehungssysteme. Verändert sich ein nahes Mitglied in Ihrer Familie, wird sich in der Familie etwas ändern. Verändert ein Organ in Ihrem Körper seine Leistung, verändert sich Ihr gesamter Gesundheitszustand. Entweder zum Besseren oder zum Schlechteren.

Sie sind, wenn Sie so wollen und die Mechanik lieben, als Speakerin oder Speaker ein Hebel, der durch den Einsatz der in diesem Buch beschriebenen Methoden eine enorme Wirkung entfalten kann.

Gerade das „Mimikry"-Zeitalter und die damit verbundenen Bedürfnisse des Publikums nach ehrlichen Absichten und vertrauensvollen, authentischen Persönlichkeiten bergen für Speakerinnen und Speaker eine große Chance und eine hervorragende Gelegenheit, sich aus der Misstrauens- und Vorverurteilungsspirale zu befreien. Durch die im Buch beschriebenen skript-bezogenen Maßnahmen zur Wiederherstellung verloren gegangenen Vertrauens. Denn jede Maßnahme reagiert auf die aktuelle Befindlichkeit des Publikums und berücksichtigt die schwierige Situation der Medien, wobei Ihre eigene Sicherheit und die Ihres Unternehmens weiterhin in jeder Situation gewahrt bleibt.

Als Medientrainings- und Beratungsteam bereiten wir etwa 1200 Personen jährlich auf Interviews und öffentliche Auftritte vor. Aus dieser praktischen Erfahrung heraus, darf ich Ihnen am „Ende der Blender" versprechen: „mehr vom anderen" funktioniert.

# Anhang

*Literatur*

Klaus Blessing und Manfred Manteuffel, Joachim Gauck. Der richtige Mann? Kritische Anmerkungen anhand von Reden, Dokumenten und Zeitzeugenaussagen. Berlin, Edition Berolina 2013.

Nikolaus Blome, Angela Merkel – die Zauder-Künstlerin. München, Pantheon 2013.

Roger Caillois, Die Spiele und die Menschen: Maske und Rausch. München, Langen-Müller 1966.

Jared Diamond, Vermächtnis. Was wir von traditionellen Gesellschaften lernen können. Berlin, S. Fischer 2012.

Matt Drudge, Drudge Manifesto. New York, New American Library 2001.

Heinz von Foerster und Bernhard Pörksen, Wahrheit ist die Erfindung eines Lügners. Gespräche für Skeptiker. Heidelberg, Carl Auer Verlag 2013.

Stefan Gössler, Barack Obama – seine Sprache, seine Stärke, sein Charisma. Rhetorik einer Erfolgsgeschichte. Books on Demand 2009.

Nikolaus Harbusch und Martin Heidemanns, Affäre Wulff. Bundespräsident für 598 Tage – die Geschichte eines Scheiterns. Berlin, Schwarzkopf & Schwarzkopf 2012.

Chip und Dan Heath, Was bleibt. Wie die richtige Story Ihre Werbung unwiderstehlich macht. München, Hanser 2008.

Dieter Hildebrandt und Roger Willemsen, Ich gebe Ihnen mein Ehrenwort! Die Weltgeschichte der Lüge. Berlin, S. Fischer 2009.

Clay Johnson, The Information Diet: a Case for Conscious Consumption. Sebastopol, O'Reilly Media 2012.

Oliver Lepsius, Inszenierung als Beruf. Der Fall Guttenberg. Berlin, Suhrkamp 2011.

John Mearsheimer, Lüge! Vom Wert der Unwahrheit. Frankfurt, Campus 2011.

Fritz Plasser, Erfolgreich wahlkämpfen. Massenmedien und Wahlkampagnen in Österreich. Wien, Facultas 2012.

Bernhard Pörksen, Der entfesselte Skandal. Das Ende der Kontrolle im digitalen Zeitalter. Köln, Herbert von Halem 2012.

José Saramago, Die Stadt der Sehenden. Reinbek, Rowohlt 2006.

Simon Sinek, Start with Why. How Great Leaders Inspire Everyone to Take Action. New York, Portfolio Trade 2011.

Eine wertvolle und nie versiegende Informationsquelle war für mich außerdem das Skriptum „Fernsehdramaturgie 1-4" von Dr. Erich Dworak. Der ungekrönte Meister der dramaturgischen Bögen.